# L'autre finance
## Existe-t-il des alternatives à la banque capitaliste ?

Illustration de couverture :
*Le grand diable d'argent, patron de la finance,*
gravure de 1798.

Correction : Carol Duheyon

Éditions du Croquant
Broissieux • 73340 Bellecombe-en-Bauges
www.editionsducroquant.org

Diffusion-distribution : CDE-SODIS


ISBN : 978-2-914968-97-3
Dépôt légal : octobre 2011

# L'autre finance
## Existe-t-il des alternatives à la banque capitaliste ?

*Ouvrage coordonné par*
*DANIEL BACHET*
*et PHILIPPE NASZÁLYI*

*SANDRINE ANSART*
*LAURENCE ATTUEL-MENDÈS*
*DANIEL BACHET*
*VICTOR GRANGE*
*PHILIPPE GUICHANDUT*
*VIRGINIE MONVOISIN*
*PHILIPPE NASZÁLYI*
*ANAÏS PÉRILLEUX*
*YANN REGNARD*
*ANDRÉ ROUSSEAU*

éditions du croquant

# Les banques capitalistes : des résultats peu convaincants

## Vers un nouveau financement solidaire, démocratique et efficace

DANIEL BACHET

L'existence des banques relève d'une nécessité incontournable pour financer le développement économique et social. Les infrastructures des systèmes de paiement et de tenue de compte sont aussi indispensables que les professionnels compétents susceptibles de prendre des décisions de crédit pour les ménages ou les entreprises. La question est de savoir *de quelles banques* les systèmes socio-productifs ont vraiment besoin ? Il semble que ce soit la forme de banque que nous avons connue ces dernières années et plus généralement la banque capitaliste qui pose un problème majeur. Un détour historique s'impose pour comprendre la genèse et le fonctionnement de l'institution bancaire depuis la fin de la Seconde Guerre mondiale.

On oppose à juste titre le mode de croissance qui a prévalu depuis 1945 jusqu'aux années 1970 et celui qui lui succède jusqu'à ce jour.

La remise en cause des accords de Bretton Woods en 1971 signe la première étape de la grande libéralisation des taux de change. C'est le choix politique du président Richard Nixon d'abandonner la convertibilité du dollar en or et de supprimer les parités fixes entre les grandes monnaies. Ce choix est lui-même imposé par des conditions économiques et historiques spécifiques. Après la Seconde Guerre mondiale, les États-Unis ont drainé un stock considérable d'or. Les banques centrales des autres systèmes productifs sont contraintes d'accepter les dollars comme monnaie de réserve, ce qui permet aux États-Unis de faire coïncider le double déficit de leur compte courant et de leur balance de capitaux (Byé et Destanne de Bernis, 1987). Les relations monétaires intersystèmes productifs ne sont pas équilibrées. La somme des réserves en dollars dans le monde est supérieure aux réserves américaines en or, ce qui rend impossible toute perspective de remboursement de ces dollars en or.

Le lien avec l'étalon-or est rompu et les fluctuations des taux de change seront dorénavant fixées par la loi de l'offre et de la demande sur le marché des devises. Cette déréglementation est le produit d'une pensée néolibérale qui va légitimer le développement d'un marché de couverture des risques. Les entreprises devront s'assurer contre les variations des prix des monnaies entre elles, générant par là même de fortes incertitudes pour le commerce international. Ce risque de change ne disparaîtra pas, mais il sera assumé (en principe) par ceux qui vendent les produits de couverture autrement dit par des « spéculateurs ».

Les États des principaux pays développés, devenant eux-mêmes dépendants des marchés pour leurs financements, vont déréguler les marchés financiers au début des années 1980. Avec la création de vastes marchés obligataires, ils seront conduits à émettre des emprunts pour financer les déficits publics. Les États renoncent donc à encadrer le crédit et par conséquent à contrôler les divers taux d'intérêt, en particulier les taux d'intérêt à long terme qui vont varier en fonction de l'offre et de la demande. Les marchés des produits de couverture (ou produits dérivés) qui prennent leur essor à la fin des années 1980 ont pour objectif de s'assurer contre les variations de ces taux. De fait, ils vont constituer le socle même des pratiques spéculatives.

Ce sont les taux d'intérêt, les cours de Bourse ou les crédits hypothécaires (*subprimes* aux États-Unis) qui se présenteront comme les bases ou les « sous-jacents » des produits dérivés. Mais le pétrole, les matières premières ou les produits alimentaires deviendront eux aussi les sous-jacents de ces produits dérivés.

La libéralisation des prix (taux de change et taux d'intérêt) conduit « naturellement » à vouloir se protéger contre leur variation.

La globalisation financière concerne donc les marchés monétaires et financiers. Elle exerce un effet de plus en plus significatif et négatif sur l'économie réelle. C'est cette finance globalisée qui va conduire aux catastrophes économiques et sociales des dernières années : montée et éclatement de la bulle Internet en 2000, montée de la bulle immobilière puis crise des *subprimes* et explosion des endettements publics. Ainsi, les effets déplorables de l'industrie financière sont manifestes et découlent de sa propension à vouloir couvrir des risques multiples avec des produits sophistiqués et échangeables sur les marchés financiers. Le résultat de l'ensemble de ces mécanismes pervers est bien connu : ce sont les États qui vont être contraints de transformer les masses considérables de dettes privées toxiques en surendettement public.

Avec la globalisation financière, les taux de change et les taux d'intérêt ont été un moment contrôlés par les banques centrales. C'est de moins en moins le cas aujourd'hui, dès lors que les pouvoirs privés des plus grandes banques mondiales sont à l'origine de leur évolution. Ces banques forment selon l'heureuse expression de François Morin un « oligopole » qui devient le véritable opérateur des marchés monétaires et financiers mondiaux (Morin, 2011).

La privatisation des banques nationalisées dans les années 1980-1990, puis la transformation de celles-ci en sociétés financières, c'est-à-dire en groupes financiers diversifiés, a abouti à la création de véritables conglomérats financiers.

Ces derniers sont le produit de fusions-acquisitions entre des entités effectuant des métiers financiers distincts.

Ils intègrent dorénavant une banque de dépôt avec ses guichets, une banque d'affaires spécialisée dans les services de conseils aux entreprises, mais qui se préoccupe aussi d'opérations de titrisation ; des filiales spécialisées dans le crédit aux ménages et les services financiers aux particuliers. Ces conglomérats comprennent enfin des filiales spécialisées dans des placements à haut risque tels que ceux effectués par les *hedge funds*. Ces groupes sont cotés en Bourse et paient des dividendes à des actionnaires qui attendent la valorisation de leurs titres au moyen de cours élevés et haussiers sur les marchés boursiers [1].

Ce décloisonnement des banques a été rendu possible juridiquement par la décision de supprimer le *Glass-Stegall Act* en 1999 qui séparait jusque-là les différentes activités bancaires.

La crise de 2007-2008 est le produit de cette globalisation financière qui n'a pas permis d'assurer un développement harmonieux de l'économie mondiale, mais qui en a accusé les déséquilibres et l'instabilité. Peut-être faut-il rappeler que les produits qui se sont révélés toxiques et qui se sont dispersés en propageant la crise ont été durant un certain nombre d'années une source de profits très élevés pour ceux qui en organisaient l'émission et la vente.

Mais si l'on regarde de plus près, l'origine de la crise financière est également à rechercher dans les modes de répartition qui sont issus de la globalisation marchande et de l'ouverture à la concurrence internationale. La crise s'est ensuite développée et amplifiée grâce aux procédures de déréglementation – sociales, financières, industrielles – qui caractérisent un modèle particulier de capitalisme dominé par la globalisation financière (Sapir, 2011).

Les instruments financiers auraient-ils pu avoir pour but de favoriser des financements adaptés et sécurisés pour une économie réelle orientée vers la satisfaction équitable des besoins de tous ? Compte tenu de ce que sont les règles du jeu économique et financier, cette orientation était hautement improbable. En fait, ils ont été construits pour mettre en place de manière artificielle une économie insoutenable qui épuise les êtres humains et les ressources au profit d'une minorité de catégories privilégiées.

Au lieu de limiter la circulation des capitaux et le crédit à ce qui est nécessaire au financement des échanges réels

1. Sur tous ces points, voir les travaux de François Chesnais.

et des investissements productifs, la sphère financière est parvenue jusqu'à un terme qui se révèle rapidement une impasse : le surendettement privé soutenant une bulle immobilière et/ou financière.

Pour autant le récent sauvetage de la finance par les gouvernements ne va rien changer aux catastrophes présentes et à venir dès lors que cette finance reste assise sur une montagne de dettes impayées dont les effets destructeurs sont seulement stoppés passagèrement par l'intervention publique. Les gouvernements ont fait le choix de transformer une crise de surendettement privé en une crise de surendettement public. Les pertes des spéculateurs ont été simplement converties en nouvelles charges publiques.

Est-il dès lors possible de refonder les règles du financement de l'économie pour répondre enfin aux besoins des entreprises et des ménages dans un esprit de sécurité et de progrès social ?

Plusieurs options sont possibles, en particulier celle du financement par les banques de l'économie sociale et solidaire. Quels sont les avantages de cette « autre économie » plus démocratique et aux finalités différentes ?

## Les banques de l'économie sociale : favoriser des enchaînements positifs pour le progrès humain et social

En France, 60 % des dépôts sont placés dans des banques coopératives ou mutuelles. Plus de 300 000 salariés travaillent dans ces coopératives bancaires qui comprennent 18 millions de sociétaires et 62 millions de comptes clients. Dans ces banques, chaque sociétaire a le droit de participer à l'élection des instances de direction, de déposer des résolutions lors des assemblées générales, de se porter candidat au conseil d'administration de sa caisse locale et même de la représenter dans les instances régionales et nationales. Pourtant, les enjeux stratégiques et les décisions principales étant pour l'essentiel absents de ces assemblées, les sociétaires ont le plus souvent délégué leur pouvoir aux présidents et administrateurs des caisses.

Ainsi, les dirigeants de ces grandes banques coopératives (Banques Populaires-Natexis, Crédit Agricole, Crédit coopératif, Crédit Mutuel, Caisses d'Épargne-Natexis) ont-ils cédé à la tentation de copier les comportements des banques classiques. On se souvient en particulier de la recapitalisation massive des Banques Populaires et Caisses d'Épargne et de la participation dans les *subprimes* de leur filiale Natixis.

C'est pourquoi un collectif, « Agir pour une économie équitable », vient récemment de se créer en France pour entraîner leurs électeurs à être présents et actifs dans les assemblées générales des banques coopératives et mutualistes. Il s'agit d'inciter les sociétaires à exiger de ces banques une utilisation de leurs dépôts et de leur épargne en faveur d'actions d'intérêt général, respectueuses de la dignité des personnes. Il s'agit également de dynamiser l'économie locale par la création d'emplois locaux utiles et de préserver les ressources naturelles.

Les modes de financement proposés par l'économie sociale sont-ils en mesure de répondre à des besoins que la finance de marché ne peut satisfaire ? Moins prisonnière du court terme et de la rentabilité démesurée, cette finance peut-elle s'organiser selon des principes importés du modèle démocratique ?

L'enjeu serait alors de produire à l'endroit où les citoyens consomment et de consommer près des lieux de production. La coopération se développerait localement, de manière décentralisée et horizontale au sein de circuits courts et distribués, afin de veiller à une meilleure réappropriation des produits (Morin, *op.cit.*, 2011).

La finance solidaire est une finance de proximité qui est à l'origine d'initiatives économiques à forte utilité sociale dans un territoire local. Contribuant à la lutte contre l'exclusion, elle favorise par là même une certaine forme de cohésion sociale. Cette finance solidaire s'incarne dans un certain nombre d'institutions dont nous ne retiendrons que quelques cas significatifs.

La SIDI (Solidarité internationale contre la faim et pour le développement), par exemple, a été créée en 1983 et s'est spécialisée dans l'appui financier et technique à des structures de financement de proximité qui répondent au besoin de financement de petits entrepreneurs porteurs de projets viables mais exclus des circuits bancaires classiques. La SIDI soutient l'existence de réseaux locaux et offre un appui spécifique à plusieurs dizaines d'institutions de microfinance dans 20 pays en Afrique.

La SIDI tout comme Oikocredit, la Cofides ou Garrigue sont des intermédiaires qui apportent des moyens financiers aux institutions de microfinance orientées vers des fins solidaires.

De même, Planet Finance est une organisation de solidarité internationale de la microfinance qui soutient les Banques des pauvres et dont l'objectif est de réduire la pauvreté dans le monde par le développement. Cette organisation est financée à 80 % par des ressources provenant du secteur privé et 20 % provenant des institutions publiques. 95 % des ressources sont utilisées pour des missions dans les continents les moins développés, où la microfinance se développe de manière considérable (Afrique et Moyen-Orient, Asie et Amérique latine).

De manière beaucoup plus artisanale, l'association « Love money » désigne l'argent de proximité solidaire et affective apportée par la famille, les parents, le voisinage et les amis à un proche pour l'aider à créer une entreprise. Dans d'autres pays, ce système est aussi appelé « la tontine ». L'apport financier ne relève pas du prêt car il n'y a rien à rembourser. Il s'agit d'une souscription au capital de la structure juridique. Les investisseurs de proximité deviennent associés solidaires de l'entreprise.

Ainsi, depuis quelques années sont apparus de nouveaux instruments financiers qui contribuent à faire émerger des règles du jeu non plus fondées sur le court terme et la rentabilité maximale, mais sur la « finance patiente ». L'épargne salariale et solidaire, la finance solidaire, les investissements socialement responsables (ISR) ou les fonds de dotation sont autant de manières de réorienter les flux d'argent et de définir d'autres critères d'investissement, d'autres mesures de retour sur investissement qui visent un optimum économique, social et écologique global, et non plus le seul rendement financier.

Des initiatives originales et innovantes ont vu parfois le jour pour répondre à des situations sociales dramatiques. C'est le cas de la banque communautaire créée en 1998 par Joachim Mélo dans une favela au Brésil. Cet ancien séminariste a mis en place un système économique en vue de lutter contre la pauvreté et pour produire et consommer sur place. La banque est gérée par les habitants et émet localement sa propre monnaie, le palmas. Elle inscrit son action dans le cadre d'un système d'économie solidaire qui génère et pérennise l'activité économique par le microcrédit à la production et à la consommation. En 2009, la banque disposait de près de 600 000 euros grâce à un partenariat avec la Banque Populaire du Brésil, créée par le gouvernement Lula en 2003. L'institut Palmas qui a pour mission de transmettre les innovations sociales inspirées de la Banque a diffusé et exporté ce projet. Celui-ci s'est développé sur le territoire brésilien avec 47 banques communautaires à la mi-2009, mais aussi avec 3 600 banques communales créées au Venezuela.

D'autres formes de financement sont présentées comme des alternatives à la banque capitaliste traditionnelle. C'est le cas de la finance islamique.

Les banques sont alors portées par une éthique du choix des investissements en évitant que les fonds ne s'orientent vers la production d'alcool, d'armements ou d'ouvrages licencieux. La rémunération de l'épargne qui leur est confiée ne doit pas être assimilée à un taux d'intérêt. Cette rémunération est donc équivalente à une participation dans les bénéfices de l'institution bancaire. Pourtant le taux d'intérêt prédominant sur le marché local et international représente le plus souvent la référence minimale en matière de rémunération du capital pour ces banques (Corm, 2010). Pourquoi les banques qui inscrivent leurs actions dans cette logique morale et religieuse accepteraient-elles de recevoir une rémunération inférieure à celle qu'offrent les marchés boursiers ou les taux d'intérêt mondiaux ?

Cela n'empêche pas ces institutions de pratiquer parfois le prêt charitable (*quard Hassané*) qu'elles attribuent à des personnes nécessiteuses en vue de répondre à leurs besoins. Dans ce cas, le prêt charitable est financé sur le bénéfice, le bénéficiaire étant débité de commissions de gestion, mais non d'un intérêt sur le montant emprunté.

Ces types de financement ont certes permis d'éviter les placements empoisonnés des titres de *subprimes* et de rester à l'écart d'opérations purement spéculatives. Il n'est pas pour autant démontré que ces banques aient vraiment pris des distances significatives avec les formes de financements classiques, sauf si l'on accepte de souscrire de manière inconditionnelle aux discours qui s'adressent d'abord à une clientèle de musulmans heureux de se plier à la loi de Dieu.

On constate donc que le souhait de financer autrement l'économie peut se décliner selon différentes modalités. Les projets du financement social et solidaire trouvent en général leur origine dans des considérations éthiques, politiques ou religieuses porteuses de nouvelles pratiques de financement. La généralisation de ces pratiques est-elle pour autant à elle seule en mesure de contribuer à la refondation du système financier actuel et de participer au développement d'une économie au service du progrès humain ?

## Les conditions d'un nouveau financement solidaire, démocratique et efficace

À l'heure de l'affichage des thèmes du « développement durable » et « soutenable », les places financières et les investisseurs privés vont-ils s'engager dans des financements à long terme susceptibles de mettre plusieurs décennies pour aboutir à des résultats visant l'intérêt général ?

Dans la perspective d'un nouveau mode de développement, on voit mal comment la finance actionnariale serait en capacité de proposer un tel engagement. Il semble en revanche que la mise en place de « pôles financiers publics » soit bien plus efficace que l'appui des investisseurs traditionnels pour promouvoir la finance solidaire, les échanges équilibrés et les énergies renouvelables, surtout si l'on assigne à ces pôles financiers publics des objectifs sociaux, éthiques et économiques renouvelés. L'enjeu n'est pas obligatoirement de nationaliser le crédit ni les plus grandes banques, mais d'assurer la maîtrise du financement à long terme de l'économie. Cela concerne les infrastructures énergétiques, mais aussi les domaines propres de l'État (services publics de la santé et de l'éducation, recherche, etc.).

De manière complémentaire, il reste encore la possibilité de « socialiser le crédit » (Lordon, 2009) et de le démocratiser, ce qui supposerait de reconnaître le principe d'une délégation de l'émission monétaire qu'il faudrait placer sous un axe de service public et non sous la coupe de sociétés anonymes. Les parties prenantes (salariés, entreprises, associations, représentants locaux de l'État, etc.) auraient un pouvoir de suivi, d'orientation, de contrôle et de recadrage de la stratégie bancaire. Ce système socialisé du crédit éviterait les inconvénients du pôle fractionné animé par les concessionnaires privés tels qu'ils ont fonctionné ces dernières années avec la finance de marché. Mais il éviterait également la concentration du crédit vers le « tout État » et ses dérives de surendettement, d'inflation et de sélectivité politique par le biais du robinet du crédit.

La finance solidaire peut-elle jouer un rôle décisif et proposer un autre crédit pour mieux combiner efficacement l'économique et le social ? La réponse est positive si l'on admet qu'une transformation plus globale du crédit bancaire devient indispensable pour sortir de la crise.

En effet, les propositions de financement de l'économie sociale et solidaires sont des réponses qui restent le plus souvent locales et qui ne prennent pas en compte les rapports de force et les intérêts en jeu à l'échelle de la planète.

Dès lors, pourquoi ne pas rapprocher le plus possible les possibilités offertes par les banques et les institutions de l'économie sociale du capitalisme financier en imposant à ce dernier des règles et des missions nouvelles de nature à en bouleverser l'équilibre ? C'est ainsi qu'Arnaud Montebourg soutient l'idée de créer un fonds souverain coopératif susceptible de prendre le contrôle de nombreuses entreprises dans tous les secteurs industriels (Montebourg, 2010). Cela impliquerait de fédérer les capitaux du mouvement coopératif issus du système bancaire mutualiste avec ceux de la finance classique, tout en complétant par des ressources provenant du secteur public si nécessaire. Cette stratégie nationale de préservation et de mise en sécurité des biens et des savoir-faire viserait l'instauration d'une suprématie de l'économie réelle et enracinée. L'action volontaire des pouvoirs publics en faveur de l'économie sociale et solidaire serait une première voie pour échapper à l'emprise de la financiarisation.

Pour cela, le contrôle public sur la quantité et sur l'orientation du crédit devrait être un objectif essentiel de cette action volontaire (Généreux, 2011). Une politique sélective du crédit serait en capacité d'orienter les investissements vers les projets jugés prioritaires. Le contrôle pourrait s'effectuer soit directement dans le cadre d'un « système socialisé de crédit » soit par les institutions de la politique monétaire. Les banques capitalistes ne seraient plus en mesure d'imposer leur logique financière sur des logiques de court terme. L'économie ne serait plus seulement capitaliste. Elle pourrait être alors plurielle et intégrer une combinaison diversifiée de solutions : un secteur socialisé du crédit, un pôle public de banques nationales spécialisées, un secteur coopératif et mutualiste, mais aussi des banques privées encadrées par des politiques publiques.

Les formes de financement propres à l'économie sociale et solidaire ne pourront donc prendre leur essor et connaître leur plein développement que si la logique principale de nos sociétés n'est plus indexée exclusivement sur la logique du profit. Le profit est certes un impératif aussi bien pour une banque coopérative que pour une société coopérative de production (Scop) ou pour une société anonyme de capitaux. Mais alors que les institutions de l'économie sociale et solidaire assignent d'abord à l'entreprise une mission de production de biens et/ou de services répondant à des besoins sociaux, les sociétés privées continuent de privilégier le profit et la rentabilité des capitaux compte tenu de ce que sont les règles du jeu en vigueur. Ce sont donc ces règles du jeu qu'il faut refonder en assignant aux sociétés privées une autre logique institutionnelle que la recherche du seul profit. Cela implique de « faire exister » l'entreprise (structure productive) jusqu'à ce jour confondue avec l'entité juridique (la société) qui seule dispose d'une personnalité morale (Robé, 1999 et Brodier, 2001).

L'avenir du financement social et solidaire est indissociable de la finalité des structures productives qui créent les richesses (au sens de biens et de services et non de valeur financière), c'est-à-dire les entreprises.

Refonder l'entreprise pour construire une véritable démocratie économique implique comme préalable d'assigner à l'entreprise une finalité institutionnelle qui n'est plus le profit, même si celui-ci reste un impératif puisqu'il faut bien rémunérer le capital utilisé par les entreprises, puis en tirer toutes les leçons en termes d'organisation des pouvoirs et de nouvelle efficacité économique et sociale. Le pouvoir dans l'entreprise ne peut plus provenir de la seule propriété des titres de capital émis par les sociétés commerciales servant de support juridique aux entreprises. Autrement dit, changer de logique économique et sociale suppose de laisser les droits de propriété sur les actions à leur place : le capital doit être rémunéré, mais sa rémunération n'est pas la finalité de l'entreprise. Et dans la poursuite de cette finalité, c'est l'ensemble des coûts générés par les décisions qui doit être pris en compte, seule manière de décharger la collectivité du rôle qui lui est imposé aujourd'hui et auquel elle a du mal à faire face [2].

À travers la présentation et l'analyse du fonctionnement des banques issues de l'économie sociale et solidaire, mais aussi des institutions du microcrédit et de « l'économie équitable », ce premier ouvrage esquisse les voies possibles

2. Le profit est le résultat positif dégagé au terme d'une période comptable. Le dividende est la part de ce résultat qui est distribuée aux actionnaires. La différence est mise en réserve. Profit n'est pas donc synonyme de dividende.

d'une autre manière de financer l'économie et les entreprises. Ces banques pourraient être une source d'inspiration pour transformer la finance capitaliste. L'objectif serait alors de gérer au mieux l'épargne pour financer un développement plus harmonieux et durable tout en favorisant la création d'emplois utiles pour la collectivité.

## Bibliographie

Brodier Paul-Louis, *La VAD, La Valeur Ajoutée Directe, Une approche de la gestion fondée sur la distinction entre société et entreprise*, Montpellier, AddiVal, 2001.

Byé Maurice et Destanne de Bernis Gérard, *Relations économiques internationales*, Paris, Dalloz, 1987.

Chesnais François (sous la direction de), *La finance mondialisée, racines sociales et politiques, configurations, conséquences*, Paris, La Découverte, 2004.

Chesnais François, *Les dettes illégitimes Quand les banques font main basse sur les politiques publiques*, Paris, Raisons d'agir, 2011.

Corm Georges, *Le nouveau gouvernement du monde, idéologies, structures, contre-pouvoirs*, Paris, La Découverte, 2010.

Frémaux Philippe, *La nouvelle alternative ? Enquête sur l'économie sociale et solidaire*, Paris, Alternatives économiques, Les petits matins, 2011.

Généreux Jacques, *L'autre société, à la recherche du progrès humain* (2), Paris, Seuil, coll. « Point-essais », 2011.

Lordon Frédéric, *La crise de trop, reconstruction d'un monde failli*, Paris, Fayard, 2009.

Lordon Frédéric, *Jusqu'à quand ? Pour en finir avec les crises financières*, Paris, Raisons d'agir, 2008.

Mayer Sylvie et Caldier Jean-Pierre (sous la direction de), *Le guide de l'économie équitable*, Paris, Fondation Gabriel Péri, 2007.

Montebourg Arnaud, *Des idées et des rêves*, Paris, Flammarion, 2010.

Morin François, *Un monde sans Wall Street ?* Paris, Seuil, 2011.

Robé Jean-Philippe, *L'entreprise et le droit*, Paris, PUF, coll. « Que sais-je ? », 1999.

Sapir Jacques, *La démondialisation*, Paris, Seuil, 2011.

Sibille Hugues et Ghezali Tarik, *Démocratiser l'économie*, Paris, Grasset, 2010.

# L'autre finance bancaire ?

## ou « Raiffeisen, réveille-toi, ils sont devenus fous ! »

PHILIPPE NASZÁLYI

Curieuse idée, et si peu universitaire que cette apostrophe, m'a-t-on dit, comme sous-titre d'un premier ouvrage consacré à l'autre finance ! Pourquoi donc, reprendre, pour le parodier en interpellant, le « père » du mutualisme bancaire[1], cet appel des Praguois du 21 août 1968, après les Hongrois du 4 novembre 1956 et avant les Polonais du 13 décembre 1981, lorsque désespérés, ils pensaient lutter contre l'implacable dictature soviétique, en en appelant aux mannes de Lénine, pour les délivrer d'un rêve devenu cauchemar et qui se matérialisait dans des chars. Les affres du capitalisme financiarisé à outrance, avec son lot de crises, seraient-ils, au fond, de même nature que ceux du « socialisme réel » par leur oubli commun de l'homme et de ses aspirations réelles à la dignité, à la liberté et à la démocratie ?

« *Raiffeisen, réveille-toi, ils sont devenus fous !* » Comment considérer aussi, ces banquiers coopératifs et mutualistes qui se sont laissé entraîner dans la tourmente financière mondiale, qui se sont livrés aux joies de filiales, de sociétés anonymes, aux plaisirs des titres toxiques, aux dérapages internes, perdant ainsi et le sens commun, et les valeurs morales ?

1. Philippe Naszályi, « Crédit coopératif, histoire et actualité ; l'héritage de Raiffeisen (1818-1888) et Schultze-Delitzsch (1808-1885) », in *Économie sociale et solidaire, Nouvelles trajectoires d'innovations*, sous la direction de Sophie Boutiller et Sylvain Allemand, coll. « Marché et Organisation », L'Harmattan, 236 pages, 2010.

Gardons-nous toutefois d'être des parangons de vertu ou des redresseurs de tort. Nous sommes en cela convaincus du bien-fondé de la thèse fondamentalement explicative de Max Weber, que « *le problème majeur de l'expansion du capitalisme moderne n'est pas celui de l'origine du capital, c'est celui du développement de l'esprit du capitalisme*[2] ».

La solution n'est donc certainement pas dans la vertu, n'en déplaise à ceux qui veulent moraliser à tout prix l'immoralisable qu'est par essence, l'« amoral capitalisme[3] ». Elle ne viendra certainement pas des comités d'éthique, de ce nom d'origine grecque, donné pour faire accroire qu'il est plus moderne que la morale. Alors qu'elle n'est qu'un choix idéologique, car l'éthique est signe d'individualisme alors que la morale, elle, entraîne une attitude responsable vis-à-vis de toute la société. Ces institutions de la bonne conscience, créées çà et là, avec la bénédiction plus ou moins donnée en France, par un ancien directeur général du FMI qui, comme Paul Claudel, a sans doute reçu la lumière, mais après avoir mis mal en point quelques États par ses méthodes. Il s'agit bien ici, qu'on ne s'y méprenne pas, de l'auteur du rapport au Premier ministre sur « la règle d'équilibre des finances publiques[4] », qui veut faire croire que cette « nouvelle panacée libérale », digne de Diafoirus, est une « règle d'or ». En toute logique néolibérale ou néo-monétariste, mais pour être ou avoir été, directeur général du FMI ne faut-il pas être de cette école, Michel Camdessus, ne voit pour causes de la crise que les dérives à corriger : « la course au rendement » est la première d'entre

2. Max Weber, *L'éthique protestante et l'esprit du capitalisme (1904-1906)*, traduction J. Chavy, Plon, 1964.

3. André Comte Sponville, *Le capitalisme est-il moral ?* Albin Michel (ISBN 978-2226142207) ; rééd. Le Livre de Poche, 2006 (ISBN 978-2253117223) ; rééd. avec une postface inédite, Albin Michel, 2009 (ISBN 978-2226192912). http://www.lemonde.fr/economie/article/2009/03/28/kant-et-les-parachutesdores_1173803_3234.html.

4. Michel Camdessus, *Réaliser l'objectif constitutionnel d'équilibre des finances publiques, Rapport au Premier ministre*, Paris, La Documentation française (Collection des rapports officiels), juin 2010, 58 pages. http://lesrapports.ladocumentationfrancaise.fr/BRP/104000330/0000.pdf

elles, et l'« appât du gain », qui « exacerbe les errements de la nature humaine[5] ». L'Homme est donc coupable et le système est juste et simplement à réguler ! On est bien loin du christianisme social, pourtant invoqué, et sur lequel nous reviendrons !

Ainsi, puisque la solution ne vient pas de quelques « cosmétiques lotions » même issues d'un géant, encore français, il faut comme un véritable homme d'avenir, selon la formule d'Ernest Renan, à la fois se pencher sur le passé et organiser une réflexion pour trouver un remède, ou mieux, une alternative à ce qui a failli et bien failli et « *le marché est le théâtre d'une compétition féroce qui se solde par l'appauvrissement de peuples entiers* » comme le souligne avec justesse le « fondateur de l'intelligence économique en France », Christian Harbulot[6].

C'est donc un petit retour historique explicatif des réalités présentes que nous nous proposons de faire, puisqu'après un état des lieux, nous tenterons de discerner les fondements idéologiques, philosophiques et religieux de ce mutualisme, né il y a plus de 150 ans, au cœur de la Rhénanie, devenue prussienne après le Congrès de Vienne, et qui a fait souche en Europe occidentale et en France en particulier.

## Bref état des lieux des banques coopératives et mutualistes en France

Dans la comptabilité nationale, le secteur financier (banque et assurance) représente globalement depuis une décennie, entre 4,1 % et environ 5 % du PIB français[7].

5. Cité par Anne-Bénédicte Hoffner, in « La crise des marchés financiers tient aussi à une dérive éthique », *La Croix*, 28 janvier 2008, http://www.la-croix.com/article/index.jsp?docId=2327327&rubId=786

6. Christian Harbulot, « La mondialisation c'est aussi la guerre économique », entretien avec Christian Blanc, *Le spectacle du monde*, juin 2011, p. 57.

7. Statistiques INSEE ; avec une moyenne de 2,4 % sur la décennie pour le secteur bancaire seul (de 2,4 % au plus bas en 2008, à 3,1 % au plus haut en 2000).

Depuis 2010[8], en effet, les banques précédemment adhérentes à l'AFB[9], qu'on qualifiait alors de commerciales, et les banques coopératives et mutualistes, la Caisse Nationale des Caisses d'Épargne et de prévoyance, la Caisse Nationale de Crédit Agricole, la Chambre Syndicale des Banques Populaires et la Confédération Nationale du Crédit Mutuel, se sont regroupées en une seule organisation professionnelle, la Fédération bancaire française (FBF).

Il est donc bien difficile alors de discerner, dans ce vaste ensemble de 430 établissements en 2011, ce qui peut distinguer « l'alternative à la banque capitaliste[10] », de ce que nous avons appelé « l'autre finance bancaire ».

Si l'on s'en réfère à la définition qu'en donnent Paul H. Dembinski et J. Michel Bonvin[11], « *le métier des banques consiste à jouer avec les échéances des contrats individuels de façon à être en mesure de prêter plus de moyens de paiement en public qu'elles ne détiennent d'espèces.* [...] *La variété des temps de contrat de crédit et de dépôt permet à la banque de composer les deux côtés de son bilan de manière à ce que, bloc par bloc, les échéances des créances et des engagements concordent. Ainsi, la banque assure sa liquidité et sa solvabilité en jouant sur son portefeuille d'échéances* ». Elle est donc incitée par ce pouvoir de créer (un mot qui recèle un sens tout particulier d'omnipotence) par anticipation des possibilités de dépôts, de faux droits monétaires. Le risque systémique est donc endogène.

Le microcrédit quant à lui, qui sera davantage développé pour ses aspects pragmatiques, dans un autre ouvrage, reste dans les pays développés une activité financière mar-

8. Statuts signés le 27 novembre 2000 et publication au *JORF* du 30 décembre 2010.

9. Association française des banques.

10. Titre du III$^{e}$ colloque du DEUST travail social, *« Existe-t-il une alternative à la banque capitaliste ? ou Raiffeisen, réveille-toi, ils sont devenus fous !»*, tenu à l'université d'Évry Val-d'Essonne, le 8 octobre 2010 dont les contributions ont inspiré ce livre.

11. H. Dembinski et Jean-Michel Bonvin, *Le Jubilé : une idée pour imposer un rythme à l'économie*, Observatoire de la Finance, Genève 2000 et www.obsfin.ch

ginale quant à son volume. Le fait que 2005 ait été proclamée « Année internationale du microcrédit » par l'ONU et que l'année suivante son plus célèbre propagandiste, le professeur Muhammad Yunus créateur de la *Grameen Bank*, ait obtenu le prix Nobel de la paix, ne doit pas masquer cette réalité.

Les banques coopératives et mutualistes exercent en France, pour des raisons que nous allons essayer de développer dans une situation de quasi-monopole, non *du cœur* selon une formule devenue célèbre, mais du mutualisme en matière de finances.

## Le rôle des pouvoirs publics et de l'Europe en matière bancaire

« L'homogénéisation » des pratiques s'impose « par-delà la diversité des statuts [12] » du fait des règles prudentielles et des obligations européennes et françaises qui se sont imposées à partir de 1984. Ce préambule, aussi succinct que possible, est un préalable à la compréhension de l'évolution récente des établissements bancaires de « l'autre finance », même s'il n'en épuise pas les explications.

### *Banalisation ou assimilation ?*

Rappelons simplement, que la loi dite « bancaire » de 1984 [13], ouvre la voie à ce que l'on appelait alors la « banalisation » du système mutualiste et coopératif. Elle institue notamment des organes de contrôle et de tutelle identiques pour la « profession bancaire », considérée dans son ensemble indistinctement de ses formes. C'est la mise en place du Comité de la réglementation bancaire, du Comité des établissements de crédit et de la Commission bancaire qui s'impose à tous, en liaison avec les attributions propres à la Banque de France.

À partir de 1987, le modèle de la société anonyme de capitaux s'impose au système bancaire comme ailleurs,

12. Rapport annuel du CECEI, exercice 2008, chapitre 4, p. 106.

13. Loi n° 84-46 du 24 janvier 1984, relative à l'activité et au contrôle des établissements de crédit.

avec une vague de privatisations qui s'est achevée en 2002 [14], tandis que les diverses limitations d'activité des banques mutualistes ou coopératives et leurs particularités finissent par disparaître avec la décision, haute en symbole, de la fin du monopole du livret A, qui entre en vigueur le 1er janvier 2009 [15]. Ce n'est certainement pas parce qu'en 1999, les Caisses d'Épargne sont dotées, à l'instar des caisses de Crédit Agricole, du statut de sociétés coopératives de banque que ces établissements, naguère bien caractérisés, se sont transformés « ... *en banques universelles, à l'image des grandes banques commerciales, capables d'offrir leurs services à tous types de clientèle, même si pour certains secteurs d'activité elles ont créé ou acquis des établissements non mutualistes* [16] ».

Il existe une volonté délibérée des autorités de contrôle d'impliquer directement les organes exécutifs et délibérants dans la définition et la mise en œuvre du dispositif de contrôle interne.

Le Comité de la réglementation bancaire a édicté dès le 25 août 1990 (CRB 90-08) des règles précises pour ce faire. L'article 1er du règlement [17] précise, en effet, les objectifs

14. 1987, privatisation : de la Société Générale, du Crédit Commercial de France, de la Compagnie financière de Suez et de la Banque de Paris et des Pays-Bas. 1988, « mutualisation » de la Caisse nationale de Crédit Agricole. 1993, privatisation de la Banque Nationale de Paris, 1999, privatisation du Crédit Lyonnais, 2001, privatisation de la Banque Hervet et 2002, cession des 10 % du capital du Crédit Lyonnais, encore détenus par l'État.

15. La Banque Postale, la Caisse d'Épargne et le Crédit Mutuel (livret bleu) le détenaient jusque-là. En janvier 2005, le Crédit Agricole avait saisi la Commission européenne pour « entrave à la concurrence », contestant le monopole de ces trois banques. La Commission européenne a enjoint la France de stopper ce monopole avant le 11 février 2008. Malgré un recours auprès de la Cour européenne de justice, il a été décidé de réformer le livret A en suivant le rapport de Michel Camdessus, gouverneur honoraire de la Banque de France, remis le 17 décembre 2007. La loi de modernisation de l'économie (LME-Loi n° 2008-776 du 4 août 2008) prévoit donc la généralisation de la distribution du livret A à tous les établissements bancaires à partir du 1er janvier 2009.

16. Rapport annuel du CECEI, exercice 2008, chapitre 4, p. 106.

17. « Vérifier que les opérations réalisées par l'établissement ainsi que l'organisation et les procédures internes sont conformes aux dispositions législatives et réglementaires en vigueur, aux normes et usages professionnels

du contrôle interne tandis que l'article 3, impose aux établissements de crédit ce que l'on peut appeler une charte d'audit[18], et une délibération au moins annuelle. Cette disposition est le fruit de la loi bancaire de 1984 (article 20) qui a institué le rôle des organes centraux afin d'assurer la protection indirecte des déposants par la garantie de la solvabilité et de la liquidité des dépôts. L'ensemble de ces mécanismes est inspiré des règles prudentielles mises en place par les autorités monétaires sous la forme du ratio Cooke, au niveau international, et du « ratio européen », instauré par la Commission bancaire dans le cadre de la réglementation européenne, sur lesquelles nous reviendrons rapidement. C'est dans cette perspective que les banques à caractère mutualiste, qui sont régies par les mêmes règles, se distinguent néanmoins les unes des autres par des spécificités qu'il conviendra de décrire rapidement une à une.

Lors de la crise financière, qui naît au milieu des années 1990 et atteint son paroxysme en 1997-1998, « *l'État privatise*[19]*, multiplie les sauvetages et adosse les banques sinistrées aux groupes mutualistes ou coopératifs*[20] *plus solides*[21] ».

et déontologiques et aux orientations de l'organe exécutif ; Vérifier que les limites fixées en matière de risques, notamment de contrepartie, de change, de taux d'intérêt ainsi que d'autres risques de marché, sont strictement respectées ; Veiller à la qualité de l'information comptable et financière, en particulier aux conditions d'enregistrement, de conservation et de disponibilité de cette information. »

18. Antoine Sardi, *Audit et inspection bancaire*, AFGES, 1993, Paris.

19. 1996, alliance du Crédit local de France et du Crédit communal de Belgique qui constituent Dexia, société de droit belge. 1997, Paribas cède le Crédit du Nord à la Société Générale. Le Crédit national achète la Banque française pour le commerce extérieur (BFCE) et crée le groupe Natexis. En 1999, la BNP à la suite d'une double OPE prend le contrôle de Paribas et échoue sur la Société Générale, et en 2000, naissance de la BNP Paribas. En 2000 toujours, le CCF, par une OPA amicale et la Banque Hervet, vendue en 2001 au CCF, sont absorbés par le groupe britannique HSBC.

20. 1996, le Crédit Agricole intègre Indosuez. 1998, les Banques Populaires acquièrent Natexis, et le Crédit Mutuel achète le CIC puis en 2009, Cofidis.

21. Dominique Lacque-Labarthe, *Les banques en France, privatisation, restructuration, consolidation*, Economica, Paris, 2001, 434 pages, ISBN : 978-2-7178-4146-6.

Il n'en est pas de même, loin de là, dix ans plus tard, lorsqu'à la suite de l'emballement des « *subprimes* », la faillite, digne d'une politique des années 1930, de la banque Lehmann-Brothers entraîne la « planète finance », comme d'aucuns l'appellent, dans une crise jusque-là inégalée.

Les banques coopératives françaises, à l'image des banques privées dont elles sont devenues pour les observateurs un élément constitutif, se voient « recapitalisées » par le gouvernement français. Le plan de sauvetage de banque, annoncé par le président de la République française le 12 octobre 2008, confirme que « *l'État français ne laissera aucun établissement faire faillite (et) pourra porter directement sa garantie au financement d'un établissement en difficulté* ». 320 milliards d'euros de garantie « payante », par le biais d'une société de refinancement[22], et jusqu'à 40 milliards d'euros pour entrer au capital des banques en difficulté.

Si la BNP-Paribas et la Société Générale, anciennes banques publiques privatisées, se voient dotées respectivement de 2,55 milliards et 1,7 milliard d'euros, il est plus symptomatique de la dérive des « mutualistes » que le Crédit Agricole pour 3 milliards d'euros, le Crédit Mutuel pour 1,2 milliard, la Caisse d'Épargne pour 1,1 milliard et la Banque Populaire pour « seulement » 950 millions, participent à une opération parfaitement capitalistique. Certes, les dotations publiques ne sont pas une entrée au capital, contrairement à ce que fait l'État avec la banque franco-belge Dexia, gros financeur des collectivités territoriales, ou la politique que mène en parallèle le gouvernement britannique qui, avec l'équivalent de 47 milliards d'euros, investit dans trois des plus grosses banques, Royal Bank of Scotland, Halifax-Bank of Scotland (HBOS) et Lloyds TSB.

Toutefois, si la BNP Paribas peut annoncer dans un communiqué du 21 octobre 2008, que cet apport d'argent

22. Ces titres, portés par la Société de refinancement des banques, présidée par Michel Camdessus, ex-directeur général du Fonds monétaire international (FMI) portent intérêt (à 8 %), L'État est actionnaire à hauteur de 34 % (minorité de blocage). Les banques détiennent les 66 % restants, en échange d'actifs « de bonne qualité » (selon la ministre de l'Économie Christine Lagarde) qui serviront de gage en cas de défaillance.

public sous forme d'obligations « *ne diluera pas les actionnaires et n'aura aucune conséquence sur la gouvernance de BNP Paribas et sa politique de dividende* », il n'en est pas de même pour deux groupes coopératifs : les Banques Populaires et les Caisses d'Épargne. Leur premier rapprochement, en 2006, se voulait limité à celui de leurs banques d'investissement respectivement : Ixis CIB et Natexis Banques Populaires. La nouvelle entité qui prend le nom de Natixis, est détenue à parité, avec 35 % du capital chacun, par la Caisse nationale des Caisses d'Épargne et la Banque Fédérale des Banques Populaires. La crise de 2008-2009 semble emporter, dans les mêmes abysses que jadis Eurotunnel[23], cette filiale. L'on est décidément loin des soins de la gestion du « bon père de famille », exigée par l'article 1374 du Code civil et cela se passe cette fois-ci, et contrairement à la crise antérieure, même chez les banquiers de l'« autre finance ». « *Le mutualisme se perd dans la course aux profits* » était déjà le constat de l'*Expansion*[24], un an auparavant ! « *Le scandale, si scandale il y a, tient au mode de gestion que Natixis a représenté. Les banques mutualistes ont des actionnaires. Ce sont les sociétaires qui sont aussi des clients. En cumul entre les Caisses d'Épargne et les Banques Populaires, ils sont 7 millions. Que demandent ces propriétaires ? Une gestion de leurs banques en bon père de famille, le développement fondé sur leur clientèle devant exclure les risques. En tout cas, ils n'ont jamais demandé, dans les deux réseaux visés, pas plus qu'au Crédit Agricole par exemple, des taux de rentabilité des capitaux propres comparables à ceux des banques à capital privé*[25]. » Les résultats de Natixis, plus de 2 milliards et demi d'euros de perte en 2008[26], offrent alors à l'État l'occasion

23. L'action Natixis introduite à 19,55 euros le 25 octobre 2006, cote moins de 1 euro en mars 2009 et s'est stabilisée après les nombreuses opérations de capital à 3,50 euros en 2010.

24. Marc Michaux, *L'Expansion.com*, 01/11/2007.

25. « La ruine des banques mutualistes ne peut pas être pardonnée », *Investir, le journal des finances*, 28/02/09.

26. 2,622 milliards d'euros en 2008. http://www.natixis.com/upload/docs/application/pdf/2009-02/cp_resultats_vf_311208.pdf

de prendre le contrôle d'établissements, qui n'ont pas réellement de propriétaires au sens que l'on donne à ce mot, dans le cadre des sociétés anonymes.

Si le gouvernement français a favorisé la prise de contrôle, certes difficile, par la BNP Paribas du groupe belgo-néerlandais de bancassurance Fortis, il le fait dans cette logique d'entreprise capitaliste classique. En revanche, dans l'opération Banques Populaires-Caisses d'Épargne, qui viennent d'être largement soutenues (plus de 2 milliards d'euros), il néglige la notion de propriété collective des sociétaires pour acquérir 20 % du capital d'un groupe bancaire coopératif. Il en accélère d'ailleurs la création/fusion en souscrivant, par l'intermédiaire de la Société de prise de participation de l'État (SPPE), 3 milliards d'euros en actions de préférence, c'est-à-dire non assorties de droits de vote et 2 milliards d'euros en titres super-subordonnés émis. Les 17 Caisses d'Épargne et les 20 Banques Populaires détiennent quant à elles, respectivement 50 % du capital et des droits de vote de BP-CE, la nouvelle entité. « *Dans un monde financier troublé, le mariage de deux grands établissements et la consolidation est un bon renforcement et un message très fort à envoyer au marché* » déclare à cette occasion[27] Christine Lagarde, ministre de l'Économie.

L'assimilation est donc aussi complète que le vocabulaire de la ministre ne le confirme. Le terme « consolidation » renvoie, sans autre forme de procès, à la comptabilité, indifférenciée par fonction. L'État, quant à lui et à son plus haut niveau, préside à la fusion[28] de deux groupes dont le statut coopératif n'est ni évoqué ni invoqué. Il n'est plus altérité.

Un autre exemple illustre cette réalité. Dans le Rapport 2009 du CECEI, qui décrit notamment cette opération, le rédacteur prend la peine de préciser le vocabulaire spécifique employé par le législateur pour définir ceux qui entrent au capital des nouveaux établissements bancaires : « *la*

27. AFP, 8 octobre 2008.

28. La loi n° 2009-715 du 18 juin 2009 relative à l'organe central des Caisses d'Épargne et des Banques Populaires.

*qualité des apporteurs de capitaux et, le cas échéant, de leurs garants*[29] » et ajoute avec raison que « *le mot "apporteur de capitaux" a été utilisé à dessein dans la loi pour recouvrir une réalité allant au-delà de la simple notion d'actionnaire ou d'associé direct* ». Puis, le rapport n'utilise plus pour désigner les propriétaires que le mot « actionnaire ». Il ne s'agit évidemment pas d'un simple usage de synonyme commode, mais bien dans un texte officiel où tout est mesuré et pesé, l'expression, peut-être inconsciente mais bien réelle, que seule une forme d'organisation du capital est retenue, ce qui méconnaît en fait, l'esprit et la lettre de la loi[30]. Et l'on sait, comme Pierre Bourdieu l'a exprimé, que « *mettre un mot pour un autre, c'est changer la vision du monde social, et par là, contribuer à le transformer*[31] ». Nous aurons l'occasion d'en constater une des applications lorsque nous traiterons du cas symptomatique de la NEF.

### *La négation de l'existence*

Paul Jorion, à propos de cette crise qui frappe tout autant les banques mutualistes jusque-là considérées comme locales, s'interroge alors sur leur responsabilité spécifique : « *Pourquoi les coopérateurs ont-ils autorisé leurs coopératives à "jouer dans la cour des grands" ?* », Il répond à sa manière, mais au fond comme Christine Lagarde, alors ministre française des Finances : « *Parce qu'il y avait sous-estimation généralisée du risque et du coup, des profits colossaux à faire* » et que « *les coopérateurs se sont conduits en "bons pères de famille", c'est-à-dire en spéculateurs à la petite semaine. Le responsable de la crise, ce ne sont pas les autres : l'Amérique, la finance, les banques non-coopératives, c'est la sympathie universelle et populaire pour le gain sans cause (= sans travail)*[32]. »

29. Article L. 511-10 du Code monétaire et financier.

30. 16 mai 2001.

31. Pierre Bourdieu, entretien avec Didier Éribon à l'occasion de la publication de *Ce que parler veut dire*, in *Libération*, 19 octobre 1982, p. 28.

32. Blog de Paul Jorion, 18 janvier 2009. http://www.pauljorion.com/blog/?p=1555

Il est certain que l'unification du marché des services financiers dans le cadre européen, qui s'opère à partir de 1993 sous l'impulsion de la Commission européenne, contribue fortement à cette évolution. C'est à cette date en effet que tous les pays membres ont mis en application la licence bancaire unique, fruit de la seconde Directive bancaire en 1989 [33] (la première datait de 1977). Par cette directive et sa transposition dans chacun des pays de la Communauté européenne, toute banque conforme à la réglementation d'un État membre peut fournir des services bancaires dans tout autre État membre sans obtenir une autorisation des autorités locales. La France, qui avait supprimé définitivement l'encadrement du crédit en 1988, puis le contrôle des changes en 1990, entre dans ce marché unique européen bancaire en 1993. Le bilan, pour mitigé qu'il soit au niveau de « *l'émergence d'un secteur bancaire européen concurrentiel* », confirme bien, en revanche, que « *les fusions bancaires* [...] *se font jusqu'à présent entre banques de même nationalité dans leur très grande majorité. Ce qui signifie une concentration bancaire sur les marchés nationaux et donc une augmentation du pouvoir de marché des banques* [34] », avec les conséquences qui en découlent pour l'identité mutualiste.

En parallèle, la Directive européenne du 18 décembre 1989 [35] instaure le Ratio de solvabilité européen (RSE). Ce ratio est très proche et souvent confondu avec le ratio Cooke élaboré par le Comité de Bâle et entré en vigueur fin 1992. La différence entre les deux confirme bien la volonté uniformisatrice de la construction européenne, plus encore sans doute que prudentielle. Le RSE s'applique en effet obligatoirement à tous les établissements de crédit agréés dans la

33. Deuxième Directive 89/646/CEE du Conseil, du 15 décembre 1989, visant à la coordination des dispositions législatives, réglementaires et administratives concernant l'accès à l'activité des établissements de crédit et son exercice, et modifiant la Directive 77/780/CEE

34. Laurent Weill, « L'intégration des marchés bancaires en Europe : quel impact ? » *Bulletin de l'Observatoire des politiques économiques européennes*, n° 4, Strasbourg, été 2001, p. 19.

35. Directive 89/647/CEE du Conseil, du 18 décembre 1989, relative à un ratio de solvabilité des établissements de crédit.

Communauté puis l'Union européenne, tandis que le ratio Cooke ne s'applique qu'aux banques à vocation internationale agréées dans un État du G10. Ce ratio définit, à l'instar de la couverture des risques français, un rapport entre les fonds propres de l'établissement de crédit et ses actifs et éléments de hors-bilan pondérés en fonction du niveau de risque de crédit qu'ils présentent, c'est-à-dire de la qualité de la contrepartie. Le calcul des fonds propres, effectué conformément à la Directive du 17 avril 1989[36] qui distingue les fonds propres de base (capital, réserves et éléments propres à la consolidation) pris sans limitation, les fonds propres complémentaires limités par rapport aux précédents et les fonds pour risques bancaires généraux pris également sans limitation, pose naturellement un problème grave aux établissements bancaires coopératifs et mutualistes d'alors.

L'application prévoit une mise en place du ratio de solvabilité (au moins 8 %) à partir du 1er janvier 1991 pour sa généralisation au plus tard le 1er janvier 1993, date de l'ouverture du marché unique.

Les directives qui se succèdent depuis ne font qu'amplifier le mouvement d'intégration : l'adéquation des fonds propres des établissements de crédit et des entreprises d'investissement[37], adoptée en 1993, refondue en 1996[38] puis en 1998[39], vise à compléter le ratio de solvabilité en renforçant les exigences en fonds propres pour la couverture des risques de marché. « *Aujourd'hui, plus de 70 % des textes concernant le secteur bancaire sont d'origine européenne* [et] *un dossier sur deux présenté chaque mois au*

36. Directive 89/299/CEE du Conseil du 17 avril 1989 concernant les fonds propres des établissements de crédit.

37. Directive 93/6/CEE du Conseil du 15 mars 1993 sur l'adéquation des fonds propres des entreprises d'investissement et des établissements de crédit.

38. Directive 2006/49/CE du Parlement européen du Conseil du 14 juin 2006 sur l'adéquation des fonds propres des entreprises d'investissement et des établissements de crédit.

39. Directive 98/31/CEE, du 22 juin 1998 modifiant la Directive 93/6/CEE sur l'adéquation des fonds propres des entreprises d'investissement et des établissements de crédit.

*comité exécutif de la FBF porte ainsi sur une problématique européenne*[40]*.* »

La mise en application du Traité de Maastricht, non seulement bien sûr par la monnaie unique, mais aussi et surtout par ses structures, notamment la Banque centrale européenne (BCE) et les buts assignés, donne une raison supplémentaire, s'il en était besoin, à cette négation, dans les faits et quasiment dans le droit, d'une autre forme de conception et d'organisation bancaire[41]. Le comité de la réglementation bancaire et financière ne fait d'ailleurs pas de différence pour fixer le capital minimum entre les banques, les caisses de Crédit municipal ou les banques mutualistes ou coopératives et les Caisses d'Épargne et de prévoyance, fixé depuis 1993, à 5 millions d'euros[42]. Cette mesure rend quasi impossible une création de caisse locale ou de banque mutualiste nouvelle dans l'esprit de Raiffeisen, tandis que diverses sociétés financières se voient astreintes à des opérations limitées, mais à des capitaux initiaux bien moins élevés : 2,2 millions d'euros pour les sociétés financières, 1,1 million d'euros pour les caisses de Crédit municipal, qui limitent leur activité aux prêts sur gages corporels et les sociétés financières dont l'agrément est limité à la pratique des opérations de caution ou à la fourniture de services de change scriptural à effet de levier, voire 1 million d'euros pour les établissements de monnaie électronique dont le total d'engagements financiers, correspondant aux dettes représentatives de la monnaie électronique, ne dépasse pas normalement 5 millions d'euros et jamais 6 millions d'euros[43].

Il n'entre pas dans notre propos de développer toutes les modalités concrètes de la mise en place de ces différents

40. « 2000-2010 le secteur bancaire français », FBF, 2010, p. 12. www.fbf.fr

41. Philippe Naszályi, « Banques françaises et euro : chance et défi », *La Revue du financier, n° 116*, juin 1998, p. 36-50.

42. Règlement n° 92-14 du Comité de la réglementation bancaire du 23 décembre 1992 applicable à compter du 1er janvier 1993, (L. 511-11 du Code monétaire et financier) en application de la Directive n° 89/646/CEE du 15 décembre 1989 refondue dans la Directive 2006/48/CE du 14 juin 2006.

43. Rapport annuel du CECEI, exercice 2009, chapitre 3, p. 71.

mécanismes, qui intègrent les banques françaises dans les marchés bancaires et financiers européens. Le processus n'a qu'un but en renforçant la concurrence entre les systèmes avec des règles harmonisées, en définissant de manière univoque la relation banques-clients, sans aucune considération pour ce qu'est un « sociétaire », celui de nier d'autres formes d'organisation que ce qui découle de l'esprit du « Compromis de Washington » de 1992[44]. Largement inspirée d'Ayn Rand qui a notablement imprégné Alan Greenspan, ancien président de la Réserve fédérale américaine (FED), cette conception libérale, voire « libertarianiste », se fonde sur un rationalisme du mérite individuel, bâti sur « l'égoïsme rationnel ». Elle voue aux gémonies les principes qui découlent[45] d'une économie sociale ou solidaire qui, selon la philosophe américaine, provoque inéluctablement faillite, ruine et chômage.

## Quelle place alors, pour les banques coopératives et mutualistes ?

On peut considérer ici trois points de vue : celui du droit, celui de l'économie et celui de la gouvernance.

*Sur le plan du droit...*

La réunion en une seule Fédération bancaire, la FBF, de toutes les structures en France, n'a toutefois pas supprimé les statuts particuliers. Le Code monétaire et financier[46] qui reprend ici la loi bancaire de 1984, distingue cinq catégories d'établissements de crédit se différenciant à la fois par leurs statuts juridiques et par l'étendue de leurs agréments : les banques (commerciales), les banques mutualistes ou coopératives, les caisses de crédit municipal, les sociétés financières et les institutions financières spécialisées. Ces établissements peuvent également fournir des prestations de services

44. Texte signé le 20 novembre 1992 entre les États-Unis et la CEE, dans le cadre des accords du GATT et souvent « *traid not aid* ».

45. Ayn Rand, *Atlas Shrugged* (*La révolte d'Atlas*), 1957.

46. Article L. 511-9.

d'investissement, la loi de modernisation des activités financières de 1996[47].

En outre, le Code monétaire et financier impose à tout établissement de crédit[48] d'adhérer à un organisme professionnel ou à un organe central affilié à l'Association française des établissements de crédit et des entreprises d'investissement (AFECEI). C'est à cette dernière qu'appartiennent les trois organes centraux des réseaux coopératifs ou mutualistes, également aux côtés de l'Association française des marchés financiers (AMAFI), de l'Association française des sociétés financières (ASF), de la Conférence permanente des caisses de Crédit municipal et du Groupement des institutions financières spécialisées (GIFS).

Toutefois, comme le constate le rapporteur du CECEI, « *cette diversité du système bancaire et financier français reflète la grande liberté qui est laissée aux établissements de crédit et aux entreprises d'investissement dans le choix de leurs activités, des services offerts, de l'approche de la clientèle, de leur organisation ou de leur forme juridique*[49] ».

*Sur le plan économique...*

Les structures bancaires de l'économie sociale sont puissantes. Nous avons vu, par un rapide rappel des mécanismes de solidarité, que se pose clairement le rôle des organes délibérants. L'objectif qu'ont poursuivi; depuis l'imposition des réglementations; les technostructures à la tête de ces établissements est sans aucun doute la structuration en établissements bancaires ou en caisses régionales d'une taille suffisante pour diversifier les risques, rationaliser la gestion et faire face à la concurrence, tant nationale qu'étrangère. Ainsi, l'on comptait 216 établissements mutualistes en 1984, 140 en 1994 et 104 en 2009. Cette restructuration des « réseaux », constitués par les banques

47. Loi n° 96-597 du 2 juillet 1996 de modernisation des activités financières. Elle a sensiblement modifié la loi n° 84-46 du 24 janvier 1984 relative à l'activité et au contrôle des établissements de crédit, dite loi bancaire.

48. Article L. 511-29.

49. Rapport annuel du CECEI, exercice 2008, chapitre 4, p. 107.

mutualistes, l'instar des banques AFB et plus récemment encore des Caisses d'Épargne, pose le véritable problème de la propriété et donc du pouvoir des sociétaires. Il n'est pas certain que le mutualisme y ait trouvé son compte.

En effet, la concurrence sans cesse invoquée est loin d'être défavorable aux établissements mutualistes si l'on considère le coefficient d'exploitation correspondant au rapport des charges d'exploitation (frais de personnel, dotations aux amortissements et aux provisions sur les immobilisations corporelles et incorporelles, autres services externes), divisé par le produit net bancaire. Dès 1994, les banques AFB qui ont un coefficient nettement supérieur (73,5 % en moyenne) à leurs concurrentes européennes, à l'exception alors de leurs consœurs suisses, espagnoles et italiennes, sont également en retard sur les deux établissements mutualistes disposant d'élus bénévoles : le Crédit Agricole (64 %) et le Crédit Mutuel (69,6 %), et même sur les Banques Populaires (70,4 %) qui rétribuent, depuis l'origine, leurs administrateurs.

Il faut noter également, qu'à l'entrée d'application du ratio de solvabilité, aucun des grands établissements affiliés à l'AFB, si l'on excepte le CCF et Indosuez, de taille modeste, ne disposait d'un ratio Cooke supérieur à 10 %, c'est-à-dire que tous se situaient à un niveau nettement inférieur à tous les établissements mutualistes, respectivement : 10,2 % pour le Crédit Mutuel, 10,5 % pour les Banques Populaires et 15,2 % pour le Crédit Agricole pour une norme fixée à un minimum de 8 %. Ces bons résultats d'alors confirment, s'il en était besoin, que la forme bancaire mutualiste et coopérative est vouée par nature à apporter toutes les garanties et les sécurités attendues.

Si l'on se réfère même au ratio de solvabilité « core tier one », présenté comme le pilier central de la réforme, dite de Bâle III, dont les analystes eux-mêmes doutent pourtant de l'efficacité [50], il s'établit en 2010 à 9 % pour le Crédit Agricole, 10 % pour PBCE et 11,5 % pour le Crédit Mutuel, ce qui les

50. Sylvain de Boissieu, « Le ratio "tier one" est-il utile ? », *Investir, le journal des finances*, 17/09/2010.

place largement au-dessus des seuils exigés et dans une très bonne place. Rappelons pour mémoire que le ratio Tier 1 de la BNP Paribas est à 10,1 % et celui de la Société Générale à 10,7 %, ce qui en fait la « meilleure » banque française.

Il n'y aurait donc pas de fatalité à la disparition de l'alternative bancaire pour des raisons techniques et l'on assisterait à la confirmation de ce qu'écrivait un « mutualiste », à l'issue de ces années 1990 : « *Pour dire l'entière vérité, on doit quelquefois déplorer, hélas, que les acteurs de l'économie sociale eux-mêmes, saisis à leur tour du trouble que l'époque suscite, et peut-être par réflexe défensif autant que par perte de leurs repères, soient victimes du chant des sirènes de l'économie marchande et, oublieux des valeurs qui les légitiment, cèdent spontanément aux facilités d'une banalisation de leurs activités, qui leur sera ensuite imposée*[51]. »

*Sur le plan de la gouvernance...*

C'est là, que se situe précisément le nœud. Les banques mutualistes, à tous les niveaux de décision, disposent de conseils d'élus et de salariés, cadres dirigeants et exécutants. C'est ce que certains appellent « le mouvement » par opposition (ce terme est peut-être un début de réponse d'ailleurs) à « l'entreprise ». Cette richesse humaine constitue bien un atout dont il est difficile d'étudier la portée réelle. Les arguments purement bancaires ou techniques et la difficile concurrence liée à la banalisation risquent bien de n'être en définitive que des alibis pour masquer une vaste prise de possession et de pouvoir. Les fonctions de contrôle obéissent à une logique de questionnement, selon une formule peu élégante mais qui résume bien l'ensemble : « qui contrôle réellement qui, sur quoi et avec quel moyen ? ». Nous lui ajouterons une variable de temps qui n'est pas vraiment indifférente à la réalité du pouvoir de contrôle. Il y a bien longtemps également, dès le début des années 1990, que l'obligation d'être sociétaire pour ouvrir un compte

51. Gilles Marchandon, « L'avenir du concept mutualiste. *La Revue des Sciences de Gestion,* Direction et gestion des entreprises », n° 186, novembre-décembre 2000, p. 8.

ou obtenir un crédit, a été battue en brèche pour s'ouvrir à l'appellation de client. Les clients deviennent la majorité.

Propriétés collectives de leurs sociétaires, les banques mutualistes disposent d'atouts incontestables. Et pourtant, elles se reprochent (ou les technostructures qui s'y sont imposées ?) leur différence face à une profession de plus en plus « professionnalisée » et « technicienne ». À ces professionnels, l'Élu bénévole apparaît idéologiquement désuet et inadapté. Le pouvoir des technostructures bancaires, lié à la technostructure politique, a souvent profité des réglementations imposées pour reléguer au rang des accessoires les élus et donc les sociétaires. « *N'est-il dès lors pas normal qu'à la banalisation de l'activité réponde une banalisation du sociétariat ?* » s'interroge Gilles Caire qui a analysé de nombreuses assemblées générales « *Le vrai problème,* poursuit-il, *est peut-être alors l'absence de croyance des dirigeants élus dans la possibilité de construire un projet alternatif au fonctionnement financier capitaliste. Il y aurait une seule route, un seul chemin*[52]. »

Cette analyse, Jean-Louis Bancel la confirme : « *Il faut que l'on retrouve les vertus de la bonne vieille assemblée générale. Certes, il faut utiliser de nouveaux outils, mais il faut savoir les intégrer tout en travaillant aussi avec les anciennes méthodes* » car « *ça a existé, mais aujourd'hui pour des tas de raisons d'ordre institutionnel, nos assemblées générales sont devenues comme les assemblées générales de n'importe quelle société ou entreprise. C'est un travail de travaux finis. Il faut aller au-delà*[53]. »

52. Gilles Caire, « Des formes et de la pratique de la démocratie de base dans les banques de l'économie sociale », *IXes Rencontres internationales du Réseau interuniversitaire de l'économie sociale et solidaire Entreprendre en économie sociale et solidaire : une question politique ?*, université Jean Monnet, IUT de Roanne, France, 18 et 19 juin 2009, publié par le CEDES, documents du Lab RII, 2009, http://riifr.univ-littoral.fr/wp-content/uploads/2009/10/cairedtcedes59.pdf

53. Jean-Louis Bancel, président du Groupe Crédit Coopératif et de l'Association internationale des banques coopératives (AIBC), composante de l'Alliance coopérative internationale, propos recueillis par Jean-Paul Biolluz, *Nord-social. info, Lettre d'infos*, n° 38, 22 avril 2011

Alors que l'on assiste à un retournement de tendance dans nombre d'entreprises capitalistes, où le pouvoir des administrateurs indépendants tend à se renforcer en même temps que les politiques de développement se font de plus en plus à court terme, il est intéressant de s'interroger sur la dépossession par leurs légitimes propriétaires, les sociétaires, de tout contrôle de leurs banques. Cette tendance, marquée depuis le début des années soixante, semble avoir atteint son paroxysme, ou son achèvement, sous les coups conjugués de l'État et de Bruxelles.

À moins qu'une prise de conscience ne se manifeste. C'est en tout cas, l'objectif d'un « collectif de Citoyens économiques », Ap2e, qui a pour ambition de se rendre « *plus nombreux aux assemblées générales de nos coopératives et mutuelles "Bancassurances "*... » pour « *reprendre la maîtrise de notre argent déposé en banque et dont nous sommes les seuls propriétaires*[54] ». Vaste programme !

## Les groupes coopératifs et mutualistes français

Leurs origines, leur histoire, leurs règles et statuts, leur évolution récente en font des particularités qu'il convient d'examiner brièvement pour décrire un panorama propre à la France. Il a paru, dès l'abord, utile de demeurer dans ce cadre pour ne pas empiéter sur les autres articles. L'on connaît en Amérique (Canada) ou en Afrique des réussites de développement de banques mutualistes ou de coopératives. Les *Raiffeisen banks,* qui existent dans ces territoires que nous avons plus ou moins circonscrits naguère à l'intérieur du « *limes*[55] », sont des établissements bancaires coopératifs de premier plan. En Europe centrale[56], avec des blocages certains, fruits du rejet de la notion de « coopéra-

54. Ap2e, Agir pour une économie équitable, « Le guide de l'économie équitable », ap2e@orange.fr. https ://sites.google.com/site/ap2ebancassurance

55. Philippe Naszályi, Crédit Coopératif, histoire et actualité ; l'héritage de Raiffeisen (1818-1888) et Schulze-Delitzsch (1808-1885), *ibid.*

56. Philippe Naszályi, « La place des banques coopératives dans le développement des pays d'Europe centrale et orientale. Éléments de réflexion », *Galileu, Revista de Economia e Direito*, UAL, Lisbonne, septembre 2001, 18 p.

## Principales différences entre les sociétaires et les actionnaires

Source : *60 millions de sociétaires des banques coopératives. Quels enseignements ?* Édité par le Groupement européen des banques coopératives, mars 2007.

| Sociétaire d'une banque coopérative | Actionnaire d'une société cotée |
|---|---|
| Double qualité, actionnaire et client + *stakeholder value** | Répartition stricte entre l'actionnaire et le client + *shareholder value* |
| Une personne, une voix, (le sociétaire est considéré pour ce qu'il est, pas pour ce qu'il représente financièrement). | Une action, une voix, (l'actionnaire n'est considéré que pour ce qu'il représente financièrement). |
| Motivation (parmi d'autres) : « dividende coopératif » (lien social, convivialité) au-delà de l'intérêt financier. | Motivation : dividende financier (intérêt financier individuel). |
| Recherche du meilleur rapport qualité-prix des produits, dans le cadre d'une relation de long terme avec la banque. | Recherche du rendement à court terme des titres (conflit possible avec les clients). |
| Associé à plusieurs niveaux de l'organisation : local, régional, national. | Associé en cas de détention de parts significatives du capital, au niveau central (Conseil d'administration). |
| Pas de droit sur les réserves** | Droit sur les réserves. |
| Rémunération des parts sociales stable dans le temps. | Rendement des actions cotées plus ou moins volatil. |
| Avantages spécifiques pour les sociétaires (produits, services, manifestations...). | Pas d'avantages spécifiques*** |

* Il n'existe dès lors aucun conflit d'intérêts entre les actionnaires et les clients.

** Les « Banche Popolari » italiennes reconnaissent à leurs sociétaires un droit proportionnel sur les réserves pour des raisons fiscales (la mise en réserve des profits est soumise à l'impôt).

*** En France, le Crédit Agricole SA, accorde des avantages spécifiques à ses actionnaires.

tive » qui rappelle l'univers communiste, on trouve de belles réussites comme en Hongrie [57], tandis que des expériences de microcrédit sont tentées, comme le démontrera l'article de Philippe Guichandut.

*Les 39 Caisses régionales de Crédit Agricole...*

sont des banques de plein exercice. La liquidité et la solvabilité de chacune des caisses régionales sont assurées par un système à deux étages. Tout d'abord, par l'intervention d'un établissement de crédit du groupe. Leur capital est possédé pour l'essentiel par les 2 550 caisses locales et 25 % [58] appartiennent à Crédit Agricole SA, société cotée en Bourse depuis décembre 2001. Ensuite, dans le cas où la première intervention se révélerait insuffisante, la Caisse nationale (CNCA), en vertu de l'article 21 de la loi bancaire, interviendrait en vue d'éviter toute cessation de paiement. Enfin, les caisses régionales, actionnaires de la CNCA, dans la limite de leurs fonds propres, couvrent une éventuelle insuffisance des actifs de leur organe central. Ce système préventif a permis d'éviter que soit posée la question de l'indemnisation des déposants et donnait un ratio Cooke, à 10,2 % en 1994. Ce dispositif a d'ailleurs été repris, en partie, par les Banques Populaires. Elles se sont regroupées en une Fédération nationale du Crédit Agricole (FNCA) et possèdent environ 56 % [59] de Crédit Agricole SA par le biais de la SAS La Boétie. C'est cet établissement qui possède notamment le Crédit Lyonnais (LCL), mais aussi de nombreuses filiales exerçant tous les métiers de la finance. Le Crédit Agricole est considéré désormais comme une banque semi-mutualiste, bien qu'il revendique plus de 6 millions de sociétaires, et qu'il ait la forme la plus aboutie de l'intégration parfaite au système financier

57. Philippe Naszályi, « Les banques coopératives, parties prenantes de la croissance en Hongrie », *Humanisme et Entreprise*, n° 265, avril 2004, 16 p.

58. Sauf pour la Corse.

59. Précisément 55,9 %. Les salariés détiennent 4,6 %, les investisseurs institutionnels 30,9 % et l'actionnariat diffus représente 8,2 %. Chiffres fournis par CA-SA, *Chiffres clés 2010*.

international d'un des plus vieux établissements bancaires coopératifs. En 1861, sous l'impulsion de Napoléon III, une Société de Crédit Agricole a vu le jour, mais l'opération s'est terminée en faillite en 1876. En revanche, le 23 février 1885, Louis Milcent dépose les statuts de la première Caisse de crédit spécifiquement agricole, à Salins, alors dans l'arrondissement de Poligny dans le Jura. Elle sera porteuse de fruits et on lui prête ces propos qui résument son ambition : « *Les uns apportent leurs capitaux momentanément disponibles et leurs économies pour les mettre à la disposition de ceux qui en ont temporairement besoin.* » La loi Méline du 5 novembre 1894, organise les sociétés de Crédit Agricole en suivant le modèle Raiffeisen que nous développons plus loin.

*Le nouveau groupe BPCE...*

est une société anonyme à directoire et conseil de surveillance. Ses deux réseaux autonomes complémentaires comptent environ 34 millions de clients pour seulement 7 millions de sociétaires. L'appellation de « caisse locale » a fait place à celle, utilisée dans les autres réseaux, d'« agence bancaire ». BPCE en dénombre ainsi 7 700 et emploie près de 110 000 collaborateurs.

Les modalités de la solidarité financière au sein du réseau des Banques Populaires, puisqu'en 1993 celui des Caisses d'Épargne ne se posait pas en ces termes, sont comparables à celles des caisses de Crédit Agricole. Pour les Caisses d'Épargne en effet, dès 1837, la gestion des fonds est transférée à la Caisse des Dépôts. La loi du 20 juillet 1895 réaffirme non seulement le principe de l'emploi des fonds des Caisses d'Épargne en fonds d'État, mais institue également, par mesure de sécurité supplémentaire, la constitution d'un fonds de réserve dans chaque Caisse d'Épargne qui s'intitule : « fortune personnelle ». Elle est constituée de dons, legs et subventions et s'augmente chaque année de la différence « boni » entre les intérêts servis par la Caisse des Dépôts aux Caisses sur les fonds centralisés et le montant de ceux reversés aux épargnants.

La loi du 13 août 1936[60] institue, pour les Banques Populaires, un fonds collectif de garantie sous l'autorité de la Chambre syndicale. Ce fonds est alimenté par les Banques Populaires à hauteur de 10 % de leur résultat net. C'est en puisant dans ce fonds que la Chambre syndicale peut venir en aide à des établissements en difficulté. Ainsi, la Chambre syndicale garantit l'ensemble des engagements de chacune des Banques Populaires, chaque banque disposant d'un compte courant à la Caisse centrale des Banques Populaires, sans plafond débiteur. En second lieu, en cas de nécessité, et suivant une décision interne du conseil syndical en date du 22 septembre 1993, la Chambre syndicale garantit complètement la liquidité et la solvabilité, en trouvant des ressources dans les fonds propres des autres banques. Ce mécanisme prévoit, en outre et de manière réciproque, que la Chambre syndicale bénéficie d'une contre-garantie inconditionnelle par chacune des Banques Populaires pour un montant maximum, égal au total des fonds propres. Le ratio Cooke à 10,5 % en 1994 était tout à fait comparable avec les autres organismes mutualistes et coopératifs.

Le Crédit Coopératif, membre du réseau Banque Populaire a pour organe central BPCE au sens du Code monétaire et financier. Il revendique pour sociétaires environ 33 000 personnes morales, notamment de l'économie sociale et solidaire (coopératives, associations, mutuelles, etc.) mais aussi des entreprises, en particulier des groupements ou des PME, PMI et 19 000 personnes physiques.

*Le Crédit Mutuel...*

C'est un groupe de sociétés coopératives ayant chacune un statut original, affiliées à un organe central. Le système de garantie des dépôts au sein du Crédit Mutuel est organisé sur trois niveaux. Avec 11,2 millions de clients pour 7,2 millions de sociétaires, il dispose de 3 117 guichets pour 2 065 caisses locales. Pour expliquer cette différence, il convient de savoir qu'a débuté, dès la fin des années 1980,

60. Loi du 13 août 1936 tendant à modifier et à compléter l'organisation du crédit au petit et moyen commerce, à la petite et moyenne industrie.

la réunion plus ou moins forcée de caisses locales pour constituer de « nouvelles caisses », plus vastes mais moins ancrées dans le territoire, à commencer par l'Alsace qui est une des terres de prédilection du Crédit Mutuel. Ce phénomène est à rapprocher, par ses guichets multiples, des agences bancaires classiques. Cette politique s'est étendue à peu près partout en France, en tout cas dans la vaste zone d'influence de la puissante fédération du Centre-Est-Europe. Chaque caisse est une société coopérative de crédit à capital variable et à responsabilité statutairement limitée. C'est-à-dire que toutes les caisses obéissent à la loi du 10 septembre 1947 sur les sociétés coopératives, modifiée à plusieurs reprises depuis[61], à capital variable, car elles obéissent aux dispositions particulières figurant au titre III de la loi du 24 juillet 1867. Leur dénomination de société à responsabilité statutairement limitée[62] leur fait obligation de respecter une double contrainte : d'une part, les dépôts des sociétaires représentent au moins 50 % des dépôts, d'autre part, la responsabilité des sociétaires doit couvrir au moins le vingtième de l'ensemble des dépôts. Ainsi, la responsabilité des porteurs de parts n'est pas limitée au montant de leur apport, comme c'est le cas dans les SARL, mais à un multiple de celui-ci. Du fait de l'existence de ce coefficient multiplicateur de responsabilité, les caisses de Crédit Mutuel se trouvent exclues du champ d'application de la loi du 24 juillet 1966 sur les sociétés commerciales. Enfin comme société de crédit : chaque caisse locale est un établissement de crédit au sens de la loi bancaire du 24 janvier 1984. Ainsi, toute caisse locale est amenée à réaliser des actes de commerce. L'ensemble de ces mesures explique le haut niveau de fonds propres dont bénéficie le Crédit Mutuel, au moment où les normes imposées par Bruxelles ont modifié l'application de ces textes initiaux, avec un ratio Cooke à 15,2 %, en 1994, le Crédit Mutuel est alors un établissement solide.

61. Loi n° 47-1775 du 10 septembre 1947 portant statut de la coopération.

62. Décret 62-1305 du 6 novembre 1962.

Toutes ces caisses sont regroupées en 18 groupes régionaux comprenant une fédération et une caisse fédérale ou interfédérale commune à plusieurs groupes auxquels s'ajoute la Fédération du Crédit Mutuel agricole et rural (CMAR) qui intervient, elle, sur l'ensemble du territoire. La caisse fédérale assure la gestion de la trésorerie pour compte commun des caisses affiliées, et en garantit la liquidité par la mise en place de concours de liquidité. Il y a donc une mutualisation des pertes sur crédit. La fédération régionale ou interrégionale gère, pour l'ensemble des caisses, un fonds de garantie commun et assure une péréquation des résultats entre les caisses excédentaires et les caisses déficitaires en vertu d'une décision de caractère général. La péréquation signifie qu'il est calculé le résultat comptable et fiscal de chaque caisse locale. Les caisses excédentaires peuvent donc verser une subvention afin d'équilibrer le résultat des caisses déficitaires. La Confédération nationale (CNCM), instituée en vertu de l'article 5 de l'ordonnance du 16 octobre 1958, est désormais considérée comme l'organe central du réseau aux termes du Code monétaire et financier. Elle joue en fait le rôle de chef de réseau. Il s'agit d'un organisme de droit privé, puisqu'elle a le statut d'une association type loi de 1901, à qui l'État a confié une mission de service public. « *La Confédération est compétente pour édicter des prescriptions qui s'imposent aux caisses, pour veiller à l'observation, par celles-ci, des dispositions qui leur sont applicables et infliger, en cas d'infraction à ces dispositions, des sanctions appropriées. La Confédération dispose, sur habilitation des Pouvoirs publics, d'un véritable pouvoir de décision réglementaire ou individuel. Son pouvoir réglementaire lui permet de prendre des mesures générales qui s'imposent à tous les organismes de crédit mutuel*[63]. » À cette fin, elle est chargée de veiller à la cohésion de son réseau et de s'assurer du bon fonctionnement des établissements qui lui sont affiliés. Elle doit prendre toutes mesures nécessaires, notamment pour garantir la liquidité et la solvabilité

63. Franck Moderne, *La Revue du Trésor*, 1978.

de chacun de ces établissements, comme de l'ensemble du réseau. Il en résulte que la Confédération est compétente pour édicter des prescriptions qui s'imposent aux caisses et qui sont seulement susceptibles d'être contestées devant les juridictions administratives selon les règles du droit public. Cependant, il ne s'agit pas d'un pouvoir hiérarchique, la Confédération ne pouvant imposer aux caisses des règles qu'elle estimerait simplement opportunes ou utiles. Tous les groupes régionaux en sont adhérents, mais il existe également un échelon interfédéral. Certaines fédérations se sont en effet agrégées pour constituer des groupes. Les deux principaux sont CM5-CIC, qui regroupaient au 1er janvier 2010, les fédérations Centre-Est-Europe, Île-de-France, Sud-Est, Savoie-Mont-Blanc et Midi Atlantique, et Crédit Mutuel Arkéa (Bretagne, Sud-Ouest, Massif central).

Contrairement aux deux autres groupes, le Crédit Mutuel n'est pas constitué en société anonyme. Toutefois, CM5-CIC possède comme on l'a vu, depuis 1998, le Crédit industriel et commercial (CIC) qui, bien que holding, est une banque de réseau en région parisienne et fédère cinq banques régionales. Il peut sembler s'inscrire dans une logique territoriale propre à l'origine locale du mutualisme. Ce groupe interfédéral est également majoritaire dans le capital de la banque en ligne Monabanq. Arkéa, quant à lui, possède de son côté Fortunéo.

Des filiales spécialisées dans tous les métiers de la finance et de l'assurance, complètent le Crédit Mutuel avec depuis 2008, Citibank Allemagne (devenu Targobank) et CIC Iberbanco. On saisit moins bien en revanche, l'acquisition de Cofidis Participations, en 2009. La volonté affichée d'augmenter la position du groupe du Crédit Mutuel Centre-Est-Europe CIC (CMCEE) [64] dans l'offre de ce type de crédit à la consommation peut surprendre, au regard des « valeurs mutualistes » avancées et compte tenu de la volonté affichée et cela, dès septembre 2008, des pouvoirs publics pour lutter contre le surendettement des ménages que génère ce

64. Rapport annuel du CECEI, exercice 2009, chapitre 1, p. 15.

type d'organismes financiers. Cela a abouti au vote de la loi Lagarde[65], entrée en vigueur seulement, le 1er novembre 2010. L'une des commissions des Assises du Crédit Mutuel d'Île-de-France, en 1989, s'intitulait déjà : « Le Crédit Mutuel peut-il se développer sans perdre son âme ? ».

Cette question ne renvoie pas seulement à s'interroger sur le Crédit Mutuel qui, si l'on en croit Michel Abhervé, aurait changé de ton[66], du moins en communication, mais s'adresse bien plus, sans doute, aux autres groupes bancaires coopératifs dont « *la référence aux valeurs mutualistes peut aussi être envisagée comme un "investissement de forme"*[67] ».

## À la recherche de l'âme ?

Cette rapide présentation de l'évolution récente et des tendances lourdes des banques mutualistes françaises dans leur environnement, prise dans son acception la plus étendue, amène tout naturellement à relancer cette question : Y a-t-il une alternative à la banque capitaliste ? C'est l'objet de cet ouvrage que de trouver une définition de cette « autre finance », c'est aussi toute la difficulté d'y répondre.

L'autre, « *alter* » en latin, est riche d'ambiguïté, c'est l'un des deux, au singulier, mais c'est la réciprocité ou la connivence « *alter alteri* [68]», l'un à l'autre, ou plutôt, la diversité, la non-similitude voire la différence ou l'opposition, « *alter altero* [69]», l'un et l'autre. Même la racine latine, selon le cas utilisé, démontre la difficulté d'appréhender cette réalité et de la définir.

65. Loi n° 2010-737 du 1er juillet 2010 portant réforme du crédit à la consommation.

66. Michel Abhervé « Un net changement de ton au Crédit Mutuel ». http://alternatives-economiques.fr/blogs/abherve/2010/06/16/un-net-changement-de-ton-au-credit-mutuel/

67. Denis Malherbe, « L'éthique dans le management des entreprises mutualistes : questions de gouvernance et de légitimité », Revue *Management et avenir*, 2008/6, n° 20, p. 147-178, p. 175.

68. *Alter alteri auxilium fert* – Ils se portent secours l'un à l'autre.

69. *Alter altero more vivebat* – Ils vivaient l'un d'une façon, l'autre d'une autre.

L'évolution, à laquelle on assiste depuis les années soixante, amplifiée dans les années quatre-vingt, montre le développement de la réglementation ayant pour but annoncé la protection du système bancaire, mais apportant une uniformisation des structures des statuts et des traditions des établissements mutualistes.

Les trois grandes structures françaises déjà très liées à l'État, en acceptant, souvent avec l'approbation enthousiaste de leur propre technostructure, les réglementations de Bruxelles, ne sont-elles pas en train de violer leur propre objectif au profit de ce que l'on appelle dans le milieu bancaire « la banalisation » ? Les réflexions qu'elles s'imposent depuis quelques années démontrent que certains élus, à l'instar des caisses mutuelles agricoles libres de la fin du siècle dernier, refusent cette évolution. Ont-ils une chance de triompher dans les structures mêmes, ou devront-ils envisager de nouvelles organisations nées de scissions ou de créations nouvelles ?

Certaines associations chargées de prêter à des créateurs d'entreprises sans garanties bancaires au sens classique du terme, qui commencent à voir le jour ces dernières années, rappellent par trop les débuts des caisses mutuelles pour ne pas amener à poser la question.

Plus que des réponses, cette première approche ouvre des interrogations sur le véritable sens des pouvoirs et du contrôle dans les banques à caractère mutualiste, confrontées à leur tradition, leur évolution dans le cadre réglementaire de l'Union européenne. Dans la crise qui s'est produite à partir de 2007, « *on peut comprendre – sans forcément l'accepter complètement – que des établissements aient dû prendre des risques et faire jouer des effets de levier excessifs pour assurer à leurs actionnaires des rentabilités élevées. C'est le jeu du capitalisme boursier, même s'il est allé trop loin. Mais comment admettre que des banques mutualistes soient entrées dans cette compétition et aient subi une crise qui n'était pas la leur ? Et aient perdu l'argent gagné sur les clients-propriétaires dans des spéculations ? Dans le cas des Caisses d'Épargne et des*

*Banques Populaires, elles y ont même finalement perdu leur âme*[70] ».

Et puisque le mot « âme » arrive tout naturellement, une nouvelle fois, dès que l'on parle de cette « autre finance » et sans anticiper sur l'article de Laurence Attuel-Mendès[71], il semble indispensable de nous interroger sur cette question inspirée « *Raiffeisen, réveille-toi, ils sont devenus fous !* », même s'il n'y a aucune espèce d'assimilation possible avec Lénine !

Tout comme Ésope cherchait un homme[72], c'est bien une âme qui semble en péril et qu'il faut trouver. Y a-t-il une âme constitutive de l'identité mutualiste ?

## Les bases historiques, idéologiques et religieuses du mutualisme

Les différentes formes du mutualisme financier peuvent trouver des racines juridiques, organisationnelles dans des temps anciens et la référence babylonienne pour le microcrédit n'est pas une simple vue de l'esprit. Toutefois, selon les organisations bancaires contemporaines, le XIXe siècle peut être considéré comme fondateur d'une pratique et d'une idéologie irriguant les initiateurs de ces établissements.

Ces éléments s'inscrivent dans un contexte historique qui nous oblige, pour rester cohérent, à un retour en arrière historique et à une présentation succincte des circonstances dans lesquelles ils sont apparus. Nous suivons une thématique qui place cette forme d'organisation dans un cadre où se déploie une idéologie que l'on pourra qualifier de « libérale » et à laquelle s'opposent ceux qui proposent une alternative, une substitution, voire une « réparation » des conséquences engendrées par l'application de cette idéologie dominante.

70. « La ruine des banques mutualistes ne peut pas être pardonnée », *Investir, le journal des finances*, 28/02/09.

71. *Microcrédit et religion : complémentarité ou incompatibilité ?*

72. « *Hominem* » *inquit* « *quaero* », *Phèdre*, Livre III, fable XVII.

## La « Fondation » au XIXe siècle

Il nous faut plonger au cœur de courants philosophiques, politiques, spirituels ou religieux divers qui, parfois, pour ne pas dire souvent ou toujours, se sont heurtés, opposés, jalousés dans les cas les moins brutaux de leurs luttes pour asseoir leur influence et leur action, pourtant au départ destinées à l'entraide et à la fraternité ! Le seul point central est bien le contexte économique et social qui se développe dans la seconde moitié du XVIIIe siècle et qui est le terreau favorable d'une philosophie économique s'inscrivant en réaction contre le libéralisme ambiant.

### *Contexte et ferments : de l'interdiction de s'associer au secours mutuel*

Contrairement à ce qu'écrivent de nombreux auteurs, la célèbre loi Le Chapelier, du 17 mars 1791, n'est pas l'acte fondateur de ce « libéralisme » individualiste français. Elle prolonge les décrets d'Allarde qui, les 2 et 17 mars 1791, ont supprimé les corporations. Elle est surtout la victoire idéologique des classes productives et des propriétaires, qui ne sont plus identiques à ce que François Quesnay avait envisagé sur les classes stériles.

Pour remonter plus avant, il est à noter qu'en 1757, Simon Clicquot de Blervache[73] avait remporté le prix de l'académie d'Amiens, en fustigeant les « *obstacles que les corps de métiers apportent au travail et à l'industrie* ». Et Turgot, avec les physiocrates de proclamer que « *les hommes sont puissamment intéressés au bien que vous voulez leur procurer, laissez-les faire, voilà le grand, l'unique principe* », pour mettre en place la « liberté du travail » qui aboutit à l'édit de février 1776. Son renvoi empêche d'appliquer cet édit puisque, bien qu'enregistré au Parlement de Paris, il est abrogé en août 1776. Toutefois, les principes qui entrèrent en application avec la Révolution sont mûrs et avec, les pères fondateurs que sont les « philosophes des Lumières », Voltaire, Diderot ou d'Alembert, si l'on s'en reporte à

73. Simon Clicquot de Blervache, Mémoire sur les corps de métiers. Prix de l'académie d'Amiens, 1757.

l'article « Privilège » de l'*Encyclopédie*. Les articles 1er et 2e du texte de Turgot prévoyaient la suppression des communautés de marchands et d'artisans, des jurandes et de tous leurs privilèges, et son article 14 stipulait qu'« *il interdit à tous maîtres, compagnons, ouvriers et apprentis de former aucune association, ni assemblée entre eux sous quelque prétexte que ce soit*[74] ».

Derrière ces interdictions de s'associer, qui en 1791, vont jusqu'à interdire les vœux religieux dans la Constitution civile du Clergé au nom de l'inaliénable liberté de l'Homme, devenu « citoyen », par la proclamation du 26 août 1789, ce n'est pas seulement l'économie qui est l'objet de la réforme, avec les intérêts budgétaires qui sous-tendent certaines décisions de l'Assemblée constituante, c'est une autre société, philosophique, religieuse, politique et bien sûr économique et sociale qui est en jeu. « *Ici et aujourd'hui s'ouvre une ère nouvelle de l'histoire du monde* », peut écrire Goethe au soir de Valmy, ce n'est pas grandiloquence de romantique, ou proclamation martiale comme celle de Napoléon à Austerlitz, c'est compréhension parfaite des réalités de la part du ministre du duc de Saxe-Weimar. L'association est désormais considérée comme une entrave à l'épanouissement de la liberté, en premier lieu celle d'entreprendre. La crainte des coalitions ouvrières ne constitue pas la principale raison de cette continuité répressive, ses initiateurs se recrutant davantage parmi les juristes que chez les entrepreneurs.

Les Constituants, convaincus que la formation de groupements particuliers dans les communautés de travail ne peut que favoriser la reconstitution de corps privilégiés, récusent l'existence de toute société intermédiaire entre l'État et l'individu. L'exposé des motifs de la loi du 14 juin 1791, dite Le Chapelier, s'appuie sur les théories philosophiques du *Contrat social*, notamment la thèse de l'intérêt général. Quelque temps après, l'esprit demeure le même

74. Brahim Labari, *Le travail dans les cultures monothéistes. Judaïsme, christianisme, islam de l'Antiquité au XVIIe siècle*, préface de Michel Lallement, Paris, L'Harmattan, coll. « Logiques sociales », 2006, 257 pages, p. 221.

et à la Convention, le 25 vendémiaire de l'an III, Bourdon (de l'Oise) déclare : « *Les sociétés populaires sont une collection d'hommes qui, semblables aux moines, se choisissent entre eux. Je ne connais pas dans l'univers d'aristocratie plus constante et mieux constituée que celle-là* [...] *Nous sommes une République démocratique. Notre gouvernement est représentatif: il est composé d'hommes que le peuple a choisis. Mais que sont les sociétés populaires ? Une association d'hommes qui se sont choisis eux-mêmes.* » La responsabilité de l'assistance doit donc revenir « à la nation » sans corps intermédiaires. L'État, dans l'esprit même de la Constitution civile du Clergé de 1791, se substitue à l'Église comme la nation a pris la place du roi.

À l'issue des troubles révolutionnaires, il faut bien constater que l'État a rapidement été incapable de prendre en charge les fonctions d'assistance assurées par les confréries de charité et de bienfaisance religieuses ou non et toutes les œuvres de l'Église, pourtant privée de la majeure partie des revenus de ses biens à la suite des spoliations de la Constituante, confirmées par le Concordat. Les confréries de métiers autorisées de nouveau à fonctionner prennent généralement le nom du saint sous le patronage duquel elles sont placées. Ainsi persistent, au cours du XIX^e^ siècle, des systèmes anciens d'assistance, en particulier animés par des religieuses assez nombreuses, et dont les Congrégations avaient, plus facilement que les religieux, été autorisées par Bonaparte. Cette renaissance partielle des actions caritatives est accompagnée de nouvelles formes d'organisation des travailleurs dès la période napoléonienne, et le monde du travail qui n'a pas le droit de s'organiser, le fait toutefois dans le cadre des sociétés de secours mutuels qui prennent en charge obsèques et maladies. Comme le souligne Bernard Gibaud, à propos de la première société de bienfaisance mutuelle, « *Pour obtenir le droit de se réunir, les sociétés déclarent, souvent dans leurs statuts, comme ceux de la mutuelle des gantiers de Grenoble (1803), première grande mutuelle professionnelle, observer fidèlement la loi du 14 juin 1791* [75] » à cause de la persistance de l'application intransigeante de la loi Le Chapelier.

Par ailleurs, le « coopérativisme » se crée avec les premières mutuelles qui se développent avec la révolution industrielle, dès les années 1820. Si l'on en croit les archives de la Fédération nationale de la chapellerie [76], les approprieurs-chapeliers de Paris fondent, le 15 mars 1820, une société de prévoyance appelée : Bourse auxiliaire de prévoyance des approprieurs-chapeliers de Paris. Cette société fait suite à une société déjà créée dont il existe un répertoire des adhérents de 1817 à 1820 [77]. Dès 1826, elle prend le nom de Société de secours mutuels des approprieurs-chapeliers de Paris. Les liens religieux, comme jadis dans les confréries, ne sont pas rompus, puisque l'on trouve dans ces mêmes archives, « les dépenses des messes de la Saint-Jean », chères aussi à la Maçonnerie, pour les années 1826 et 1827 [78]. Le terme donc de « société de secours mutuels » que l'on rencontre dès le règne de Louis XVIII, continue de figurer.

Abel Hugo, dans *La France pittoresque* écrit : « *Nous ignorons quel a été l'effet de la loi contre les associations sur les sociétés de secours mutuels. Avant 1830, il existait à Paris 179 sociétés de ce genre formées par des employés et des ouvriers d'arts et métiers qui réunissaient ensemble 16 790 membres* [79]. » C'est l'année même de la parution de l'ouvrage d'Abel Hugo en 1835 que la loi du 22 juin autorise les dépôts des Sociétés de secours

75. Bernard Gibaud, Le mutualisme, ferment du solidarisme républicain. p. 74 à 89, p. 79, http://www.u-picardie.fr/labo/curapp/revues/root/26/gibaud.pdf

76. Archives de la Fédération nationale de la chapellerie, Carton 1 - Répertoire des adhérents de la Société préexistante de secours mutuels, 1817-1820.

77. Centre confédéral d'archives de la CGT, archives de la Fédération nationale de la chapellerie, carton 1 – Répertoire des adhérents de la Société préexistante de secours mutuels, 1817-1820.

78. Centre confédéral d'archives de la CGT, archives de la Fédération nationale de la chapellerie, carton 2 – Dépenses pour la messe de la Saint-Jean, 1826 et 1827.

79. Abel Hugo, *La France pittoresque, statistique morale*, publiée par Delloye, tome I, Paris 1835, 320 pages, p. 81.

mutuels dans les Caisses d'Épargne, jusqu'à concurrence de 6 000 francs (francs or, germinal). En effet, c'est pour pallier l'absence d'un système de protection sociale et freiner l'indigence et la mendicité que les Caisses d'Épargne voient le jour à l'initiative de Benjamin Delessert et du marquis François de La RocheFoucault-Liancourt[80]. Ce dernier, rapporteur du Comité de mendicité pour la Constituante, avait prôné dès 1790, la création d'une Caisse d'Épargne par département, sans que cela soit suivi d'effet. En mars 1793, le Comité de Salut public reprend l'idée et ordonne également la création de caisses de prévoyance, sous l'impulsion du mathématicien Pierre-Simon Laplace. Cela n'eut pas de suite non plus, faute de moyens. La première ouverture d'une Caisse d'Épargne a lieu à Paris le 22 mai 1818. L'objectif s'inscrit bien dans une volonté politique, qui correspond à l'esprit libéral du temps, non de faire la charité, mais plutôt « *d'intégrer les personnes à l'ordre économique, et aussi de moraliser l'économie* [...] *un bon usage de l'argent*[81]. » C'est l'utilitarisme bourgeois qui fait dire à Benjamin Delessert : « *Tâchons de faire comprendre au peuple les bienfaits, on peut presque dire les miracles, de l'économie*[82]. » Ce dernier succède à François de La Rochefoucauld comme président de la Caisse d'Épargne en 1829. Il exerce cette fonction jusqu'à sa mort, en 1847. Il prend une part active à la définition juridique des Caisses d'Épargne, quelques jours avant l'autorisation des sociétés de secours mutuels, par la loi du 5 juin 1835. Les Caisses d'Épargne, jusque-là assimilées par le Conseil d'État à des sociétés anonymes, sont reconnues établissements privés d'utilité publique.

80. Premier rapport du Comité de mendicité : Exposé des principes généraux qui ont dirigé son travail, par M. de La Rochefoucauld-Liancourt, *Assemblée nationale constituante (1789-1791). Comité de mendicité*, Paris : De l'Imprimerie nationale, 1790, 15 pages ; 20 cm. «Imprimé par ordre de l'Assemblée nationale ».

81. Alexandrine Lapoutte, sous la direction de Marie-Claire Malo, *Caisse d'Épargne Île-de-France Paris et ADIE-IDF: quelle configuration partenariale ?*, Cahiers du CRISES, coll. « Études de cas d'entreprise d'économie sociale », no ES0201, 2002, p. 3.

82. Cité dans Daniel Duet, *Les Caisses d'Épargne*, Paris, Que Sais-Je ?, Presses universitaires de France, 2002, 10ᵉ édition, p. 17.

*« Les statistiques socioprofessionnelles des déposants, publiées dans les rapports annuels présentés par le ministre du Commerce, permettent d'évaluer dans quelle mesure l'institution a réussi à développer l'épargne chez les travailleurs modestes – les ouvriers en particulier. S'il existe de fortes disparités régionales dans les clientèles des Caisses d'Épargne, elles se caractérisent par l'importance des catégories non ouvrières, et sans doute des classes moyennes*[83]. » Les Caisses d'Épargne sont avant tout urbaines et se développent rapidement à partir de la Monarchie de Juillet. Il y a 27 caisses en 1833 et 364 en 1848. Le maximum est atteint avec la France de M. Pinay en 1952, avec 585 caisses. La première succursale est établie dès 1825, à Aix-en-Provence, et inaugure l'idée du réseau bancaire dès le règne de Louis-Philippe[84].

Ces premiers textes s'inscrivent ainsi dans la construction d'une première politique sociale dès la Monarchie de Juillet, qui marque l'obsolescence d'une simple méthode philanthropique, plus guère adaptée aux besoins de l'économie française dont le développement exige de nouvelles formes de solidarité collective au sein des classes laborieuses. Toutefois, il ne faut pas exagérer l'action du gouvernement de Louis-Philippe qui est attaché aux principes du libéralisme économique et qui se borne à recommander la création de sociétés de secours mutuels, surtout parce que cela contribue à la diminution des pauvres dans les hôpitaux. Une préfiguration de « l'aide à la personne » de ce siècle, permettant le maintien à domicile, à moindre coût pour la collectivité ! En 1848, on dénombre environ 2000 sociétés de secours mutuels regroupant plus de 250000 sociétaires, soit près d'un million 600 000 personnes si l'on inclut les familles[85].

83. Carole Christen-Lecuyer, La mesure de l'efficacité sociale des Caisses d'Épargne françaises au XIXe siècle, in « Mesurer le travail », *revue Histoire & mesure*, vol. XX – no3/4, 2005, p. 139-176.

84. Source : Daniel Duet, *Les Caisses d'Épargne*, Paris, Que Sais-Je ?, Presses universitaires de France, 2002, 10e édition, p. 29-30.

85. Michel Dreyfus, « Histoire de la Mutualité », in *L'économie sociale de A à Z. Alternatives économiques*, hors-série pratique n° 22, janvier 2006, p. 147.

Il est à noter cependant que nombre de ces sociétés mènent des luttes revendicatives, la révolte des Canuts à Lyon, est un paroxysme, dès 1831, mais elle témoigne d'une agitation qui inquiète les autorités. Ainsi, la Société de secours mutuels des approprieurs-chapeliers de Paris, qui s'était élargie à toutes les catégories dans l'esprit de la IIe République en devenant la Société générale des chapeliers de Paris, par l'Assemblée générale du 26 mars 1849 est-elle dissoute par le préfet de police, le 31 mai 1853 « *pour avoir soutenu financièrement une grève* ». Elle se reconstitue néanmoins en 1855 avec un nouveau titre : *Société de secours mutuels des ouvriers chapeliers de Paris*[86]. Ce qui montre bien que les gouvernements ne pouvaient pas, en fait, se passer de ces organisations de solidarité du monde du travail dont il avait institué le statut.

À partir de la révolution de 1848, l'État tente d'organiser, puis de contrôler ces mouvements.

La IIe République ratifie la distinction fondamentale entre les deux principaux risques de la vie de travail : Celui quasi inéluctable de la retraite, où le système de prévoyance doit être mis en place, et celui de la maladie comportant des variables qui demeurent aléatoires comme l'accident du travail. « *À chaque institution, son caractère, son but, sa destination... C'est à tort selon nous, qu'il* [Pierre Waldeck-Rousseau] *a essayé de fondre dans une même institution les secours temporaires à distribuer en cas de maladie, d'accidents, et les ressources à assurer à l'ouvrier pour ses vieux jours. Poursuivre en même temps deux buts aussi distants l'un de l'autre, c'est s'exposer à les manquer tous les deux* », est la réponse qui en fait, fut définitive, de l'assemblée, par la voix du rapporteur du comité du travail, Jean-Baptiste Ferrouillat[87]. En effet, la loi de juillet 1850 sur les sociétés de secours mutuels avait prévu un principe

86. Centre confédéral d'archives de la CGT, archives de la Fédération nationale de la chapellerie, carton 4.

87. Rapport n° 893 au nom du Comité du travail, sur les propositions des citoyens Waldeck-Rousseau et Rouveure, ayant pour objet l'institution de caisses de secours mutuels et de prévoyance, par le citoyen Ferrouillat, séance du 19 février 1849.

d'aide publique, mais cette loi ne le permettait pas en matière de retraite. De plus, ces sociétés devaient se soumettre à un règlement d'administration publique. Il appartient à l'auteur de « L'extinction du paupérisme » de concrétiser durablement la reconnaissance institutionnelle, après l'expérience du premier essai législatif, sous la IIe République. Le 26 mars 1852, est publié le décret instituant « la société de secours mutuels approuvée ».

Un type nouveau de sociétés de secours mutuels apparaît. Les sociétés approuvées prennent la charge de l'assurance-maladie volontaire dans le cadre des associations d'entraide. Leur statut les autorise à agir plus efficacement, au prix de strictes obligations et d'un contrôle certain[88]. Comme dans la loi de juillet 1850, sur le plan financier, elles jouissent notamment de privilèges fiscaux et de la possibilité de placer leurs fonds à la Caisse des Dépôts et Consignations à des taux préférentiels. Pour leur organisation, elles bénéficient également de l'aide des communes qui sont tenues de leur fournir locaux et matériel, nécessaires à leur fonctionnement.

Ces sociétés peuvent étendre leur domaine d'action dans la gestion des retraites, ce qui n'était pas prévu dans la loi de 1850. Enfin, ces sociétés – qui ont le droit de gérer un patrimoine immobilier – se voient attribuer des tarifs préférentiels pour les obsèques, tâche qui reste, depuis la plus haute Antiquité, un des points communs à toutes les organisations mutuelles. En fait, cette « mutualité impériale » fait fonction officieuse d'assurance-maladie volontaire, avec des règlements modèles.

Bernard Gibaud estime que le décret de 1852 est « *l'une des premières lois sociales françaises effectives, sinon la première, compte tenu des décisions éphémères de février 1848 et du caractère modeste de celles arrêtées sous la Deuxième République*[89] ».

88. Rétablissement le 25 mars 1852 de l'article 291 du Code pénal et de la loi 1834 contre les associations.

89. Bernard Gibaud, *Mutualité-Assurances (1850-1914)*, Economica, Coll. « Économies et sociétés contemporaines », Paris, 1998, 216 pages, p. 39.

Le nombre des sociétaires s'accroît et le nombre des sociétés de secours mutuels approuvées qui était estimé à 8 % des sociétés de secours mutuels en 1852, en avoisine les trois quarts en 1871. Ainsi, en 1870, sur 5 700 sociétés existant en France, 4 200 sont des sociétés approuvées qui réunissent 670 000 personnes encadrées par 110 000 membres bienfaiteurs [90].

Toutefois, en limitant à 500 adhérents par société (au lieu des 2 000 prévus par la loi de 1850) le Prince président, devenu empereur, a sans doute voulu prévenir tout risque de contagion factieuse mais il a, de fait, limité ces sociétés au champ de l'activité sanitaire en rendant opérationnelle la distinction faite par l'assemblée de 1849 entre maladie et retraite. En effet, avec un si faible nombre de membres participants, la prise en charge de risques comme la retraite ou l'invalidité est impossible à assurer. Cela a toutefois eu l'avantage de contribuer grandement à la médicalisation du pays et à la diffusion des soins aux campagnes ou aux petites bourgades rurales, où vit la majorité des Français d'alors. Effectivement, de structures quasi exclusivement ouvrières et donc urbaines, avant 1848, les sociétés de secours mutuels autorisées deviennent ouvertes à toutes les couches de la société. À la fin du Second Empire, les employés, les cadres, les enseignants et surtout les membres des professions libérales, du commerce et de l'industrie sont majoritaires. Ils représentent les deux tiers de l'ensemble des effectifs mutualistes. Les mutuelles ouvrières qui constituent le tiers restant, évoluent vers la forme syndicale.

Si l'on suit la société des chapeliers, qui est emblématique des évolutions socio-économiques du temps, on constate qu'avec « l'empire libéral », en 1864, elle décide, par assemblée générale, de regrouper plusieurs sociétés de secours mutuels existant dans la chapellerie parisienne (1 100 sociétaires sur les 1 500 chapeliers recensés) et qu'elle peut alors imposer à la Chambre syndicale de la chapellerie un « tarif » pour les différentes catégories de chapeliers, ce

90. Michel Dreyfus, *op.cit*, p. 23.

qui en fait un quasi-syndicat moderne. Le préfet de police ne s'y trompe pas, puisque dans un rapport de janvier 1874, sous la dénomination « la République des ducs », il écrit : « *Les membres de la société, qui presque tous professent des idées socialistes et s'occupent activement de politique, sont en rapports suivis avec les ouvriers chapeliers de province et ceux de Londres et tout porte à croire qu'ils sont affiliés à l'Internationale.* » Il est vrai que cette société des chapeliers a soutenu toutes les grèves dans les entreprises pour l'application du salaire minimum au patronat. Une « chambre syndicale des ouvriers chapeliers de Paris », naît d'ailleurs le 8 juin 1881[91].

Si des liens, comme on l'a lu, existent avec le socialisme utopique sur lequel nous reviendrons, il est aussi évident qu'ils existent *ipso facto* avec la naissance du mouvement syndical moderne qui apparaît après 1884.

Ce régime des sociétés de secours mutuels autorisées demeure en vigueur après la proclamation de la IIIe République, le 4 septembre 1870, d'autant que la liberté d'adhérer à la française s'oppose à l'obligation germanique qu'incarne le chancelier Otto von Bismark. « *À la race germanique, la solution autoritaire basée sur le socialisme d'État ; à la race latine, la solution libérale basée sur le patronage et la liberté*[92] », s'exclame Émile Cheysson, mieux inspiré sans doute en instigateur des HLM.

Les débats qui vont marquer la IIIe République sont moins unanimes qu'il n'apparaît. Il faut attendre 1898 pour que le statut autoritaire, né sous Louis-Napoléon Bonaparte, 46 ans plus tôt, soit abrogé. C'est un très long délai, presque aussi long que celui qui sépare la loi Le Chapelier et les premières autorisations sous Louis-Philippe de l'abolition de ce statut, dit autoritaire, de la « Mutualité impériale » dont finalement les « pères fondateurs » de la IIIe République se sont assez bien contentés. Il est vrai qu'il

91. Centre confédéral d'archives de la CGT, archives de la Fédération nationale de la chapellerie, carton 7.

92. Premier Congrès international des accidents du travail, 1889, Tome 2 p. 352.

était parfois reproché au mutualisme d'être trop proche de l'Église et de se situer dans sa tradition caritative, ce qui n'inspirait pas confiance à ces tenants d'une laïcité combative. Quant aux Républicains au pouvoir des gouvernements « opportunistes » qui dirigent le pays à la fin du XIX^e^ siècle, ils sont animés par un libéralisme économique d'un Émile Cheysson qui vise à assimiler le statut des sociétés de secours mutuels à celui des entreprises d'assurance, en vue de rationaliser leur fonctionnement. Il n'existe, à leurs yeux, aucune différence fondamentale juridico-fonctionnelle entre l'assurance de marché et l'assurance de solidarité et de ce fait, les sociétés privées sont admises de plein droit dans les pavillons « d'économie sociale » des expositions universelles à Paris en 1889 et 1900. Cela choque même le libéral Léon Say, plusieurs fois ministre des Finances de Napoléon III qui, dans son rapport pour l'Exposition universelle de 1889, définit bien l'opposition qu'il voit entre mutuelles et compagnies d'assurance : « *Les premières sont toujours des assurances de solidarité, les secondes le plus souvent des assurances de profit* [qui] *pourraient inscrire sur le fronton de leurs institutions cette devise qu'un spéculateur romain avait inscrite en mosaïque au seuil de sa demeure à Pompéi : Salve lucro*[93] *!* »

Les « mutuelles » n'ont donc pour objet que le profit, comme nous l'avons vu, dans l'opposition entre la vision américaine du « *third sector* » et celle européenne de l'économie sociale. Le Rouennais Henri Vermont, figure de proue de l'opposition mutualiste à l'assurance privée, déclare en ce sens, « *l'assurance est œuvre d'égoïsme et d'intérêts privés et la mutualité œuvre de solidarité, de dévouement et d'intérêt général*[94] ». Le premier congrès national des « sociétés de secours mutuels », tenu à Lyon du 5 au 9 septembre 1883

93. Anne Fretel et Christophe Ramaux, « L'économie sociale : un cinquième pilier de l'État social ? », XXVII^e^ Journées de l'Association d'économie sociale, Nanterre – 6 et 7 septembre 2006 (version provisoire). http://economix.u-paris10.fr/pdf/colloques/2007_AES/Ramaux.pdf, consulté le 6 juin 2009).

94. Yannick Marec, *Pauvreté et protection sociale aux XIX^e^ et XX^e^ siècles : des expériences rouennaises aux politiques nationales*, Rennes, Presses universitaires de Rennes, coll. « Carnot », 2006, 404 pages.

et au rythme en général d'un congrès tous les trois ans, permet à la mutualité de se forger un corpus de doctrine et de la propager.

Le Congrès de Lyon constitue une première manifestation de l'identité mutualiste nationale, la volonté de voir le mouvement peser plus activement dans la vie sociale du pays. Les congrès de Marseille, en 1886 et de Paris en 1889, essaient de délimiter le rôle des mutualistes face aux milieux assurantiels en définissant des règles de gestion et de fonctionnement du mouvement plus strictes, pour échapper aux critiques d'amateurisme formulées par les libéraux. Les finalités lucratives des compagnies, affirment-ils, tendent à circonscrire la technique d'assurance dans une exacte relation entre contribution individuelle et coût du risque. C'est d'ailleurs la définition contemporaine qu'en donne le professeur de droit, Joseph Hémard : l'assurance est « *une opération par laquelle une personne, l'assuré, se fait promettre, moyennant une rémunération (la prime), pour lui ou pour un tiers, en cas de réalisation d'un risque, une prestation par une autre partie, l'assureur, qui prenant en charge un ensemble de risques, les compense conformément aux lois de la statistique* » et l'assurance mutuelle « *un ensemble de personnes qui à la fois assurés et assureurs, s'engagent à s'indemniser réciproquement des dommages qu'elles peuvent éprouver par suite de l'avènement de risques similaires*[95] ».

Bernard Gibaud, en citant l'économiste français Eugène Rochetin, confirme bien que, selon ce dernier, déjà en 1896, on estimait qu'« *un abîme sépare les sociétés de secours mutuels, œuvre d'intérêt général, des compagnies d'assurance, œuvre d'égoïsme et de calcul*[96] ». Les sociétés de secours mutuels se chargent des aléas de la vie dans le cadre solidaire le plus large possible, en dissociant l'effort contributif du droit à prestation.

95. Joseph Hémard « Théorie et pratique des assurances terrestres », *Revue des sociétés*, 1978, tome II, p. 435.

96. Cité par Bernard Gibaud, *Mutualité, Assurances (1850-1914)*, Economica, coll. « Économies et sociétés contemporaines », Paris, 1998, 216 pages, p. 121.

Les autres républicains, moins engagés dans ces combats, considèrent l'assurance comme la voie la plus commode pour résoudre la question sociale sans recours à l'obligation généralisée : « *L'obligation, oui, mais la liberté de s'acquitter de cette obligation dans les mains des sociétés de secours mutuels*[97] », déclare même Pierre Waldeck-Rousseau.

Les mutualistes s'allient alors plutôt au mouvement syndical naissant qu'aux tenants de sa « banalisation », pour employer le terme d'une réalité actuelle, alors que l'économie sociale décrite ci-dessus n'existe pas encore. La mutualité doit donc se battre pour se différencier du secteur marchand de la prévoyance et pour préserver son identité. La confrontation se situe alors sur le terrain de la doctrine, et non sur celui de la compétition commerciale. Cette différence de finalité influe directement sur les modalités de prévoyance mises en œuvre. Alors que la mutualité s'engage progressivement dans la voie d'une couverture globale des risques par le développement de réseaux sanitaires et sociaux, préfiguration d'une politique de santé et de prévention dont on avait déjà noté l'importance pendant la période du Second Empire, les entreprises d'assurance cantonnent leur intervention à l'indemnisation financière des « sinistres ». Ce sont les traits de cette pratique solidariste que la loi consacre au travers des lois sur la mutualité votées en avril 1898.

L'un des hommes incarnant le mieux ce combat semble être Léon Bourgeois qui défend la liberté de l'individu face à l'État, en estimant que ce dernier doit aussi le protéger dans la tradition ancienne ce qui, pour nous, a préfiguré le combat mené par la FNIM pour être reconnue et pour rester libre tout en existant.

Au tournant du siècle, un premier congrès mutualiste international se tient même à Paris en 1900, la « mutualisation du discours républicain », comme l'écrit Bernard Gibaud, s'opère avec les déclarations de Paul Deschanel, président de la Chambre des députés : « *L'État français doit*

97. Joseph Jean Lefort, *Les caisses de retraites ouvrières*, Paris, A. Fontemomg, 1906, 2 vol., tome 1, 1905, p. 315.

*devenir une vaste société de secours mutuels* », de son successeur au « perchoir », Léon Bourgeois, sur lequel nous allons revenir, qui affirme que « *la mutualité est l'instrument par lequel sera réalisée la véritable réforme sociale* » ou du père du protectionnisme agricole à la française, Jules Méline qui voit « *la mutualité* [comme] la *solution pacifique du problème social*[98] », et décrit dans un parfait esprit « raiffeisen » sa vision de la banque mutuelle : « *Quand les gens qui ne possèdent rien auront mis en commun leur force, leur intelligence, leur moralité et leur capacité professionnelle, ils auront du crédit et une fortune. C'est l'effet admirable de la mutualité. Peut-il exister une garantie plus sérieuse de remboursement d'une créance que la caution, que l'engagement des amis qui passent leur vie avec l'emprunteur lui-même. Ne croyez-vous pas que dans les petites communes l'emprunteur cautionné par ses voisins sera toujours poursuivi par la pensée que s'il ne payait pas, les autres seraient obligés de payer pour lui : il ne voudra pas s'exposer à perdre l'estime générale par son manque de loyauté*[99]. »

C'est donc bien une politique sociale visant à opposer la dynamique solidaire du nombre aux risques atteignant les membres du groupe constitué, comme dans l'esprit du décret de 1852, qui s'instaure. Elle remplace la simple réponse aux préceptes moraux ou religieux qui avaient été la justification de l'action des sociétés de secours mutuels. Pierre Leroux, père du « solidarisme » et mort en 1871, prône le remplacement de la charité chrétienne par la solidarité humaine. Alexandre Ledru-Rollin anime, en 1848, un groupe, « La Solidarité républicaine ». Paul Bert, chantre de l'École laïque, insiste en 1880 sur la nécessité d'enseigner l'Instruction civique à l'école primaire, matière qui conjugue à la fois charité, devoir relevant de la morale individuelle et solidarité, devoir incombant à la société de

98. Bernard Gibaud, Mutualité, Assurances (1850-1914), *op. cit.*, p. 24.

99. Intervention de Jules Méline, ministre de l'Agriculture, le 10 mai 1890 lors de la discussion à la Chambre des députés de la proposition de loi tendant à l'organisation du « Crédit agricole et populaire ».

venir en aide à ceux qui souffrent [100]. Cette thèse est habituellement reconnue et acceptée en France. On peut juste se demander, d'ailleurs à la lumière même de la conception humaniste laïque qui prévaut alors, si au contraire ce ne sont pas ces valeurs morales anciennes, désormais institutionnalisées à l'ensemble de l'humanité, qui l'emportent.

L'utilisation de la « fortune personnelle » des Caisses d'Épargne, bien que strictement définie par la loi de 1895, s'inscrit dans cette logique humaniste. Elle permet aux Caisses d'Épargne de remplir leurs premières missions d'intérêt général : financement de logements sociaux et à bon marché, de jardins ouvriers, puis de bains-douches. L'autonomie même limitée des Caisses, quant à l'emploi de leurs fonds, permet toutefois de soutenir localement des projets de solidarité, de prévoyance, d'hygiène sociale, d'assistance ou de bienfaisance qui en font des acteurs de plus en plus actifs.

Le président du conseil d'administration de la Caisse d'Épargne des Bouches-du-Rhône en 1886, Eugène Rostand, qui s'est beaucoup impliqué dans le débat sur l'emploi des fonds des Caisses d'Épargne [101] en étant favorable à ce que celles-ci se libèrent de la Caisse des Dépôts pour la gestion de leurs fonds, est également un ardent propagandiste de la construction de logements sociaux et de prêts hypothécaires, à l'instar des *buildings associations* anglaises ou américaines. Dans un ouvrage aux résonances étonnement actuelles quant au diagnostic de la pauvreté et de la carence de logements, il définit bien le programme des Caisses d'Épargne en prolongement de fait des différents secours mutuels : « *Il faut aussi que la société soit en état, si un chômage involontaire ou une maladie prolongée empêche l'acquittement exact d'un trimestre, de patienter*

100. Bruno Benoît, « Le solidarisme : entre libéralisme et socialisme », Synthèse effectuée pour le Grand Lyon (DPSA), http://www.millenaire3.com/Affichage-de-la-ressource.69 + M5ce612e404e.0.html. Consulté le 5 juin 2009.

101. Eugène Rostand, *La réforme des Caisses d'Épargne françaises*, Éditeur Guillaumin, 1891, 236-CVII, 343 pages.

*un peu, garantie qu'elle est d'ailleurs par le privilège de venderesse, comme fait le Crédit Foncier avec ses emprunteurs. La moralité de l'acquéreur devient en pareille circonstance un élément d'appréciation essentiel, à quoi il s'assure que la moralité est d'accord dans la vie avec l'intérêt.*

*Tout ce rôle complexe, l'État ou le municipe peut-il l'assumer ? Non, si l'on veut échapper aux conséquences mauvaises qui, directement ou indirectement, sortent de la notion des pouvoirs publics pourvoyeurs de tout. On conçoit seulement une aide donnée par l'État aux sociétés dont nous parlons. En principe, c'est au patronage privé que la tâche incombe, au capital soucieux de sa fonction sociale, ici par bienveillance chrétienne, là par préoccupation purement humaine de la destinée du plus grand nombre*[102]. »

Les liens que nous dressons entre secours mutuel et financement de l'économie, ici le logement, sont intrinsèquement noués. De sorte qu'il est également impossible de développer ce rapide déroulé historique sans définir brièvement le solidarisme qui inspire ce que l'on a coutume de nommer la « Charte de la Mutualité » de 1898. Pour son inspirateur principal, Léon Bourgeois, le solidarisme fonde un « nouveau contrat social », pour des hommes qui doivent vivre ensemble. L'égalité des chances qui n'est pas celle de la naissance, doit être assurée à chacun, pour le bonheur de tous et par voie de conséquence de la société. C'est la solidarité qui permet d'atteindre cet objectif, et elle repose sur la liberté de l'association, car l'État n'a alors qu'un rôle de surveillance, celui de faire appliquer les règles régissant les associations, d'inciter à leur création et de faciliter leur mise en place.

Toutefois, près de 20 ans se sont écoulés après le dépôt de la première proposition de loi sur la mutualité, remise par Hippolyte Mazé en 1881, quand sont votées par le Parlement français, le 1er avril 1898, les lois sur la mutualité ou

102. Eugène Rostand, « Les questions d'économie sociale dans une grande ville populaire (étude et action), avec une statistique des institutions de prévoyance et de philanthropie à Marseille », 1889, p. 9. http://gallica.bnf.fr/ark:/1 21 48/bpt6k549973 5024.highres

la « Charte de la mutualité ». Ni œuvre charitable ni institution d'assistance commerciale, la loi reconnaît à la mutualité un rôle d'intérêt général dans la mise en place d'une protection volontaire qui ne relève ni de l'État ni du marché. Les mutualistes peuvent désormais mener librement leurs activités, pourvu qu'elles soient bien gérées, ce qui était un souhait permanent des libéraux, et se regrouper à tous les niveaux, ce qui inquiétait depuis longtemps les conservateurs, même si la mutualité s'était, en fait, tenue à l'écart de la commune. Après le divorce d'avec le syndicalisme ouvrier, le constat officiel d'une différenciation juridique entre pôles marchand et solidariste de la prévoyance représente la seconde rupture fondatrice de l'identité contemporaine de la Mutualité française. La loi de 1898 définit juste le fonctionnement des mutuelles qui y adhèrent. À côté des sociétés approuvées qui sont maintenues, existent désormais des sociétés reconnues comme établissements publics et des sociétés libres. La loi autorise la création de sociétés libres sur simple déclaration.

Le contrôle administratif exercé sur les sociétés approuvées se limite à la surveillance des règles de bonne gestion et d'ordre technique et n'a plus de caractère de contrôle politique, et la limitation du nombre de sociétaires par groupement est abolie. La loi favorise ainsi la diversification de l'intervention mutualiste, puisque tous les domaines de la protection sociale sont ouverts à son activité. Les groupements sont autorisés à créer des unions, ce qui permet de développer et d'amplifier une politique sanitaire et sociale de plus grande portée avec des dispensaires, des établissements hospitaliers et des pharmacies...

L'« Union » constitue l'acte de naissance des Caisses autonomes et représente l'outil technique et financier indispensable aux mutualistes pour intervenir dans la prévoyance lourde qui était impossible jusque-là, comme les pensions de retraite, l'assurance-vie ou les accidents. Les sociétés mutualistes, comme les entreprises, peuvent également organiser la formation professionnelle, des « offices de placement » et accorder des allocations de chômage.

C'est en 1902 que, dans l'esprit du congrès de Lyon de 1883, s'est instituée la Fédération nationale de la mutualité française (FNMF) regroupant toutes les sociétés mutuelles qui le souhaitent. L'organisation en unions départementales et régionales se réalise grâce à l'extrême activité de son premier président, Léopold Mabilleau.

Cette création de la FNMF, en 1902 « *au même moment que celle du Parti radical* », dont d'aucuns [103] estiment que « *la coïncidence n'est d'ailleurs pas fortuite* », nous permet de développer désormais, le volet idéologique ambiant de ce siècle de formation de la réalité institutionnelle mutualiste qui s'achève. Si nous avons tenu à marquer nettement et dès l'abord, les différences des structures entrepreneuriales libérales qui dominent la pensée gestionnaire avec celles de l'économie sociale, et à définir ce tiers secteur qui va marquer notre étude, comme naguère l'abbé Sieyes l'avait fait pour le « tiers état », nous n'avons pas, dans la rapide évocation historique qui préfigure et explique les origines de la Fédération des mutuelles de santé que nous avons étudiées, accompagné notre propos d'une présentation des sources idéologiques propres au siècle dont nous venons de décrire les aspects principaux, essentiellement politiques ou juridiques, amenant à la naissance d'une mutualité unifiée.

### *Les fondements théoriques du mutualisme*

Comme le soulignent Anne Fretel et Christophe Ramaux, « *l'idée selon laquelle le capitalisme libéral laissé à lui-même est insuffisant pour résoudre la question sociale est portée par des courants extrêmement divers tout au long du XIX<sup>e</sup> siècle et au-delà : le catholicisme social (Le Play, Armand de Melun...), les divers penseurs socialistes (Owen, Saint-Simon et ses disciples, Fourier, Louis Blanc...) ou communistes (Cabet, Marx...), le mutuellisme de Proud-*

103. Michel Dreyfus à propos du livre de Bernard Gibaud, *Fédérer autrement. Histoire de la Fédération nationale de la mutualité française (1902-2002)*, Paris, Mutualité française, 2003, 196 pages, in CAIRN info, http://www.cairn.info/article.php?ID_REVUE=VING&ID_NUMPUBLIE=VIN_084& ID_ARTICLE=VING_084_0203&FRM=N, consulté le 25 mai 2009.

*hon, le solidarisme (Durkheim, Bourgeois...) et les républicains, etc.* [104] ».

Notre propos n'est pas bien entendu d'entrer dans une étude approfondie de ces thèmes philosophiques. Toutefois, il semble impossible d'ignorer les fondements mêmes de la société dans laquelle se construit l'activité économique du XIXe siècle. Le système bancaire mutualiste est fondé sur un corpus de doctrine qui lui est radicalement hostile.

Nous ne pouvons que le rappeler avec force, puisque l'enjeu finalement de notre propos n'est pas de savoir si l'économie sociale est un réparateur des excès du capitalisme, une forme d'organisation à côté et insérée, comportant seulement des différences de forme avec le système de la libre entreprise, ou si radicalement, elle est une forme autre, opposée, incompatible dans sa nature même avec le système libéralo-capitaliste ambiant, même si ce terme générique peut choquer, à juste titre, un économiste pointilleux.

À notre sens, cette problématique n'a jamais été complètement tranchée et l'économie sociale au XIXe siècle est une alternance ou une juxtaposition des trois tendances.

On nous excusera donc ici, une fois les préliminaires méthodologiques et historiques posés, de nous contenter de décrire et de résumer ce qui, par ailleurs, a déjà été étudié avec plus de profondeur. Notre propos n'est pas de nous situer dans un cadre exhaustif, mais d'apporter ce qui, à notre sens, est éclairant des valeurs revendiquées.

Les socialismes, utopique, coopérativiste, proudhonien, etc. nous paraissent grandement explicatifs d'une partie notable de la construction mutualiste avec, bien entendu, le christianisme social qui prolonge au fond l'action caritative des confréries de toutes sortes en un discours et un vécu adaptés aux nouveaux temps économiques. L'interpénétration des deux est souvent grande avec des passages de l'un à l'autre.

104. Anne Fretel et Christophe Ramaux, « L'économie sociale : un cinquième pilier de l'État social ? », XXVIIe Journées de l'Association d'économie sociale, Nanterre – 6 et 7 septembre 2006 (version provisoire). http://economix.u-paris10.fr/pdf/colloques/2007_AES/Ramaux.pdf, consulté le 6 juin 2009, p. 7.

Retenons pour l'exemple, la grande figure du père Félicité de Lamennais qui, d'ultramontain dans l'esprit de Louis de Bonald ou Joseph de Maistre, meurt socialiste, sans les secours de l'Église, et qui est sans nul doute paroxysmique, mais intéressante à plus d'un égard, des cheminements beaucoup plus riches et fréquents à tous niveaux que ceux décrits en général pour cette période où se bâtit, pour ce qui nous concerne, la « première économie sociale ». De la traduction de *L'imitation de Jésus-Christ*, de Thomas a Kempis, qu'il prend comme une œuvre à vivre ou à réaliser, plus qu'à lire, vient certainement l'engagement de Félicité de Lamennais qui s'investit, dès 1830, avec le comte Charles de Montalembert et le dominicain Henri Lacordaire, dans l'action politico-sociale avec le journal *L'Avenir*, condamné par Grégoire XVI. Il rompt avec l'Église en 1834, à la suite de son ouvrage *Paroles d'un croyant*, condamné de nouveau par Grégoire XVI. Auteur d'ouvrages sur le « peuple », ami et inspirateur de nombreux écrivains et socialistes dont le fondateur du solidarisme Pierre Leroux, il siège comme député d'extrême gauche à la Constituante de 1848 et meurt « croyant chrétien », mais en refusant les obsèques religieuses[105].

## Les théories fondatrices

« *Tout comme la plaidoirie d'un avocat peut se révéler parfaitement incompréhensible si l'on n'a pas entendu préalablement le réquisitoire du procureur, il n'est souvent pas possible de comprendre pleinement ce qui est dit si l'on ne connaît pas les idées anciennes par rapport auxquelles se développent les idées nouvelles. Celles-ci n'étant pas formulées en dehors de l'histoire sociale, il convient aussi d'articuler l'histoire des idées à l'histoire de la société*[106]. »

105. On s'est reportés pour cette partie, à l'ouvrage magistral de Hans Maier, *L'Église et la démocratie. Une histoire de l'Europe politique, (Revolution und Kirche: zur Frühgeschichte der christlichen Demokrati)*, traduit de l'allemand par Isabelle Schobinger von Schowingen, avec la participation de Philippe Naszályi et Jean-Étienne Grenier, Critérion, Paris, 1992, 417 pages.

106. Bruno Tinel, « Que reste-t-il de la contribution d'Alchian et Demsetz à la théorie de l'entreprise ? », *Les Cahiers d'économie politique* n° 46, 2004, p. 67-89.

C'est ainsi que les banques mutualistes s'inscrivent et, on l'a vu à plusieurs reprises, dans un contexte historique qui demeure prégnant pour leur fonctionnement global. Pour rester cohérente, notre démarche se doit donc de tenter par une présentation succincte, de donner un sens à une thématique qui place cette forme d'organisation dans un cadre où se déploie une idéologie que l'on pourra qualifier de « libérale » et à laquelle s'opposent ceux qui proposent une alternative, une substitution, voire une « réparation » des conséquences engendrées par l'application de cette idéologie dominante, car « *le parti que l'on prend sur la nature de l'entreprise n'est pas dépourvu ni d'incidences pratiques ni de prolongements politiques*[107] ».

*Les socialismes utopiques*

De la fin du XVIII^e^ siècle à la fin du XIX^e^ siècle, toutes les écoles de pensée socialiste ne peuvent être placées à la source du processus qui a permis à l'économie sociale de se constituer un « *corpus* » de doctrine ou de pratiques. C'est le cas notamment du babouvisme de Gracchus Babeuf, qui est surtout essentiellement reconnu par Friedrich Engels et Karl Marx eux-mêmes comme un précurseur du communisme égalitariste. Malgré tout, dans ce processus révolutionnaire qui s'incarne dans le *Manifeste des égaux*, il propose une loi agraire qui permettrait de distribuer un lopin de terre donné à l'individu et qui lui est retirée au jour de sa mort. En annonçant l'abolition de la propriété privée qui amène à une égalité parfaite, il entre dans une forme d'utopie égalisante. La conspiration (conjuration des égaux) devait lui valoir la mort en 1797. Dans les documents de ses successeurs comme Filippo Michele Buonarotti, auteur de la *Conspiration pour l'égalité dite de Babeuf* en 1828, on trouve affirmée l'utopie d'une république sans monnaie : « *Des monnaies : Article premier : La République ne fabrique plus de monnaie* » qui peut aussi les apparenter à une forme de socialisme utopique méritant d'entrer dans cette rapide

107. Nicole Catala, *Droit du Travail. Tome IV, l'entreprise*, Paris, Dalloz, 1980, 1 292 pages.

présentation idéologique. Toutefois, Gracchus Babeuf et Sylvain Maréchal insistent plus sur l'égalité et la notion de communauté nationale universelle incompatible comme telle, à l'instar d'ailleurs de la « libérale » loi Le Chapelier, avec la notion de liberté, notamment d'organisation qui est un des éléments les plus constitutifs de l'économie sociale.

À l'inverse, se situent les socialistes utopiques qui prônent sous des formes diverses des organisations communautaires, les inventent et, pour certains les mettent en pratique qui se placent cette fois en dehors de la cité, voire contre la société. Dès le début du XVIIIe siècle, le terme « utopie », (« uchronie », si le projet est situé dans le temps et non dans l'espace), s'imposa pour désigner, y compris rétroactivement en remontant jusqu'à *La République* de Platon, les fictions politiques réputées chimériques et inapplicables dans le réel. Ce genre d'abord littéraire, en référence à « l'idéalisme » platonicien, utilise le mot « utopie » tiré du titre du traité de gouvernement politique et social du saint chancelier d'Angleterre, Thomas More, *De optimo statu rei publicae deque nova insula Utopia*, paru en 1516 et qui comparait l'île idéale avec l'Angleterre d'Henri VIII. À la suite, les œuvres littéraires, qui sont des récits fictionnels et mettent en scène une organisation sociale située ailleurs ou au-delà du temps de leur énonciation, sont nombreuses et parfois majeures. C'est la nouvelle Atlantide de sir Francis Bacon, en 1621, ou deux ans après, la Cité du soleil du dominicain « italien » alors emprisonné, Tommaso Campanella ou *Les états et empires de la lune et du soleil*, de Cyrano de Bergerac, de 1657, qui sont situés géographiquement « ailleurs » et sont des propositions de véritables réformes politiques que les gouvernements d'alors ne pouvaient supporter. Le traité d'éducation de Fénelon, *Les Aventures de Télémaque*, écrites entre 1694 et 1696 pour l'instruction du duc de Bourgogne, le *Code de la Nature, ou le véritable Esprit de ses lois*, d'Étienne-Gabriel Morelly, inspirateur d'un communisme utopique, en 1755, *Candide ou l'optimisme*, de Voltaire, paru à Genève, en 1759, *L'an 2440, rêve s'il en fut jamais*, publié à Londres en 1771 et une œuvre du Français Sébastien Mercier,

*Paul et Virginie s'ébattant dans l'Arcadie*,de Jacques-Henri Bernardin de Saint-Pierre, publié deux ans avant la prise de la Bastille, l'*Esquisse d'un tableau historique des progrès de l'esprit humain* avec le *Fragment sur l'Atlantide*, du marquis de Condorcet, publié en pleine Terreur, en 1793, avec le *Supplément au voyage de Bougainville*, de Denis Diderot, sorti en 1796, s'inscrivent dans cette veine à laquelle on aurait pu rattacher aussi les contes philosophiques à la manière de Rabelais. *Les Voyages de Gulliver*, de Jonathan Swift, publiés sans nom d'auteur en 1726, sont remplis également de la description d'une communauté idéale, qui est autant appel à la réforme des gouvernements qu'une critique vive, faite par le doyen de la cathédrale Saint-Patrick de Dublin, de la réalité sociale de son temps. Ces ouvrages incarnent le « principe espérance » tel que défini par Ernst Bloch [108], en ce qu'ils sont une attitude philosophique, sociologique, mais aussi politique et sociale de sortir de l'histoire pour mieux proposer une société nouvelle dans l'histoire.

Cette longue suite d'ouvrages partant de « l'idéalisme » platonicien, aboutit aux propositions des socialistes utopiques du XIXe siècle. C'est dans une acception péjorative que Friedrich Engels, dans *Socialisme utopique et socialisme scientifique*, datant de 1880, désigne tous ceux qui ont précédé Karl Marx et lui-même. Il trouve leurs projets naïfs et propose une forme d'anti-utopie.

La particularité du *socialisme utopique* par rapport aux socialismes réformistes, révolutionnaires ou scientifiques, réside d'abord dans une différence de méthode. Ces penseurs imaginent et visent à réaliser une société idéale, sans violence, sans participation au système politique en place, ou sans proposer une explication quasi mécanique de l'histoire humaine. Et pourtant, le socialisme utopique n'est pas particulièrement mystique et se situe dans la suite des *Lumières* essentiellement « rousseauistes ». Les révolutions américaine et française ont pour lui une même origine. Henri de Saint-Simon, Charles Fourier ou Richard Owen se situent

108. Ernst Bloch, *Le principe espérance, 3 volumes, 1954-1959*. traduit de l'allemand par François Wuilmart, Paris, Gallimard, 1976-1991.

dans une volonté de scientificité, qui sera très caractéristique du XIXe siècle. Le premier a même fortement inspiré Auguste Comte qui fut son secrétaire un temps, tandis que le deuxième veut, dans l'esprit d'Isaac Newton, mettre en évidence les lois de la société à la suite des lois de la nature mises en lumière par le savant anglais. Dans *La Théorie des quatre mouvements*, édité pour la première fois en 1808 et remanié jusqu'à son édition définitive de 1841, il écrit même que sa « *théorie se borne à utiliser les passions réprouvées sans y rien changer*[109] », ce qui est tout sauf idéaliste au sens moderne du terme. Richard Owen quant à lui, spécialiste des invertébrés au *Royal College of Surgeons*, ne brille pas par son amour de l'Église et des questions religieuses. Ces trois hommes ont exercé une influence notable et ont eu une prospérité féconde avec Étienne Cabet, Prosper Enfantin, Victor Considerant, Louis Blanc, Jean-Philippe Buchez et même Auguste Comte,et la liste jusqu'à nos jours n'est pas exhaustive. Ces hommes, profondément non violents, ont su développer une pensée à mettre en action dans le contexte très particulier du XIXe siècle européen, spécialement agité par des révolutions et des bouleversements sanglants, mais dont on ne peut évidemment pas comprendre la portée sans se souvenir qu'il est aussi le contexte de la Révolution industrielle. Dans une période de transition, où apparaissent un nouveau « prolétariat » et de nouvelles formes de pauvreté, ils ont voulu apporter des solutions adaptées.

Les socialistes utopiques ne sont pas à l'écart des transformations qui amènent la naissance de l'industrie et de la banque. Les saint-simoniens sont souvent qualifiés d'acteurs majeurs du temps comme le fondateur de la Caisse d'Épargne, Benjamin Delessert, ou l'exceptionnel banquier, homme d'État et entrepreneur que fut Jacques Laffitte, son successeur « aux affaires » qui fut moins inspiré à la fin de sa vie en réprimant la révolte des Canuts, ou bien sous les frères Isaac et Émile Pereire à qui les chemins de fer, Arcachon et Paris doivent tant, ou encore Ferdinand de Lesseps.

109. Charles Fourier, *La théorie des quatre mouvements. Œuvres complètes, 6 vol.*, Paris, La Phalange, 1841-1845.

La période mal considérée, souvent à tort, de la Restauration est un véritable laboratoire d'incubation des idéologies et de leurs premières mises en pratique, pour ces hommes qui s'impliquent dans leur époque et y jouent un rôle de premier plan ; le règne de Louis-Philippe et celui de Napoléon III n'étant souvent que les prolongements de ce qui naît tout particulièrement entre 1815 et 1830. La propagation des idées passe par le développement de la presse avec des journaux comme *Le Globe, journal littéraire,* publié à partir de 1824, et dirigé notamment par Pierre Leroux et Paul-François Dubois ou *Le Producteur, journal philosophique de l'industrie, des sciences et des beaux-arts,* qui fut créé en 1825 par Prosper Enfantin[110]. Si utopie il y a, elle s'est très largement incarnée dans une volonté tenace et utilitariste de réalisations concrètes dans l'esprit des Lumières.

### LES FONDEMENTS PHILOSOPHIQUES ET MORAUX DES UTOPISTES

Même si les fondements paraissent divers, on peut sans doute trouver un ensemble originel commun. Leurs idéaux les plus importants sont fondés sur la liberté (ce qui parfois les rapprochera du libéralisme comme André Gueslin notamment l'a montré[111]) et, dans une moindre mesure, l'égalité. La révolution économique qui s'opère sous leurs yeux les amène à constater l'existence des classes sociales et de conflits sociaux induits.

Le comte de Saint-Simon, rejette l'égalité avec cette formule « *À chacun selon ses capacités, à chaque capacité selon ses œuvres*[112] », en digne héritier à la fois de 1789 et de la tradition paulinienne « Si quelqu'un ne veut pas

110. Dominique Bagge, *Les idées politiques en France sous la Restauration*, Paris, PUF, 1952, 462 pages, p. 393.

111. André Gueslin, *L'invention de l'économie sociale*, Paris, Economica, 1998, 430 pages.

112. Claude de Saint-Simon, *La physiologie sociale, extraits de textes datant de 1803 à 1825*. Introduction et notes de Georges Gurvitch, professeur à la Sorbonne, Paris, PUF, coll. « Bibliothèque de sociologie contemporaine », 1965, 160 pages.

travailler, qu'il ne mange pas non plus[113] » plus que de la tradition catholique du salut par les œuvres de l'épître de saint Jacques qu'on a déjà mentionnée[114]. Max Weber, dans *L'éthique protestante et l'esprit du capitalisme*, montre bien l'utilisation que fit Luther de la formule lapidaire de Paul de Tarse en y introduisant une supériorité du travail sur la contemplation[115]. Cela constitue une parfaite inversion de l'ordre pourtant clairement énoncé par le Christ lui-même entre Marthe et Marie, en redonnant à la laborieuse Marthe la préséance sur la contemplative Marie[116]. La Révolution poursuit cet idéal social. En paraissant introduire l'égalité des hommes en droit, elle le corrige tout aussitôt en précisant dans la deuxième partie de l'article premier de la Déclaration des droits de l'homme que « *les distinctions sociales ne peuvent être fondées que sur l'utilité commune* ». Le monde est donc bien séparé entre « producteurs » et « oisifs » dont on sait bien, et l'actualité nous le rappelle, qu'ils sont par nature même, sinon inutiles, du moins dangereux. Le rôle primordial du travail est donc considéré alors comme le « signe de la libération » de l'individu par rapport à l'ordre ancien. Cette recherche de la liberté est suivie par des hommes comme Prosper Enfantin, qui, avec Charles Fourier militent pour d'autres émancipations comme celle des femmes, en prônant la liberté sexuelle et l'affranchissement du mariage qualifié déjà de « bourgeois ».

Dans la *Théorie des quatre mouvements*, parue en 1808, Charles Fourier propose notamment des conceptions radicalement nouvelles en ce qui concerne l'harmonie dans le couple et la vie sexuelle. Étienne Cabet quant à lui, valorise davan-

113. 2 Thessaloniciens 3.10.

114. Que sert-il, mes frères, à un homme de dire qu'il a la foi, s'il n'a pas les œuvres» épitre de saint Jacques II-14.

115. Max Weber, « La contemplation inactive, en elle-même dénuée de valeur, est-elle directement répréhensible lorsqu'elle survient aux dépens de la besogne quotidienne. Car elle plaît moins à Dieu que l'accomplissement de sa volonté dans un métier. Le dimanche n'est-il pas là d'ailleurs pour la contemplation ? » *L'éthique protestante et l'esprit du capitalisme*, p. 132.

116. Luc 10, 38-42.

tage l'égalité « *l'unique remède du mal, c'est la suppression de l'opulence et de la misère, c'est-à-dire l'établissement de l'égalité, de la communauté de biens et d'une bonne éducation*[117] ». Le totalitarisme qui se dévoile dans *L'Icarie* fait souvent de ce dernier un des précurseurs des premiers courants « communistes ». Louis Blanc, sans doute l'un des premiers lecteurs de l'ouvrage interdit d'Étienne Cabet, s'en inspire[118].

Mais on peut sans conteste réunir les utopistes dans une valeur fondamentale et commune à tous : la « fraternité ». C'est elle qui sert de ciment à toutes les communautés dans lesquelles on pourra vivre en harmonie et en solidarité. Un exemple illustre bien ce propos. L'uniforme ou plutôt l'habit, si l'on se réfère à une tenue religieuse qu'on porte dans le couvent saint-simonien de Ménilmontant, ne peut être boutonné sans l'aide d'un autre.

Autre point de convergence – mais est-il vraiment original car propre à toute philosophie ou religion ? – est bien entendu celui de l'éducation, voire de la morale ou du moins une certaine morale, si l'on excepte les condamnations quasi générales des contemporains devant ces idéalistes. Pour Robert Owen « *l'État le mieux gouverné sera celui qui possédera le meilleur système national d'éducation*[119] » car « *beaucoup de pauvres ont reçu de leurs parents des habitudes mauvaises et vicieuses ; et aussi longtemps qu'on les traitera comme à présent, ces habitudes mauvaises et vicieuses se transmettront à leurs enfants et, à travers ceux-ci, aux générations suivantes*[120] ».

Cette vision s'appuie également sur un certain nombre d'idées nouvelles pour le temps, le pacifisme et le refus,

117. Étienne Cabet, *Voyages et aventures de Lord William Carisdall en Icarie*, Paris, 1839.

118. Francis Démier, Maurice Agulhon, *Centre Louis et Charles Blanc, Louis Blanc, un socialiste en république*, Paris, Creaphis Éditions, 2006, 224 pages, p. 36.

119. Robert Owen, *Nouveau tableau de la société (1813-1816)*. Corpus correspondant établi par John BUTT : Robert Owen, *A New View of Society and Other Writings*, London, J.-M. Dent & Sons, 1972, p. 73.

120. Robert Owen, *Nouveau tableau de la société (1813-1816)... op. cit.*, p. 159.

assez paradoxal en ce siècle, de la révolution et de la violence, même si certains ont participé à des actions révolutionnaires ou à des luttes nationales, comme c'est le cas d'une figure moins connue de la religion saint-simonienne du père Enfantin qu'est Saint-Amand Bazard, dit Armand Bazard, dans le cadre de la charbonnerie française anti-Bourbon, inspirée directement mais laïcisée de la « carbonaria », où Louis-Napoléon Bonaparte, l'auteur d'une forme d'utopie qu'est *L'extinction du paupérisme*, fit, lui aussi, ses premières armes dans le mouvement national italien.

Point commun avec le communisme ultime de Karl Marx, les utopistes croient que l'État a vocation à disparaître à long terme, suivant le rêve du comte de Saint-Simon « *L'administration des choses remplacera le gouvernement des hommes* », préfiguration de la technostructure de James Burnham ou de John Kenneth Galbraith. Bien plus, la logique de créer des cellules hors du temps et de changer l'homme place les théoriciens de l'Utopie hors du contexte politique de l'époque et des engagements pour tel ou tel régime. Jacques Laffitte, qui n'est pas un théoricien, mais bien un acteur, s'excusait en ces termes, d'avoir facilité l'avènement de Louis-Philippe : « *Je demande pardon à Dieu et aux hommes d'avoir concouru à la révolution de Juillet*[121]. »

Toutefois, et sans doute paradoxalement, pour ce qui concerne les fondateurs, le socialisme utopique fait figure de théorie d'opposition à la Monarchie de Juillet. « L'esprit quarante-huitard », qui prévaut dans la première partie de la révolution de 1848, est influencé par la pensée des utopistes, les ateliers nationaux dont la fin fut tragique, tout comme la première loi sur les sociétés de secours mutuels en 1850, sont le signe que leur idéal a pénétré le personnel, même conservateur républicain. L'échec violent de la révolution sociale de 1848 amène une nouvelle génération de saint-simoniens, dans l'esprit du développement de l'industrie issue des ouvrages *Du système industriel* paru en 1821

121. Cité par Jacques Marec, président de la Société des amis du château de Maisons-Laffitte, Jacques Laffitte, Banquier et homme politique (1767-1844), 2002, http://www.maisonslaffitte.net/BiogrLaffitte.htm, consulté le 5 juin 2009.

et du *Catéchisme des industriels*, publié en 1823, qui vont constituer une cohorte d'hommes d'entreprise et s'impliquer dans le développement économique de la France accéléré par le régime de Louis-Napoléon. À côté de ceux-ci, on rencontre aussi de « nouveaux utopistes » qui apparaissent juste après, et dont Étienne Cabet peut être considéré comme la figure de proue, qui vont souvent chercher des solutions plus limitées dans leur réalisation.

### LES UTOPIES COMMUNAUTAIRES OU DES ÎLOTS DE CONTRE-SOCIÉTÉS

Un certain nombre de socialistes utopiques choisissent de se retrancher du monde pour mettre en place des îlots, véritables préfigurations de la société à laquelle ils aspirent ou protection contre le monde.

Prosper Enfantin, polytechnicien et saint-simonien, est le propagandiste du principe associationniste, c'est-à-dire partisan des associations ouvrières, les futures SCOP. Il dépasse son maître dans la remise en cause de la propriété privée. Il crée une église qui adopte la couleur bleue et qui finit son expérience dans « Le Couvent des saint-simoniens » avec la libération sexuelle, ce qui avait provoqué un « schisme » avec Saint-Amand Bazard. Il était devenu le « père suprême Enfantin » et travaux manuels et cérémonies religieuses étaient de rigueur. Cette forme devient vite sectaire en essaimant des « églises » dans le sud de la France à Castelnaudary, Montpellier, Carcassonne, Rodez... Cette église adopte la couleur bleue avec des cérémonies : communions, mariages, funérailles.

De jeunes polytechniciens y adhèrent comme Henri Fournel, rendu célèbre notamment pour l'exploration géologique et minéralogique de l'Algérie ; Michel Chevalier, éditeur du *Globe* fut emprisonné de ce fait, mais par la suite laissa son nom au traité de libre-échange avec la Grande-Bretagne en 1860, et aussi les frères Talabot[122], « *u*ne Grande Famille d'entrepreneurs » pour reprendre le titre de

122. Jean Lenoble, *Les frères Talabot – Une grande famille d'entrepreneurs au XIXe siècle*, coll. « Figures du Limousin », éditeur L. Souny, 1989, 316 pages.

l'ouvrage qui leur a été consacré, auxquels s'ajoutèrent Frédéric Le Play, notamment fondateur de la « Société internationale des études pratiques et de l'économie sociale » et de « l'Union de la paix sociale » et qui inspira également de grands auteurs du christianisme social, les frères Pereire enfin, déjà cités, pour ne considérer que des figures de premier ordre. Très vite, l'aspect en devint sectaire avec des disputes ou des excommunications, avant de subir les foudres de la justice en 1832.

Charles Fourier est un précurseur de la coopération. Il crée le Phalanstère où logement, travail et consommation sont réunis sous forme coopérative, 1 620 personnes (2 de chacun des 810 types différents de caractères). Plusieurs tentatives d'imitation existent, tant en France, à Cîteaux entre 1841 et 1844, qu'à l'étranger, Victor Considerant, tout d'abord saint-simonien, organisant la plus importante au Texas entre 1854 et 1861 sans épouser toutefois les préceptes sexuels fouriéristes.

Jean-Baptiste André Godin crée pour sa part le Familistère dans l'Aisne où il associe travail, logement et consommation sous forme coopérative.

Étienne Cabet s'inspire également de l'idéal fouriériste, tout en envisageant la machine à la place du travail pénible de l'homme. En créant une société, L'Icarie, dans laquelle la monnaie et la propriété privée ont disparu, il souhaite que cela serve par l'exemple de *régime transitoire* vers la société égalitaire. Car, si Étienne Cabet organise une république démocratique, ce qui est assez exceptionnel parmi les « utopistes », comme on l'a vu, il veut en faire un système de transition en douceur, c'est-à-dire sans violence.

Tous travaillent dans des grandes chaînes de production selon leurs possibilités, et chacun obtient une part égale de la production. Les Icariens portent des uniformes comme plus tard la blouse grise des écoliers de Jules Ferry, pour rappeler l'importance fondamentale de l'égalité. L'organisation du travail est stricte : tôt le matin jusqu'à midi, temps libre l'après-midi et coucher à 20 heures. On estime à une quarantaine les tentatives de phalanstères américaines entre 1840 et 1860, au Texas ou en Illinois. L'un des plus importants exemples est constitué par la *Brook Farm Institute of Agricultural of Education* qui fonctionna entre 1841 et 1844, et prit la *Brook Farm for Industry and Education* en 1844-1846 sous l'influence fouriériste pour devenir la *Brook Farm Phalanx* jusqu'en 1847. La dimension (dissidente) religieuse est toutefois bien présente dans ce modèle du « Nouveau monde » sous l'influence du révérend George Ripley[123].

*A contrario* des expériences éphémères, le familistère de Guise, fondé par Jean-Baptiste André Godin, est une œuvre originale qui fonctionne sur près de 100 ans, de 1870 à 1968. Cette coopérative d'habitat, de production et de consommation avec un ensemble de mutuelles et d'associations constitue une véritable alternative à l'entreprise capitaliste. C'est à la fois l'émergence d'une pensée et la mise en pratique d'une forme de l'économie sociale. De sorte que, comme l'écrit Jean-François Draperi, Jean-Baptiste André Godin est sans doute « *le principal chaînon entre le premier* XIX*e siècle, celui de Fourier et des utopies socialistes, et le second* XIX*e siècle, celui de Marx, de Taylor et de la grande industrie*[124] ».

Louis Blanc[125], alors journaliste, mais aussi observateur du monde de l'entreprise dans le Nord, propose également une solution concrète pour l'avenir du problème social dans *L'organisation du travail*, parue en 1839. Il y élabore un schéma qui doit permettre l'amélioration de la condition ouvrière : l'association. Influencé par Philippe Buchez, il contribue également à faire entrer le mouvement socialiste dans la sphère politique en proposant la constitution d'associations ouvrières de production, les ateliers sociaux,

123. Richard C.S. Trahair, *Utopias and Utopians: an historical dictionary*, Greenwood Publishing Group, 1999, 480 pages, p. 49.

124. Jean-François Draperi, *Godin, inventeur de l'économie sociale. Mutualiser, coopérer, s'associer*, Valence, Éditions Repas, 2008, 193 pages.

125. Benoît Charruaud, *Louis Blanc, La République au service du socialisme – Droit au travail et perception démocratique de l'État*, Thèse de droit, université Robert Schuman, Strasbourg, 2008.
http://urs-srv-eprints.u-strasbg.fr/315/01/CHARRUAUD_Benoitv2_2008.pdf

qui doivent permettre d'attribuer le même salaire à tous les travailleurs et finalement fonder un grand secteur économique dont l'État, qu'il replace dans le jeu économique et social pour le contrôle des banques en particulier, serait responsable. Son hostilité à l'accaparement privé se manifeste par cette formule : « *Dieu en soit loué ! On n'est pas encore parvenu à s'approprier exclusivement les rayons du soleil. Sans cela, on nous aurait dit : "Vous paierez tant par minute pour la clarté du jour" et le droit de nous plonger dans une nuit éternelle, on l'aurait appelé Liberté !*[126] » Il participe activement à la révolution de février 1848 mais son idée d'« ateliers sociaux », est travestie par le ministre des Travaux publics Marie qui en fait les « ateliers nationaux » avec la suite tragique de juin 1848 que l'on sait.

Pierre-Joseph Proudhon enfin, se rattache encore plus difficilement au socialisme utopique, car il est généralement perçu comme libertaire. Il s'oppose au socialisme utopique parce qu'il y voit une idéologie qui restreint la liberté de l'individu, en le soumettant à des organisations ou des sociétés fortement constituées et encadrées. S'il en critique l'aspect à la fois autoritaire et irréaliste, il dénonce aussi bien la démocratie qu'il considère illusoire. À la place du système existant, il propose une association fédérative, élaborée à l'aide d'un pacte. De familles en villages, jusqu'à parvenir à la formation de groupes, les rassemblements se soumettent à des règles communes. S'il ne désire pas, lui non plus, détruire l'État, il veut le rendre fédéraliste, décentralisé et limité, représentant le pluralisme de la société.

Sa forme de « socialisme préscientifique » ou d'« anarchie positive » serait plutôt constitutive de l'autogestion de l'individu et, par son fondement sur la liberté, se rattache aussi au socialisme utopique qu'il réfute. De plus, l'auteur de *Qu'est-ce que la propriété ? ou, Recherches sur le principe du droit et du gouvernement,* paru en 1840 et du *Système des contradictions économiques, ou Philosophie de la misère,*

126. Louis Blanc, *Le Nouveau Monde du 15 juillet 1850*, p. 2.

publié en 1846, fut le créateur de *La banque du peuple*[127]. *Il s'agit donc pour lui de créer un système alternatif et non un supplétif au système bancaire existant.* Déjà en 1846, il prône la nationalisation de la Banque de France qui doit être « *déclarée d'utilité publique*[128] ». Dans ses Carnets[129], en 1848, il parle d'« *un revirement complet, opéré par le changement de position, ou l'interversion des rapports entre les deux grandes forces du capital et du travail, interversion opérée sans arrêter le mouvement intérieur, (et ou tout devait changer) dans la philosophie, la religion, le monde, la politique, le droit par la réforme économique* ». Devenu député en 1848, à la suite de la révolution de février, Proudhon fixe ses objectifs : « *le crédit privé, qui cause quand il est seul des désastres périodiques et d'incessantes iniquités, doit être modéré et complété par un vaste crédit social, non dans l'intérêt de quelques-uns, mais au bénéfice de tous*[130] ».

Cette utopie a le sérieux de l'enregistrement notarié et du respect de la loi. Elle prend forme le 31 janvier 1849 par la création de la Banque du Peuple. On ne sait si le nom lui est inspiré de la *Banque du Peuple* du Québec, fondée en 1835 par Jacob Witt et la famille Viger. En effet, cet établissement s'était illustré notamment en finançant la « Rébellion des Patriotes » en 1837-1838. La clientèle de la banque était essentiellement francophone et illustrait un exemple de réussite des Canadiens d'expression française dans le monde de la finance géré par des Anglais et des Écossais. La banque disparaît avec son caissier en 1895.

Quelle que soit l'origine du nom, Proudhon, dans les passages qui suivent, pose les principes de ce mutuellisme bancaire qu'il prône : « *Devant Dessaignes et son collègue, notaires*

127. Pierre-Joseph Proudhon, *Banque du peuple, suivi du rapport de la Commission des délégués du Luxembourg*, Paris, Garnier, 1849, réédition Elibron classics series, United Kingdom 2007, 52 pages, p. 5 et 7.

128. Pierre-Joseph Proudhon, Proposition relative à un emprunt national et à la réunion de la Banque de France au domaine public, 22 août 1846, art. II.

129. Pierre-Joseph Proudhon, Carnet VII, 28 octobre 1848.

130. Pierre-Joseph Proudhon, Déclaration du Peuple du 7 novembre 1848.

*à Paris, soussignés, a comparu le citoyen Pierre-Joseph Proudhon, représentant du Peuple, demeurant à Paris, rue Mazarine, 70, lequel a requis les notaires soussignés d'établir les statuts de la présente Société dans les termes suivants :*

*CHAPITRE Ier. FORMATION DE LA SOCIÉTÉ*

*Art. 1. – Il est fondé par ces présentes une société de commerce sous le nom de Société de la Banque du Peuple, entre le citoyen Proudhon, comparant, et les personnes qui adhéreront aux présents statuts, en devenant propriétaires d'actions.*

*Art. 2. – Cette société a pour but d'organiser démocratiquement le crédit :*

*1° En procurant à tous, aux plus bas prix et aux meilleures conditions possibles, l'usage de la terre, des maisons, machines, instruments de travail, capitaux, produits et services de toute nature ;*

*2° En facilitant à tous l'écoulement de leurs produits et le placement de leur travail, aux conditions les plus avantageuses.*

*CHAPITRE II. DU CAPITAL SOCIAL.*

*Art. 9. – La Société a pour principes :*

*Que toute matière première est fournie gratuitement à l'homme par la nature ;*

*Qu'ainsi, dans l'ordre économique, tout produit vient du travail, et réciproquement que tout capital est improductif ;*

*Que toute opération de crédit se résolvant en un échange, la prestation des capitaux et l'escompte des valeurs ne peuvent et ne doivent donner lieu à aucun intérêt.*

*En conséquence, la Banque du Peuple, ayant pour base la gratuité essentielle du crédit et de l'échange ; pour objet la circulation des valeurs, non leur production ; pour moyen le consentement réciproque des producteurs et consommateurs, peut et doit opérer sans capital.*

*Ce but sera atteint lorsque la masse entière des producteurs et consommateurs aura fait son adhésion aux statuts de la Société.*

*Jusque-là la Société de la Banque du Peuple, devant se conformer aux usages établis et aux prescriptions de la loi, et surtout afin de solliciter plus efficacement l'adhésion des citoyens, se constituera un capital.*

*Art. 10. – Le capital de la Banque du Peuple sera de cinq millions de francs, divisés en un million d'actions de cinq francs chacune.*

*Il s'est tenu à l'écart des socialistes et des communistes utopiques et il n'était pas favorable à la propriété collective, soit-elle coopérative, non plus qu'aux associations ouvrières. [ ].* »

L'expérience « mutuelliste » du crédit gratuit, puisqu'à l'instar de l'Église médiévale, il dénie le droit à l'intérêt et songe à « *venger l'Église des sarcasmes sur la doctrine du prêt à intérêt*[131] », se solde par un échec, d'autant que Proudhon est un adversaire du prince président et qu'il est emprisonné de 1850 à 1852.

Plus encore que dans le cas des Caisses d'Épargne, dont on a vu plus haut le rôle important dans le développement social, nous sommes d'accord avec Olivier Chaïbi-Lescarcelle pour affirmer que « *la Banque du Peuple se présentait comme le centre d'associations qui devaient créer des caisses de secours mutuels, et fonctionner comme des coopératives de production et de consommation. Pour la première fois, un projet reliait les trois institutions sur lesquelles repose l'économie sociale*[132] ».

Dans son ouvrage, *Qu'est-ce que la société de Crédit au travail ?*, Jean-Pierre Beluze, ouvrier ébéniste et gendre de l'« icarien » Étienne Cabet dont il s'est instruit de l'échec, expose dans un style vivant qui mérite d'être rapporté tel quel, ce qu'est en fait une banque coopérative et il la crée en

131. Cahier II, 23 août 1839 in *Correspondance. II. [1842-1849.] de P.-J. Proudhon* ; précédée d'une notice sur P.-J. Proudhon par J.-A. Langlois, 14 vol., Paris, A. Lacroix éditeur, 1875.

132. Olivier Chaïbi-Lescarcelle, *Proudhon et la banque du Peuple*, Éditions Connaissances et Savoirs. Économie et Gestion, Paris, 2010, 237 pages, p. 218. ISBN : 978-2-7539-0181-0. EAN : 9782753901810

1863 : « *Apprenez donc que quelques honnêtes particuliers ont fondé, rue Baillet, n 3, une Société du Crédit au Travail. D'instinct, vous devinez déjà qu'il s'agit d'une banque établie au profit du peuple. Vous ne vous étonnez pas d'apprendre qu'elle doit fonctionner au bénéfice des travailleurs, des ouvriers et petits bourgeois, et avec leur propre argent. Elle n'a pas pris seulement pour devise : "Aide-toi, Dieu t'aidera !", mais elle dit encore : "Aide-toi, aide les autres !" Bref, c'est une œuvre démocratique.*

*Pour être tout à fait exact, on aurait pu l'appeler : Société du Crédit solidaire. En effet, elle a la solidarité pour but et pour moyen; elle ne fait crédit, ni aux travailleurs indistinctement, ni aux travailleurs isolés, mais à ceux-là seulement qui se sont associés* » [...] et cela afin de « *réunir les épargnes des travailleurs pour les prêter à d'autres travailleurs qui les fassent fructifier par le travail, l'économie et la prévoyance*[133]. »

Le modèle de Jean-Pierre Beluze se rapproche davantage du modèle du « *selbsthilfe* » « aide-toi toi-même » que promeut alors Hermann Schulze-Delitzsch, en réaction à Frédéric-Guillaume Raiffeisein. En 1868, la Société du Crédit au travail compte 2000 membres. Compte tenu que son modèle emprunte largement au capitalisme son organisation et ses principes de rémunération, la Société bénéficie du soutien des milieux libéraux (au sens économique du terme), voire des radicaux qui incarnent le républicanisme opposé à Napoléon III. Cette société, en commandite sans actions, donne naissance par imitation à une vingtaine d'institutions de crédit sur ce modèle à Paris, Lille et Saint-Étienne, puis à Lyon qui, exception, prend le statut d'une société à responsabilité limitée. La non-observation de ce que l'on appelle de nos jours des ratios prudentiels conduit la Société de crédit au travail à la faillite en novembre 1868. Plus peut-être que le système mort-né de Proudhon, l'initiative de Beluze est « *en même temps Caisse d'Épargne pour les travailleurs, société de crédit mutuel entre ses membres*

133. Jean-Pierre Beluze, *Qu'est-ce que la société de crédit au travail ?*, Paris, Librairie Guillaumin, 1863, 16 pages, p. 4.

*et banque de crédit et d'escompte pour les sociétés coopératives, mais aussi, en pointillés, centre d'échange d'expériences, foyer d'initiatives coopératives, et quartier général d'une stratégie de développement coopératif*[134] ».

Parce qu'il considère, le projet de Beluze « socialiste », Léon Walras qui avait envisagé de créer une banque du travail alliant les principes de crédit populaire et de coopérative de consommation, préfère prendre part à la naissance de la Caisse d'escompte des associations populaires, en janvier 1865. Il en devient « administrateur délégué pour la direction ».

Mais ce choix « libéral » ne l'empêche pas, bien au contraire, d'être un propagandiste de l'idée de coopérative, puisque de 1866 à 1868, il contribue à la publication et à la rédaction du journal *Le Travail*[135], avec Léon Say. Ce dernier qui préside la Caisse d'escompte, a fait appel pour constituer le capital à des financiers de bonne volonté comme Benjamin Delessert ou Alphonse de Rotschild avec la « bénédiction » d'un Auguste Casimir-Perier[136], auteur d'un ouvrage important sur les coopératives en 1865. Le capital récolté sert à soutenir les coopératives ouvrières comme les statuts en prévoient l'objet : *« À faire des avances aux sociétés et groupes dits Association de crédit, de production et de consommation, et constitués sur les bases de la garantie mutuelle ou de la responsabilité solidaire, et à escompter les valeurs créées ou endossées par eux.* » (article 4 § 1). On peut citer pour illustrer, l'aide apportée à un modèle d'association d'inspiration buchesienne : « La Société des bijoutiers en doré » née sous la Monarchie de Juillet[137]. À la manière

134. François Espagne, « Les coopératives ouvrières de production entre utopies fondatrices et idéologies concurrentes », 27/09/2000, Paris, (s.n.), 28 pages, p. 11-12. http ://www.les-scop.coop/export/sites/default/fr/_media/documents/scop-utopies-ideologies.pdf,

135. Revue du mouvement coopératif.

136. Auguste Casimir-Perier, *Les sociétés de coopération : la consommation, le crédit, la production, l'amélioration morale et intellectuelle par l'association*, Paris, Dentu, 1865, 51 p.

137. Arch. Nat. P 12 24.645. Société Leroy et Thibaut. Les débats de la société datent de 1834, mais ses statuts ne sont reconnus qu'en 1843.

des associations du socialisme utopique, phalanstères, etc., elle est une sorte de « *couvent laïc* ». « *Elle est chrétienne, d'où la prescription de lectures évangéliques hebdomadaires et pour être admis dans l'association de professer le catholicisme* », à l'instar des sociétés de secours mutuels. Elle se veut civique, égalitaire (elle n'a pas de salariés) et communautaire par la dévolution « perpétuelle » des associés (tous à tous)[138]. Pas plus que ses contemporaines françaises, la caisse d'escompte ne parvient à gérer les avances long terme. Dès 1866, elle est en difficulté et mise en liquidation en 1868, elle aussi. L'on peut reprendre la conclusion du malheureux administrateur délégué qu'est Léon Walras : « *Le mal a été, à la Caisse d'escompte, qu'assis en face de gens qui me demandaient du crédit, je me disais : cette affaire peut réussir, je vais la faire. Un vrai banquier se serait dit : cette affaire peut ne pas réussir, je ne la fais pas*[139]. »

Notre propos ici, comme nous l'avons dit, ne peut, dans le cadre de cette introduction, que se limiter à quelques rappels utiles à la compréhension des fondements de l'économie sociale. D'autres pionniers européens ont eu cependant une immense influence, y compris sur la pensée en France. Il en est ainsi du Britannique Robert Owen, riche manufacturier considéré comme le père fondateur du mouvement coopératif qui, comme Proudhon, souhaitait le dépérissement de la monnaie. Créateur de l'entreprise modèle de New Lanark de répartition juste du travail, il prône les principes d'efficacité et d'égalité entre ouvriers, en abaissant le temps de travail et en augmentant les salaires. Il fait de l'enseignement de la vertu, les principes de la formation et de la pédagogie reposant sur l'intelligence, inculqués par des cours du soir destinés à l'acquisition d'une certaine logique. La suppression de la propriété privée est la base de ses premières coopératives de production comme New

138. Jeanne Gaillard, « Les associations de production et la pensée politique en France (1852-1870) », *Le Mouvement social*, n° 52 (juil.-sept., 1965), p. 59-84, 26 pages, p. 59.

139. Léon Walras, *Études d'économie sociale : théorie de la répartition de la richesse sociale*. Préparé par Pierre Dockès, (Paris, Economica), 1990, p. 27.

Harmony, qu'il a fondées en Indiana, aux États-Unis en 1824. Ce sont des communautés autonomes de travailleurs reposant sur les principes que sont l'égalité et l'autonomie, et groupant de 500 à 2000 personnes, avec édifices publics, cuisine, réfectoire, école, église, bibliothèque les querelles se multipliant, la communauté disparaît en 1827. De retour en Angleterre, il met en place un réseau de coopératives, puis un système de bourses du travail, une union syndicale mais sans succès. Sa doctrine dans *Le Livre du nouveau monde moral (Book of the New Moral World)* écrit de 1834 à 1845, demeure un pilier du « socialisme utopique ».

Ainsi, des communautés modèles ou « églises », des cités idéales, des « phalanstères », des « icaries », des « arcadies », ou encore des « colonies sociétaires » autogérées, jusqu'à des banques gratuites et des ateliers sociaux sont le signe d'une extrême richesse de pensée et d'un foisonnement de réalisations.

Ces petits îlots de contre-sociétés, socialement conçues comme idéales et parfaites, devant préfigurer la société future des producteurs industriels ou agricoles où hommes et femmes pourraient s'épanouir librement et équitablement, sont le signe du socialisme utopique. Toutefois, l'émergence d'un « *homo novus* », souhaitée parallèlement, n'est pas sans rappeler une dimension religieuse ou mystique certaine. On peut associer la treizième passion de Charles Fourier, l'« unitéisme »[140], goût infini de l'harmonie, philanthropie illimitée, qui devrait avoir vocation à se répandre avec « l'amour du prochain ». Il ne faut pas oublier que le socialisme utopique s'inscrit aussi dans la période romantique que François-René de Chateaubriand a marquée dès sa naissance à la Foi : « J'ai pleuré et j'ai cru ».

Dans leurs origines, les socialismes utopiques mêlent donc, de façon assez curieuse, une scientificité héritée des Lumières, comme on l'a vu, et une mystique ambiguë influencée par le romantisme. Les liens sont souvent peu

140. Chantal Guillaume, L'unitéisme en harmonie, site de l'association des études fouriéristes et des cahiers Charles Fourier, http://www.charlesfourier.fr/article.php3?id_article=382, consulté le 6 juin 2009.

ténus entre le socialisme et la religion ou les religions. C'est le « Grand prêtre » comme Prosper Enfantin, ou Charles Fourier, se considérant un peu comme un messie, un « prophète », voulant une religion fondée « *sur un Dieu tel qu'il aurait pu être et tel qu'il n'a jamais été dans les religions traditionnelles* ». Il annonce « *un Dieu mécanicien, équilibriste, jouant sur toutes les passions*[141] ». Il repousse la notion de péché originel, l'idée d'un vice « *natif de l'homme de la raison* », et affirme que « *C'est à* [lui] *seul que les générations présentes et futures devront l'initiative de leur immense bonheur* ». Robert Owen se propose de fonder une « nouvelle Jérusalem »[142]. Les tendances mystico-religieuses sont nombreuses et se mêlent à l'anticléricalisme des Lumières et à la constatation de l'échec de l'Église à réformer le monde pour le comte de Saint-Simon ou pour Félicité de Lamennais, à une religion naturelle quasi panthéiste pour Charles Fourier mais aussi, pour certains, à une adhésion souvent à une renaissance au catholicisme pour Philippe Buchez ou Abel Transon qui, bien que disciple de Charles Fourier, affirme même que « *quand on est phalanstérien, on ne peut être que catholique* », à l'instar de ce que le député Frédéric Arnaud dit de l'Ariège, ou dans l'esprit du « phalanstère chrétien » en Moravie, de Josef Florian, ce qu'a fort bien décrit Xavier Galmiche[143] pour ne citer que quelques exemples.

### *Le christianisme social et le socialisme chrétien*

Non moins important dans l'engagement de nombreux « inventeurs » de l'économie sociale, pour reprendre le titre de l'ouvrage d'André Gueslin, pas moins essentiel dans

141. A. Varoqui, « Un représentant du socialisme utopique : Charles Fourier », source : http://www.ac-nice.fr/philo/experience/varoqui/13four.pdf(consulté le 6 juin 2009).

142. L'encyclopédisme dialectique de Paul Gimeno. Préface au livre de Paul Gimeno : Pour une écologie politique de l'éducation. Technologie, environnement, solidarité, Bruxelles, Éditions Labor, 2004. http://lipietz.net/spip.php?page=imprimer&id_article=1179 (consulté le 6 juin 2009)

143. Xavier Galmiche, « Les catholiques face à la modernité en pays tchèque : le modèle de la Chartreuse dans l'activité éditoriale de Josef Florian », éditeur de Moravie (1873-1941), *Revue d'études françaises*, n° 9 (2004) p. 169 à 181.

l'engagement de catholiques ou de protestants dans des structures associatives, coopératives ou mutualistes, le christianisme social, qui se confond souvent avec l'acceptation, en France, de la démocratie, dispose d'un corpus théorique plus simple à définir puisqu'il se situe dans la droite file millénaire de l'Écriture et de la tradition de l'Église, du moins pour cette dernière, pour les catholiques.

Notre propos se limitera en conséquence, après un rapide résumé des textes, à présenter les novations du XIXe siècle et leur incidence dans la formation de l'idéal que représente « La nouvelle mutualité ».

Le christianisme social au sens strict du terme est un mouvement d'origine protestante, né dans la deuxième moitié du XIXe siècle pour confronter la foi chrétienne avec son environnement social, économique et politique. Dans un pays comme la France, il est évidemment très minoritaire en nombre mais important en influence, du fait que les protestants n'avaient pas eu de mal à accepter la république et s'étaient, pour beaucoup, impliqués dans la vie publique au contraire d'une partie de l'élite catholique.

En effet, on doit dissocier l'attitude des catholiques, « *religion de la plus grande majorité des Français* » selon l'expression même du Concordat[144], d'abord de la question du régime avant qu'elle ne soit celle d'une doctrine sociale qui, du fait de l'organisation même de l'Église, nécessitait une définition sinon juridique, du moins autorisée n'intervenant qu'à la fin du siècle. Dès l'origine, il y a donc des engagements personnels qui mêlent politique et société et sont plus difficiles à mettre en valeur, contrairement aux nombreux textes qui émanent des théoriciens du socialisme. Assurément, il est plus difficile de rendre compte de la pratique de la foi.

Pour les protestants qui ne sont pas soumis à l'autorité doctrinale de Rome, « *le christianisme social, c'est la rénovation progressive du monde (âmes, Église, société) par la*

144. « *Le Gouvernement de la République française reconnaît que la religion catholique, apostolique et romaine est la religion de la plus grande majorité des Français.* » Concordat du 8 avril 1802.

*puissance spirituelle de Jésus-Christ et par l'idée du Royaume de Dieu* » écrit un de ses pères fondateurs, le pasteur Élie Goubelle[145]. Le christianisme social se veut donc une recherche d'une meilleure compréhension des enjeux du monde contemporain. Les actes n'ont pas le même rôle salvateur décrit précédemment dans le catholicisme. Il s'agit plutôt de rendre visible sur terre, dans ce monde, un peu de cette lueur entrevue à la lecture de l'Évangile et de poser des signes visibles pour tous, de ce monde nouveau qui vient.

L'appellation de « christianisme social », et non pas de « protestantisme » social, s'inscrit aussi, semble-t-il dès l'origine, dans une perspective œcuménique et tend à souligner l'idée selon laquelle, si les dogmes et les rites les séparent, les actions d'ordre social peuvent rassembler les chrétiens. La dimension politique est donc rapidement présente et les termes « socialisme chrétien » et « christianisme social » sont assez équivalents. Toutefois, le socialisme fut pendant longtemps irrecevable. Les tentatives de conciliation qui commencèrent au XIXe siècle ont pris différents noms selon les pays, les différentes tendances du protestantisme qui est très pluriel, les confessions et les appartenances sociologiques. On parle de « christianisme social », de « chrétien social » ou de « socialisme évangélique », mais aussi de « socialistes chrétiens » ou de « chrétiens pour le socialisme » et de « *Christian socialists* » en France et en Angleterre. Le « *Social Gospel* » apparaît aux États-Unis, tandis que les Allemands utilisent plutôt les mots « évangélico-social » ou « ecclésiastico-social » ou parfois, comme les Suisses, de « socialisme religieux », car ces derniers ont la particularité d'avoir un parti des « religieux sociaux »[146].

Comme le socialisme utopique, le socialisme chrétien, en tant que mouvement global, s'inscrit dans la probléma-

145. Cité par Klauspeter Blaser, *Le christianisme social – Une approche théologique et historique*, Paris, Van Dieren, coll. « Débats », 2003, 144 pages.

146. Klauspeter Blaser, *Le christianisme social. Une approche théologique et historique. Chapitre I, La tradition du socialisme chrétien Aperçu historique – mouvements et figures, débats et enjeux*, Paris, Van Dieren, coll. « Débats », 2003.

tique de la réaction des Églises à la question sociale, aux phénomènes des bouleversements dans l'organisation de la production du XIXe siècle. La révolution industrielle a provoqué de telles misères dans les quartiers ouvriers des villes que des pasteurs se sont émus et ont amorcé une réflexion théologique sur la question sociale. Les terribles maux humains et sociaux qui se sont répandus, comme le travail des enfants, la durée excessive du temps de travail, les conditions de travail portant atteinte à la santé, le manque de sécurité, les salaires dérisoires et discriminatoires entre hommes et femmes, ont révolté un certain nombre de croyants. Face à l'inconscience des organisations ecclésiastiques, le socialisme chrétien veut apporter une réponse chrétienne appropriée à l'extrême pauvreté des couches les plus basses de la population qui constituent une classe de dépossédés ou de prolétaires au sens premier du terme.

Le projet, comme on le verra aussi dans le catholicisme social, est donc plus vaste et plus ambitieux que les actions ponctuelles et habituelles des églises en milieu populaire. Théologiquement, le programme du socialisme religieux se fonde sur le sens à donner à l'incarnation du Christ dans l'histoire. Dieu ayant voulu se faire présent au monde, il ne s'agit donc pas de se retirer dans une sorte de quiétisme, encouragé par une religion de l'intériorité, mais bien de prendre à bras-le-corps les questions d'un siècle en pleine transformation. Il y va, pour les socialistes chrétiens, du sérieux de l'Incarnation car sa révélation n'est pas encore achevée : la Réforme et le socialisme appartiennent à l'histoire du Royaume de Dieu, sans incarner sous tous les aspects le règne eschatologique. L'esprit de Dieu dénonce et détrône constamment les idoles qui se mettent à la place du seul Dieu vivant. Idéologiquement, le socialisme religieux se propose de dépasser l'individualisme religieux en butte à la critique de la religion comme tranquillisant, reléguée dans la sphère du privé par les tenants de la laïcité. « *Socialistes et chrétiens contemporains, si vous restez ce que vous êtes, vous serez impuissants à réaliser le plan divin pour le salut du monde, vous ne pourrez pas constituer le Royaume de Dieu sur terre. Il est temps de vous compléter les uns par les autres, dans une commune consécration à celui qui a souffert, qui vit et régnera* » proclame le pasteur Wilfred Monod, à la fin du XIXe siècle [147].

Ainsi, à la suite de la Commune, à partir de 1872, la première mission populaire évangélique, animée par l'Écossais Robert Mac All, avait attiré l'attention sur l'ignorance religieuse des classes ouvrières. L'esprit de la mission populaire, qui a persisté jusqu'à nos jours, vise à affirmer qu'il n'y a de fatalité ni dans l'injustice, ni dans l'oppression, ni dans l'échec, et à rendre habitable et fraternelle la terre habitée, en solidarité avec tous ceux qui doivent lutter pour leurs droits et leur dignité [148]. Ainsi, en 1878, le pasteur Tommy Fallot au nord de Paris, issu d'une famille d'industriels, plaide-t-il pour un socialisme chrétien. La justice sociale doit prendre le pas sur l'assistance, la charité et aussi la morale. D'autres pasteurs, Élie Gounelle à Roubaix, Wilfred Monod à Rouen, œuvrent dans des paroisses ouvrières et créent des associations appelées « solidarités », sortes de maisons chrétiennes du peuple, où se côtoient protestants, catholiques et agnostiques. Si le socialisme n'accueille pas ce mouvement à cause de sa dimension chrétienne, l'Église protestante du début du XXe siècle sera marquée par la dimension sociale chrétienne.

Dans la même lignée, en 1888, une « association protestante pour l'étude pratique des questions sociales » est fondée à Nîmes, avec le pasteur Fallot comme président et l'économiste Charles Gide comme vice-président. Celui-ci cherche une troisième voie entre capitalisme et socialisme. Il devient le théoricien de cette « école de Nîmes ». Rejetant l'étatisme, il pense que la coopération, en tant que structure d'apprentissage de la démocratie et de l'efficacité économique, est émancipatrice et permettra d'abolir le système basé sur le profit. Il s'intéresse également aux problèmes concrets de gestion et de conflits que ces coo-

147. Klauspeter Blaser, *op. cit., ibid.*

148. Jean-Paul Morley, 1871-1984 : *La mission populaire évangélique – Les surprises d'un engagement*, Paris, Éditions Les Bergers et Les Mages, 1993, 205 p.

pératives ont avec le commerce privé. Il est à l'origine d'un mouvement coopératif – coopératives de production et de consommation –, actif surtout dans le sud de la France et animé par des protestants comme Auguste Fabre et Édouard de Boyve. Il participe au premier congrès des coopératives en 1885 et prononce l'année suivante le discours du 2e Congrès à Lyon. Il crée également cette même année, le mensuel *L'Émancipation.* Il met l'accent sur la solidarité et s'inscrit dans la ligne du socialisme français « associationniste ». Élu en 1902, président de l'Union coopérative, il s'efforce de réunifier le mouvement coopératif dont l'unité avait été brisée par la scission, en 1900, de la Bourse des coopératives socialistes[149].

En 1896 est créée la *Revue de christianisme social,* revue qui paraît encore aujourd'hui sous le titre *Autre Temps.*

Cependant, tout en étant porté par l'impérieuse nécessité de confronter sa foi aux interrogations sociales les plus cruciales, le pasteur Monod entrevoit le risque, pour le « socialisme chrétien », d'une immersion totale dans un militantisme en tout point identique à celui des socialistes qui sont souvent des camarades de combat. Il saisit bien ce danger de voir rompre cette tension entre l'impératif social et l'assurance que, malgré tout, le Royaume de Dieu tant souhaité ne sera jamais totalement de ce monde, de la même manière qu'il est dangereux, en parfaite conformité avec l'esprit de la Réforme, de sacraliser les efforts humains en vue de transformer la société[150].

#### Catholicisme social et démocratie chrétienne

Selon Pierre Letamendia lui-même, « *la frontière entre démocratie chrétienne, catholicisme libéral et catholicisme social n'est pas toujours très nette. Des Hommes et des publications peuvent être revendiqués par les trois courants*[151] ». Jean-Marie Mayeur, en approuvant cette thèse, fait naître le

149. Marc Penin, *Charles Gide (1847-1932) : l'esprit critique,* Paris, L'Harmattan, 1997.

150. Sources : Réforme; n° 3024, 27 mars-2 avril 2003.

151. Pierre Letamendia, *La démocratie chrétienne,* Paris, PUF, 1993.

catholicisme social et la démocratie chrétienne de la tradition conservatrice et principalement ultramontaine et non de la mouvance libérale[152]. Le travail magistral de Hans Maier le confirme également, en plaçant la révolution française à la source de tous ces mouvements en Europe[153].

L'expression « démocratie chrétienne » trouve son origine en France, le 21 novembre 1791, lorsqu'Antoine-Adrien Lamourette, un lazariste, l'ordre fondé par Vincent de Paul, devenu par la Constitution civile du clergé et l'élection évêque constitutionnel de Lyon, propose, dans un discours devant l'Assemblée législative, le modèle d'une église ouverte aux « principes lumineux de la démocratie chrétienne » en réaction contre l'aristocratique Église de l'Ancien Régime[154]. Mais ce n'est en rien cette église-là, représentée aussi par l'abbé Grégoire, qui peut servir d'origine au catholicisme libéral et social ou à la démocratie chrétienne née vraiment, un siècle après, sous le pontificat de Léon XIII. En 100 ans, le catholicisme libéral et social émerge de la réaction aux persécutions révolutionnaires et du rejet de la société libérale capitaliste qui en est issue.

Le catholicisme social est né dans deux milieux qui, comme tous les autres, n'ont pas une frontière aussi simple qu'on le croit et dans lesquels les « allers et parfois, retours » existent bel et bien :

Les « réactionnaires », souvent attachés au « trône et à l'autel », opposés au libéralisme plus économique que politique, qui pensent que l'exploitation des ouvriers est le résultat de l'abolition des corporations intervenue en juin 1791. Ce catholicisme se fonde sur un refus global de la société née de la Renaissance, de la Réforme et de la Révo-

152. Jean-Marie Mayeur, *Catholicisme social et démocratie chrétienne : principes romains, expériences françaises*, Paris, Cerf, 1986.

153. Hans Maier, *L'Église et la démocratie. Une histoire de l'Europe politique, (Revolution und Kirche: zur Frühgeschichte der christlichen Demokrati)*, traduit de l'allemand par Isabelle Schobinger von Schowingen, avec la participation de Philippe Naszályi et Jean-Étienne Grenier, Paris, Critérion, 1992, 417 pages.

154. Jean-Dominique Durand, *L'Europe de la démocratie chrétienne*, Paris, Éditions Complexe, 1995, 382 pages, p. 25.

lution, mais aussi parfois de la monarchie absolue, de cet ensemble dominé par l'individualisme utilitariste, le rationalisme des Lumières, la sécularisation de l'État. En fait, est rejeté tout ce qui a remis en cause l'ordre immémorial et équilibré d'une ancienne France souvent plus mythique que réelle. Toutefois, leurs travaux aidèrent à dénoncer l'individualisme triomphant, à faire comprendre que la société est organique, et que les groupements intermédiaires y tiennent une place essentielle.

On peut citer, comme illustration de ces mouvements politico-religieux, la société secrète « Les chevaliers de la Foi » qui, hostile à la Révolution et à Napoléon I^er^, demandait à ses membres le secret, une activité charitable, des prières communes et pour ses chefs initiés à tous les buts de cette société, des communications au service de Dieu et de la France par son roi. Son action et le réseau qu'elle constituait ont formé le noyau des parlementaires ultra-royalistes de la Restauration. On lui attribue dès les années 1820 la première œuvre tournée vers les ouvriers, si l'on en croit le témoignage de l'ultra-royaliste qu'est alors le père de Lamennais, « l'Association » ou « Société de Saint-Joseph » qui se proposait un but purement moral. « *Émus de pitié à la vue de cette infortunée jeunesse, les missionnaires ont conçu le désir et l'espérance de la sauver de la corruption de Paris*[155]. » Inconnue des contemporains, cette confrérie de prière d'inspiration jésuite, souvent confondue avec la « congrégation » qui agissait à la même époque, se situait résolument du côté du pape comme l'un de ses membres, Ferdinand de Bertier, le confesse[156]. « *Nous concourûmes aux secours donnés au pape dans sa captivité et à entretenir les communications du Saint Père avec la chrétienté. Enfin, quand l'excommunication fut lancée, nous en fîmes faire de nombreuses copies pour la faire connaître.* »

155. Félicité de Lamennais, *Drapeau blanc*, 20 novembre 1822.

156. Ferdinand de Bertier, *Souvenirs inédits d'un conspirateur. Révolution, Empire et première Restauration*, présentés et annotés par Guillaume de Bertier de Sauvigny, Paris, Éditions Taillandier, 1990, 455 pages.

C'est toutefois un courant qui se présente plus partagé, malgré les ouvrages de ses deux principaux penseurs, Joseph de Maistre et Louis de Bonald, sur la question romaine. Cela leur permit de refuser même le ralliement à la République, préparé par les *encycliques Immortale Dei et Libertas proestantissimum* de 1885, préfigurations de l'invitation claire, puisque écrite en langue française, de la Lettre aux milieux des sollicitudes qui, en 1892, voit toutefois se dresser contre le pape et la République l'Union de la France chrétienne de Pierre-Charles Cheneslong, qui avait pourtant été un des animateurs des « cercles ouvriers » [157].

Les « partisans des idées nouvelles » reprennent les idées des libéraux, voire des socialistes utopistes. Ce courant conserve les acquis du libéralisme politique, mais rejette sans ambages le libéralisme économique qui est souvent incarné, pour lui, par l'usurpatrice Monarchie de Juillet. Il se situe clairement dans la mouvance ultramontaine.

Le « socialisme chrétien » enfin, qui peut surgir de l'un ou l'autre de ces courants catholiques, est quant à lui franchement républicain.

### Les précurseurs

« *Sans pape, point d'Église ; sans Église, point de christianisme ; sans christianisme, point de religion et point de société : de la sorte que la vie des nations européennes a son unique source dans le pouvoir pontifical*[158] » écrit avec fougue, en 1826, le père de Lamennais dans son ouvrage *De la religion considérée dans ses rapports avec l'ordre politique et civil.* Une fois encore, le parcours de cet ultramontain condamné deux fois par le pape, libéral en politique mais devenu député républicain et socialiste à l'anticléricalisme alors résolu, associé à un évangélisme romantique et à une

157. Bernard Dumons, *Catholique en politique. Un siècle de ralliement*, Paris, Desclée de Brouwer, 1993.

158. Christian Defebvre, Michel Bry, Sherif Ferjani, Karl Graffman, Milos Rejchrt, Maurice Meuleau, Danielle Delmaire et Jean-Marie Delmaire, *Histoire des religions en Europe : judaïsme, christianisme et islam*, Bruxelles, De Boeck Université, 1999, 324 pages, p. 250.

philosophie mystique et démocratique, tient lieu de lien à cette succincte explication des composantes du catholicisme social, dont on a vu qu'il est si difficile parfois de le distinguer de la naissance de la démocratie chrétienne et que nous allons essayer de décrire.

Il n'est pas question toutefois de dresser, là non plus, un inventaire exhaustif des mouvements qui ont surgi du grand traumatisme qu'est la Révolution française pour l'Église et les catholiques. Comme toujours en matière de pensée dans le catholicisme, il faut distinguer différentes attitudes : celle des individus prêtres, religieux ou évêques et les intellectuels ; celle des églises locales plus ou moins liées aux pouvoirs en place ; celle des mouvements ou partis politiques à partir du développement du Parlementarisme et celle du pontife romain, on devrait dire des papes, puisqu'on peut trouver de grandes évolutions dans le domaine économique, social ou politique entre des personnalités comme Grégoire XVI ou Léon XIII, pour ne rester qu'à la surface de l'analyse des textes doctrinaux.

*Le romantisme du génie du christianisme* de François-René de Chateaubriand, paru l'année du Concordat de 1802, est, pour une partie des élites sociales, la manifestation ou les prémices d'un retour aux valeurs ancestrales de la France chrétienne *a contrario* des idées des philosophes des lumières. L'influence de ce romantisme religieux est vivante, au moins jusqu'à la révolution de 1848 qu'il marque de son empreinte. « *Le souhait révolutionnaire de réaliser le royaume de Dieu est le point élastique de l'éducation progressive et le début de l'histoire moderne, ce qui n'a aucun rapport avec le règne de Dieu n'est que chose secondaire* » écrit même le père du romantisme d'Iéna et d'une philosophie chrétienne renouvelée, Friedrich von Schlegel[159].

159. Friedrich von Schlegel, « Der revolutionäre Wunsch, das Reich Gottes zu realisieren, ist der elastische Punkt der progressiven Bildung und der Anfang der modernen Geschichte, was in dieser Hinsicht gar keine Beziehung aufs Reich Gottes hat, ist in ihr nur Nebensache » in : Friedrich Schlegel, *Athenäums-Fragmente und andere Schriften*, Stuttgart, 2005, p. 102.

Ce catholicisme est d'abord libéralisme politique, pour le précurseur qu'est l'abbé de Lamennais, car même s'il a des contacts avec les réformateurs sociaux des années 1820, sans s'engager dans les idéologies sociales naissantes, et même s'il perçoit l'urgence d'une rénovation, il se dirige d'abord vers celle de la politique.

C'est aussi le cas du père Henri Lacordaire ou du comte Charles de Montalembert, ses collaborateurs au quotidien *L'Avenir*. C'est par cet attachement à la liberté et à la souveraineté populaire, nées avec la Révolution qu'ils se rapprochent du socialisme utopique et des valeurs fondatrices de l'économie sociale. Par sa conviction en la démocratie, assez proche en cela au fond de Thomas d'Aquin (*a Deo per populo*), il écrit alors, que « *l'humanité est la véritable Église* » et que, « *toutes ses hautes prérogatives, ses divins attributs, forment dans leur ensemble ce qu'on a appelé la souveraineté du peuple ; à lui, sur toutes choses, le commandement suprême, la décision dernière, le jugement infaillible*[160] », qui ne peuvent que susciter les foudres de Grégoire XVI, dans l'encyclique *Mirari vos*, du 15 août 1832.

Face à l'essor de la révolution industrielle et l'apparition du prolétariat, les catholiques libéraux, qui naissent du constat des problèmes sociaux consécutifs à cette évolution économique comme on l'a vu pour les protestants, opèrent un renouvellement de leur pensée et de leur agir social. En effet, les profondes transformations ne permettent plus aux structures existantes de l'Église catholique d'exercer la charité dans les mêmes conditions qu'au siècle passé. Il n'en demeure pas moins que la grande figure de l'action sociale, qui inspire le XIXe siècle au moins dans sa première moitié, demeure saint Vincent de Paul, fondateur de l'ordre des frères et prêtres de la Congrégation de la mission dits « lazaristes » en 1625, et des « Filles de la charité » en 1634, souvent appelées « sœurs de Saint-Vincent-de-Paul », dont la tenue particulière en fait des personnages reconnus jusqu'au Concile de Vatican II.

160. Félicité de Lamennais, *De la religion considérée dans ses rapports avec l'ordre politique et civil*, Paris, 1829.

Frédéric Ozanam, bouleversé par la révolte des Canuts de Lyon en novembre 1831, abandonne le saint-simonisme et ses études pour fonder en 1832, la « Société Saint-Vincent-de-Paul », qui est aujourd'hui encore une fédération nationale très active, y compris sur le plan local, pour la charité. Contrairement à Félicité de Lamennais, qui fut également cofondateur avec son frère de la Congrégation de Saint-Pierre de 1828 à 1834, et bien que souvent critique, il reste, lui, dans le giron de l'Église. Il met en pratique les principes évangéliques de l'amour fraternel tout en épousant son attachement à la liberté. Il est un des exemples de ces catholiques libéraux, inspirés par *L'Avenir*, qui transforment leurs convictions en la démocratie, en une action sociale qui concourt au salut. Si Bossuet est souvent repris et publié parfois pour son gallicanisme, surtout à partir des conflits entre Pie VII et Napoléon, c'est plutôt « *l'éminente dignité des pauvres* » que Frédéric Ozanam reprend à son compte, à la lumière de l'évangile[161]. « *Il semble qu'il faille voir pour aimer et nous ne voyons Dieu que des yeux de la foi, et notre foi est si faible ! Mais les hommes, mais les pauvres, nous les voyons des yeux de la chair ! Ils sont là et nous pouvons mettre le doigt et la main dans leurs plaies, et les traces de la couronne d'épine sont visibles sur leur front... nous devrions tomber à leurs pieds et leur dire avec l'apôtre "tu es mon Seigneur et mon Dieu". Vous êtes nos maîtres et nous serons vos serviteurs ; vous êtes les images sacrées de ce Dieu que nous ne voyons pas et ne sachant pas l'aimer autrement nous l'aimerons en vos personnes*[162]. »

Les solutions au problème de la condition ouvrière, ne sont plus simplement charitables, comme dans les années 1820, mais également légales et politiques, du fait du bouleversement des méthodes de production, de la disparition des trois ordres de la société d'Ancien Régime et de l'émergence des nouvelles catégories ou classes sociales que sont

161. Matthieu XXIV, 35-40.

162. Frédéric Ozanam, homme de Dieu. Site de la société Saint-Vincent-de-Paul, http://www.ssvp.fr/entrer-dans-l-histoire/frederic-ozanam/l-homme-de-dieu, consulté le 5 juin 2009.

la bourgeoisie industrielle et le monde des ouvriers, avec l'opposition parfois perçue entre le capital et le travail, ou organisationnelles. Charles de Coux va le premier dénoncer la plus-value : « *Pendant que je m'efforçais,* écrira-t-il, *de découvrir les causes de la détresse qui désole les pays où domine l'industrialisme, un fait, volontairement méconnu de tous les économistes, me parut en contenir le premier et le dernier mot : la main-d'œuvre du pauvre est sa denrée, la seule qu'il ait à vendre et, prises dans l'abstrait, les conditions qui règlent la valeur de toute denrée sont applicables à celle-là*[163]. »

À partir de 1840, Philippe Buchez, lui aussi un moment tenté par le socialisme saint-simonien, se consacre à l'activité pratique et fonde un journal associationniste, *L'Atelier, organe des intérêts moraux et matériels des ouvriers,* qui paraît jusqu'en 1850. Il y développe un plan de réforme de la société fondé sur l'association ouvrière. Ces associations, qui sont des coopératives ouvrières de production formées sur la base d'un capital inaliénable et indissoluble, doivent selon lui, en se propageant, permettre de rassembler un « capital ouvrier » global sur lequel la classe laborieuse pourra s'appuyer ; leur généralisation poserait les fondements d'une rénovation de la société par l'associationnisme. Mais ce plan n'a connu qu'une application très limitée avec la création, en 1834, de « l'Association des ouvriers bijoutiers en doré ».

### La révolution de 1848 et ses conséquences

La révolution de 1848 constitue un tournant pour le catholicisme social, grâce à *L'Ère nouvelle* que l'Abbé Maret dirige avec la collaboration du, désormais, père dominicain Henri Lacordaire, assisté de Frédéric Ozanam[164]. Souvent considéré comme le porte-parole de la première démo-

163. Marguerite-Marie de Coux-Euzennat, Action institutionnelle ou engagement social : lettres de Charles de Coux, à Charles Périn, à Lacordaire et à l'abbé Maret de 1845 à 1849, *Revue d'histoire ecclésiastique, 1990,* vol. 85, n° 3-4, p. 669-700.

164. François Laplanche, *Les sciences religieuses : le XIX^e siècle, 1800-1914.* Paris, Éditions Beauchesne, 1996, 678 pages, p. 368.

cratie chrétienne, ce journal n'aura que quelques mois de vie. Le rapprochement entre l'Église et la République est certain. Mgr Bonnet, archevêque de Besançon, déclare : « *Le drapeau de la République sera toujours, pour la religion, un drapeau protecteur*[165] », tandis que le cardinal de Bonald, archevêque de Lyon, s'exclame : « *Nous n'aurons plus rien à envier à l'Amérique septentrionale*[166]. » On a gardé également l'image des curés bénissant les arbres de la liberté tandis que, lors des « Trois glorieuses », les Parisiens avaient mis à sac l'archevêché de Paris. Un même rejet du régime antérieur réunit souvent, comme dans les premiers mois de la Révolution de 1789, les courants révolutionnaires et des membres du clergé catholique qui ont peu apprécié le régime « bourgeois », parfois teinté de voltairianisme, de la Monarchie louis-philipparde ou son caractère illégitime et son idéologie économique. Le « Enrichissez-vous », prononcé ou pas par François Guizot est aussi étranger à la philosophie socialiste qu'à la morale catholique. « *Gens de bien, qui thésaurisez,* écrit alors Frédéric Ozanam, *celui qui nous a appris à demander le pain de chaque jour, ne nous a jamais conseillé de nous assurer dix ans de luxe*[167] *!* » La démocratie chrétienne devient alors essentiellement politique et pourrait être définie comme la contribution du christianisme à la démocratie. La répression du général Cavaignac, en juin 1848, sonne le glas de cette espérance autant qu'elle met un terme à l'idéal des ateliers sociaux de Louis Blanc. La démocratie chrétienne partage avec le légitimisme une bonne partie de ses valeurs, comme la conception organiciste de la société qui s'oppose à l'idée révolutionnaire d'un « *agrégat d'individus isolés dont la liaison*

165. Jean-Louis Ormieres, *Politique et religion en France,* Paris, Éditions Complexe, 2002, 294 pages, p. 242.

166. Adrien Dansette, *Histoire religieuse de la France contemporaine, en 2 volumes,* Flammarion, 1948 et 1951, tome I : de la Révolution à la III$^e$ République, p. 265.

167. Naissance, développement et état présent du catholicisme social. Cité par Georges Hourdin, directeur de *La Vie catholique illustrée, Semaines sociales de 1947.*

*aurait un caractère secondaire en fait et en droit* » selon la définition de Judith Schlanger[168].

La démocratie, au sens social par le développement d'une plus grande égalité, compte sans doute plus pour les uns que pour les autres qui ont coutume de justifier les inégalités sociales.

L'économie doit être au service de l'homme, c'est-à-dire qu'elle doit notamment garantir certains droits fondamentaux comme le droit de donner à chacun de quoi vivre décemment. Les démocrates chrétiens sont favorables aux négociations pour atténuer la lutte sociale, à l'intervention de l'État dans l'économie, mais aussi à la propriété privée, refusant ainsi la collectivisation. « *Ne vous effrayez pas quand les mauvais riches... vous traiteront de communistes, comme on traitait saint Bernard de fanatique et d'insensé !* » s'écrie Frédéric Ozanam en septembre 1848[169]. Jean-Marie Mayeur constate avec justesse que « *par-delà une frontière idéologique, apparemment bien délimitée, les racines se rejoignent pour s'alimenter au même sol*[170] ». Avec le temps, si l'on trouve des légitimistes favorables au suffrage universel, souvent par exécration de la Monarchie de Juillet et de son suffrage censitaire, la distinction se fera d'avec « *les démocrates chrétiens qui acceptaient la démocratie politique, la République et le suffrage universel* » et qui furent taxés de ce fait « *de libéralisme et de modernisme social* ».

Pour les légitimistes, après les émeutes de juin 1848, c'est bien souvent, et jusqu'à la fin du Second Empire, le retour quasi exclusif à la pratique de la charité dans son acception plus traditionnelle, parfois travestie du mot « paternalisme », avec la figure de proue mais incontestablement

168. Judith Schlanger, *Les métaphores de l'organisme*, Paris, J. Vrin, 1971, 262 pages.

169. Frédéric Ozanam, « L'avenir, septembre 1848 », cité par Didier Ozanam, *Frédéric Ozanam vu par les siens*, Cahiers Ozanam, n° 37/39, janvier-juin 1974.

170. Jean-Marie Mayeur, *Des partis catholiques à la démocratie chrétienne (XIXe-XXe siècles)*, Paris, Armand Colin, Série U : Histoire contemporaine, 1980, 247 pages.

originale d'Armand de Melun[171]. « Homme charitable », dès 1838, il a dirigé ou s'est impliqué dans des œuvres diverses, nombreuses et à finalité variée : « Société des amis de l'enfance », « Colonie agricole d'orphelins du Mesnil-Saint-Firmin » à Breteuil dans l'Oise, « œuvre de la Miséricorde » pour les pauvres honteux, « société de Saint-Vincent-de-Paul », « œuvres des apprentis », et « l'Institution professionnelle de Saint-Nicolas ». Journaliste ou propagandiste de la charité chrétienne agissante, il crée *les Annales de la Charité* en 1845, sans référence à la Révolution, le programme est défini dans l'introduction écrite par le baron Prosper de Barante comme suit : « *Nous n'attaquerons point la Société dans ses principes, dans les conditions inséparables de son existence ; nous n'adresserons pas au travail et à l'indigence de vaines et dangereuses paroles.* » En 1846, il lance la « Société d'économie charitable » qui a pour but, non de diriger les œuvres existantes ou d'en fonder de nouvelles, mais d'organiser des rencontres et des débats pour faire avancer la science sociale dans l'esprit de la « Conférence d'économie charitable » du « Cercle catholique ». Organisée comme une association, avec un bureau permanent et une cotisation annuelle de 5 francs, la société est composée de 125 membres titulaires et d'un nombre illimité de correspondants. Elle se donne pour but « *l'étude et la discussion de toutes les questions qui intéressent les classes pauvres* » et son organe de presse est *Les Annales* qui compte alors, parmi ses collaborateurs réguliers, beaucoup de noms du catholicisme social comme Armand de Falloux ou Augustin Cochin. Armand de Melun tenta de donner à la « Société d'économie charitable » un prolongement international en proposant la création d'une « société internationale de charité » à l'issue du « Congrès pénitentiaire » qui avait été organisé le 20 septembre 1848, à Bruxelles. Il y recruta 31 personnes, appartenant à 14 États.

Sa pétition, en 1847, en faveur de réformes de la loi sur l'encadrement du travail des enfants de 1841, approuvée par

171. Jacques Duroselle, thèse : « Les débuts du catholicisme social en France 1822-1870 ».

des représentants de l'opposition de gauche et de droite au ministère Guizot, lui permet de se faire élire député de la IIe République, après la Révolution de février 1848. La loi de 1841, réglementant le travail des enfants, avait été votée à l'instigation d'Alban de Villeneuve-Bargemont, l'un des théoriciens de l'économie sociale chrétienne [172] et le premier à avoir posé, dès 1840, à la Chambre, le problème ouvrier dans toute son ampleur [173]. Poursuivant ses convictions, Armand de Melun fait adopter non sans mal le principe d'une commission « *chargée de préparer et d'examiner dans le plus bref délai possible les lois relatives à l'assistance sociale* », le 9 juin 1848, avec l'approbation de Victor Hugo et de l'extrême gauche de l'Assemblée. Sa pensée fait confiance au rôle de « *l'État* [qui] *peut seul atteindre l'ensemble des misères et améliorer d'une façon permanente et générale le sort de ceux qui souffrent* », et il appartient donc aux Chambres de modifier la législation. Tous les chrétiens sociaux doivent s'unir pour faire avancer ces idées. La Commission ne répond toutefois pas à ses espérances, puisque c'est l'orléaniste libéral, au sens économique du terme, Adolphe Thiers, qui est élu rapporteur de la Commission contre l'avocat chrétien social Pierre-Antoine Berryer. « *Nos pauvres projets ont peine à sauver quelques lambeaux mutilés [...]. Quelquefois Thiers, les jours de langue bien pendue, vient à notre aide; plus souvent, il s'élève contre les théories socialistes et humanitaires, foudroie de son éloquence les utopistes, les philanthropes, etc. Ces jours-là, pour nous achever, Emmanuel Arago, d'extrême gauche, ne manque pas de nous défendre, et, la commission, effrayée de nos agresseurs et de nos auxiliaires, lève la séance, tout ébahie du mal qu'elle allait faire en faisant quelque chose* », doit-il constater, désabusé. Il contribue malgré cela à l'adoption en 1850-1851 de lois charitables. Armand de Melun, légitimiste conservateur, comme une

172. Alban de Villeneuve-Bargemont, *L'économie politique chrétienne, ou Recherches sur la nature et les causes du paupérisme en France et en Europe, et sur les moyens de le soulager et de le prévenir*, Paris, 1834, 3 volumes.

173. Jean Dumont, *L'Église au risque de l'histoire*, Éditions Critérion, 1982, 411 pages, p. 115.

majorité de catholiques à partir de juin 1848, illustre assez bien un courant conservateur qui se démarque du courant libéral ou socialiste par son antimodernisme et son antidémocratisme. Il fait confiance à la morale chrétienne, aidée par la pratique de l'association, ce qui en fait un inspirateur à retenir de l'économie sociale également.

Le catholicisme libéral quant à lui, incarné notamment par le comte de Montlembert, évolue vers un aspect purement politique. Au premier congrès de Malines, en 1863, est défini un programme essentiellement en faveur d'une constitution d'un régime parlementaire et des libertés : presse et expression, avec la formule qui entre dans les mémoires d'« *Église libre dans un État libre* », ce qui n'entre plus guère dans le champ de notre propos ici, même si ses démêlés avec la papauté de Pie IX avec l'encyclique *Quanta cura* notamment, dans la lignée des condamnations de Léon XII, Pie VIII et Grégoire XVI, ses prédécesseurs, vont perdurer.

### L'ÉCOLE CATHOLIQUE SOCIALE À PARTIR DE 1870 OU LES PRÉMICES DE *RERUM NOVATUM*

Ce que d'aucuns appellent le néo-christianisme [174], dans la lignée du père de Lamennais et de Frédéric Ozanam, va inspirer une génération de penseurs, de propagandistes et d'acteurs, que l'on n'appelle pas encore « l'action catholique », mais qui fixe réellement un renouveau catholique dans la deuxième moitié du XIXe siècle. Notre propos, qui s'est efforcé de dégager l'action originale d'Armand de Melun, associant bras séculier et œuvres associatives et intellectuelles, ne peut que baliser quelques éléments propres à développer la problématique permettant de comprendre les présupposés théoriques complexes du renouveau mutualiste des années 1980.

Deux étapes marquent le développement du catholicisme social, après le règne de Napoléon III, la défaite de

174. Henry d'Allens, « Néo-christianisme et littérature, essai de psychologie contemporaine », thèse présentée pour obtenir le grade de bachelier en théologie, faculté de théologie protestante, Montauban, janvier 1905.

Sedan et la Commune, d'une part, qui bouleversent une partie des catholiques, souvent issus des milieux légitimistes, et le pontificat de Léon XIII d'autre part, dont on a déjà souligné l'importance politique quant au ralliement des catholiques à la République, mais qui est, aussi et surtout, puisque ce phénomène dépasse largement la France, le point de départ de la « Doctrine sociale de l'Église », dans son acception contemporaine.

Dans *Liberté, Autorité, Église : considérations sur les grands problèmes de notre époque*[175], publié dès 1862, mais inconnu ou peu lu à l'époque, et dans son ouvrage suivant, *La question ouvrière et le christianisme*[176], inspiré du socialisme de Ferdinand Lassalle, paru en France en 1864, Wilhelm Emmanuel von Ketteler, archevêque de Mayence, formule le programme du *Zentrum* ou « centre catholique », la démocratie chrétienne allemande qui va s'opposer puis triompher du *Kulturkampf.* Il réclame une législation sociale qui prenne en compte toutes les revendications ouvrières sur le salaire vital, la diminution des heures de travail, les jours de repos, l'interdiction du travail des jeunes filles, des femmes et des enfants. Pour résoudre définitivement la question sociale, il organise des sociétés ouvrières de production dont la direction est confiée aux ouvriers eux-mêmes. Sa doctrine et sa pratique de l'association ouvrière vont inspirer les catholiques français qui les découvrent. L'influence de Mgr Ketteler est parvenue en France, à cause de la défaite de 1870 qui avait fait venir en Allemagne des officiers français, prisonniers.

Le nouveau catholicisme social naît de cette rencontre entre des officiers légitimistes et le catholicisme social allemand. Albert de Mun, tout comme son ami de captivité le capitaine René de La Tour du Pin, qui, quant à lui, avait

175. Wilhelm Emmanuel von Ketteler, *Liberté, Autorité, Église : considérations sur les grands problèmes de notre époque* (Freiherr von Wilhelm Emmanuel Ketteler), traduit de l'allemand par l'abbé P. Bélet, Paris, L. Vivés, 1862, 248 pages.

176. Wilhelm Emmanuel von Ketteler *Die Arbeitfrage und das Christenthum*, 1863.

déjà participé avec le père Maurice Maignen, fondateur des Frères de Saint-Vincent-de-Paul[177], aux « cercles des jeunes ouvriers » fondés dès 1855, découvre en captivité, à la fois la pensée du député alsacien Émile Keller et l'action du mouvement catholique populaire existant outre-Rhin depuis le « printemps des peuples », à l'initiative de personnalités telles que Mgr Ketteler, initiateur d'un « catholicisme social » actif.

L'Œuvre des « Cercles catholiques d'ouvriers », fondée le 23 décembre 1871 à Paris, doit à ses multiples apports de se développer sous la direction d'Albert de Mun, de René de La Tour du Pin, deux officiers aux convictions légitimistes, et de Félix de Roquefeuil-Cahuzac, conseiller à la Cour des comptes. Peut-on y voir l'idée, que défendra plus tard le « conservatisme révolutionnaire » d'Ernst Jünger, sans les dangers qu'on peut soupçonner alors, que le « *soldat* » et le « *travailleur* » ont en commun, le même ennemi : « *le méprisable bourgeois libéral*[178] » ?

Cette œuvre est fondamentalement inscrite dans la pensée catholique, d'une « *action humaine répondant au dessein de Dieu : l'homme peut, par ses œuvres et avec la grâce de Dieu, participer à son propre salut* », comme le rappelle Gérard Cholvy[179]. À l'influence allemande, il convient d'ajouter celle de Frédéric Le Play, que ses études sociologiques de terrain amènent à considérer les conflits sociaux comme étant dus aux malentendus idéologiques que sont les « faux dogmes » de 1789, et des « lumières », notamment rousseauistes, sur la bonté originelle de l'homme et l'égalité naturelle. L'harmonie sociale peut être rétablie par l'action de l'État seul ou par l'ébranlement

177. Richard Corbon, *Maurice Maignen – frère de saint-Vincent-de-Paul (1822-1890), apôtre du monde ouvrier. Le mouvement social catholique*, Paris, Éditions Pierre Téqui, 2003, 496 pages.

178. Ernst Jünger cité par Wolfgang Hermann, *Der neue Nationalismus und seine Literatur, Synergies européennes*, Vouloir (Bruxelles), San Casciano (Limburg), juin, 1995.

179. Gérard Cholvy, *Histoire des organisations et mouvements chrétiens de jeunesse en France (XIXe-XXe siècles)*, Paris, Cerf, 1999, 420 pages.

de la société dû à une révolution sociale. « *Le travailleur est donc à la fois l'économe véritable et l'homme religieux par excellence* », pour reprendre la formule d'Ernst Bloch [180]. Ces principes mêlent la pensée traditionnelle avec un retour au système des corporations, une conception démocratique de la société, et une économie libre-échangiste, stimulée par la concurrence, qui en font un adepte des conceptions du Second Empire ayant vu sa carrière se développer [181].

La Commune, à l'évidence, a montré à ces catholiques le fossé qui sépare le monde ouvrier de la bourgeoisie qui, elle, s'inscrit dans le libéralisme économique. Elle a démontré aussi par ses horreurs et ses exactions anticatholiques – dont le massacre d'otages, notamment l'archevêque de Paris, Mgr Georges Darboy, qu'a immortalisé Carpeaux, et de plusieurs prêtres et religieux, le 24 mai 1871, ainsi que celui des Dominicains d'Arcueil le jour suivant – que le monde ouvrier et l'Église ne sont plus en phase, contrairement à ce qui s'était passé en 1848.

Le « Conseil des études », qui avait été créé à côté des Cercles d'ouvriers, est un mouvement continu de recherches et d'adaptations doctrinales, animé par René de La Tour du Pin avec le père De Pascal, Eugène Duthoit, Émile Keller qui a quitté son territoire occupé, Louis Milcent dont on a vu le rôle fondateur du Crédit Agricole en 1885, pour ne citer que quelques-uns dont la postérité en économie sociale fut abondante. La revue *L'Association catholique*, qui débute en 1881, vise aussi à servir de propagandiste pour un monde qui semble s'éloigner des préceptes de l'Église. Ce n'est pas, évidemment, la lutte des classes, mais leur union, sous une forme de reprise de la société idyllique de l'Ancien Régime, que proposent souvent ces penseurs/

180. Cité par Arnaud Berthoud, « Travail, économie, espérance chez Marx et Ernst Bloch », Dossier Ambiguïtés d'une catégorie anthropologique. Naturalité du travail, *Revue du MAUSS*, La Découverte, no 18 2001/2, 400 pages, p. 153 à 175.

181. Denis Pelletier, « Engagement intellectuel catholique et médiation du social. L'enquête monographique de Le Play à Lebret », *Mil neuf cent*, n° 13, 1995. Les intellectuels catholiques, p. 25-45.

acteurs. Les corporations qui avaient été aussi confréries sont offertes comme solution. Cette idée ne paraît pas incongrue, loin de là puisque, au même moment à Paris, on constate l'existence d'une Progressive, société de secours mutuels entre patrons et ouvriers de la chapellerie, qui va fonctionner de 1865 à 1877 [182]. Dès 1878, l'œuvre compte 375 cercles réunissant 37 500 ouvriers et 4 600 membres des élites sociales.

D'inspiration militaire, dont elle a retenu le principe d'organisation hiérarchique qui est celui de l'Église, elle s'appuie sur une base ouvrière à laquelle elle délivre un « livret diplôme ». Au principe de charité et d'aide aux personnes en difficulté, s'ajoute une volonté de connaissance mutuelle et d'éducation, pour une meilleure compréhension des différentes couches sociales. Les cercles se posaient en une alternative aux dérives économiques et sociales.

Eugène Duthoit, président des Semaines sociales de France, à propos du catholicisme social, lors de la « semaine sociale » tenue à Metz en 1919, posait bien la question : « *À quoi tend ce mouvement dont l'ampleur et la continuité ne peuvent s'expliquer que par l'activité vitale et la catholicité de l'Église elle-même ?* » et sa réponse éclaire ce qui va être la doctrine sociale de l'Église : « *À diriger toutes les initiatives privées, à orienter les lois, les institutions, les mœurs, les revendications civiques vers une réforme fondamentale de la société moderne d'après les principes chrétiens.* »

Si l'œuvre des cercles catholiques d'ouvriers disparaît, c'est qu'elle repose peut-être sur une pratique d'inégalité de la relation entre la classe dominante qui donne et le monde ouvrier qui reçoit, illustrée partiellement, pour notre période, par cette analyse de Martine Barthélémy : « *Le bénévolat dont le militantisme ne serait qu'une option particulière, n'est pas un phénomène nouveau. Inhérent aux relations sociales, il s'incarne, au siècle dernier* [au XIX$^{e}$ siècle], *dans les conduites endogènes de solidarité mutualiste au sein des classes ouvrière et paysanne comme dans les*

182. Centre confédéral d'archives de la CGT, archives de la Fédération nationale de la chapellerie, carton 4.

*pratiques charitables des classes dominantes inspirées par les valeurs chrétiennes*[183]. »

« *RERUM NOVARUM* »

Albert de Mun se fit le propagandiste de l'œuvre des cercles, qui était une première prise de contact organique avec la classe ouvrière. Son engagement politique de député, tout comme son ralliement à la République qui le fait rejeter par certains de ses anciens compagnons de route, prouve un engagement catholique plus fort que son attachement, désormais plus sentimental, à la forme monarchique de la France. On imagine les tourments de ce légitimiste qui avait déclaré à la tribune de l'Assemblée, le 16 novembre 1878 : « *La Révolution n'est ni un acte ni un fait, elle est une doctrine sociale, une doctrine politique, qui prétend fonder la société sur la volonté de l'homme au lieu de la fonder sur la volonté de Dieu... La contre-Révolution, c'est le principe contraire, c'est la doctrine qui fait reposer la société sur la loi chrétienne* [184] » lorsqu'il dut accepter, par choix catholique et social, le « ralliement à la République » qu'imposa Léon XIII en 1892. Thuriféraire du christianisme social dans les lois, Albert de Mun, l'est en effet, dès son élection : « *Si vous avez l'énergie de devenir à la Chambre le champion de la question sociale, je reconnaîtrai que votre élection est providentielle* », lui écrit lors de son élection, Léon Harmel[185]. « *Jamais moment n'a été plus favorable. Si vous ne prenez pas le rôle immédiatement, un socialiste le prendra... Si vous ne pouvez être la voix des revendications de l'Église et de la France pour la protection des ouvriers, sortez de cette galère qui ne peut que vous faire perdre votre énergie et votre caractère.* » Ses combats dans le domaine de la législation sociale pour le statut des

183. Martine Barthélémy, *Associations, un nouvel âge de la participation*. Paris, Presses de Sciences Po, 2000, 286 pages.

184. Albert de Mun, *Ma vocation sociale : souvenirs de la fondation de l'Œuvre des cercles catholiques d'ouvriers (1871-1875)*. 8e édition. Paris, P. Lethielleux, 1908, 254 pages, chap. III, « La contre-révolution ».

185. Source : Léon Harmel apôtre social, RES réflexions sur l'éthique et la société. http://www.missa.org/lh.html, consulté le 6 juin 2009.

syndicats, l'indemnisation des accidents du travail, la limitation du temps de travail des femmes et des enfants ou son souci de trouver un arbitrage dans les conflits du travail, sont à coup sûr directement inspirés de son engagement qu'il souhaite, comme René de La Tour du Pin, développer en Europe avec une législation internationale. Ce dernier, peut-être inspiré également par l'Internationale socialiste, réunit à Fribourg, en 1884, une « union catholique d'études sociales et économiques » qui fut placée sous la direction de Mgr Gaspard Mermillod, lequel fut élevé au cardinalat, juste avant *Rerum Novarum*. Là se rencontraient annuellement des représentants de l'Allemagne, de l'Autriche, de la Suisse, de l'Italie, de la France et de la Belgique. Les conclusions de leurs travaux furent communiquées à Rome, où ils trouvèrent en Léon XIII un lecteur naturellement attentif, car il s'était toujours préoccupé du problème ouvrier. Lors de sa réunion de 1887, l'Union de Fribourg demanda à Léon XIII, de convoquer « une conférence internationale sur la législation du travail ». Pour des raisons qui tiennent, d'une part, à la question romaine non encore résolue et parce qu'il voulait distinguer le temporel et le spirituel d'autre part, le pape ne répondit pas à cette demande-là. Toutefois, on peut sans conteste y voir un élément déclencheur de la publication, en 1891, *de Rerum Novarum*, même si l'encyclique, pour les mêmes raisons, élude la législation du travail.

Avec sans doute plus de pragmatisme, en homme d'entreprise, Léon Harmel, qui a mis en place pour ses ouvriers un système d'aides sociales, publie, en 1876, un ouvrage intitulé *Manuel d'une corporation chrétienne*. La thèse qu'il développe sur la valeur réelle du travail, inscrit sa pensée dans le refus de la marchandisation de l'homme : « *Le service que rend l'ouvrier au patron est une chose réelle à laquelle correspond une valeur déterminée, due par le patron à l'ouvrier. Si cette valeur dépend dans la pratique du seul nombre des concurrents, le travailleur se trouve livré à l'avidité du patron. Il ne faut pas dire que l'ouvrier s'offre de lui-même, qu'il est libre d'accepter les dures conditions ou de les refuser, ce n'est pas vrai. Quand le salaire est descendu au-dessous du nécessaire, une partie des familles est dans le plus grand besoin dès lors, toute résistance leur est impossible*[186]. » Il entend développer par la pratique, une cogestion de l'entreprise et faire naître ainsi les principes d'égalité des hommes, deux éléments qui vont sous-tendre les convictions de la démocratie chrétienne. Ainsi, il crée des conseils d'usine qui permettent aux ouvriers de participer réellement au gouvernement de l'usine dans le domaine de leur compétence, en même temps qu'il les autorisait à présenter eux-mêmes leurs réclamations justifiées, établissant ainsi des rapports confiants entre la direction et le travail : « *Le Conseil d'usine établit une réelle coopération des ouvriers à la direction professionnelle et disciplinaire de l'usine. Il a pour but de maintenir entre patron et ouvriers une entente affectueuse basée sur une confiance réciproque. Il est composé de simples ouvriers élus qui se réunissent avec un patron tous les quinze jours. Ils sont appelés à donner leur avis pour toute modification de salaire, pour les questions d'accidents, d'hygiène, d'apprentissage et de travail. Ils sont les interprètes de leurs camarades pour les réclamations qu'ils ont à faire aux patrons. Enfin ils étudient les réformes qui pourraient faciliter le travail et le rendre plus lucratif. Les ouvrières ont leur conseil spécial qui a les mêmes attributions. Le Conseil d'usine a fortifié la discipline parce qu'il a rendu les relations plus faciles et plus cordiales. En respectant la dignité des ouvriers et en développant chez eux l'esprit de responsabilité, nous avons provoqué une adhésion volontaire, mille fois préférable au résultat de la contrainte.* » Léon Harmel cherche à développer l'action populaire des masses. Il multiplie les Congrès, même ecclésiastiques, emmène des industriels et même des ouvriers en pèlerinage à Rome à partir de 1885, sous la houlette de l'archevêque de Reims, le cardinal Benoît Langenieux, surnommé « le cardinal des ouvriers ». Léon XIII ne s'y trompe pas qui fait de Léon Harmel un modèle de patron : « *Nous exhortons tous les maîtres et tous les travailleurs de grandes usines, dans l'intérêt de la religion et de la patrie, aussi bien*

186. Source : Léon Harmel apôtre social, RES réflexions sur l'éthique et la société, http://www.missa.org/lh.html, consulté le 6 juin 2009.

*que pour leurs avantages, à fixer les yeux sur l'ordre, la paix et l'amour mutuel qui règnent dans les ateliers du Val-des-Bois, et à s'efforcer de suivre un si bel exemple*[187]. »

La personnalité et l'action de chacun des fondateurs du catholicisme social expliquent les directions nombreuses dans lesquelles allaient s'engager les militants de ce mouvement. Avec l'action des cercles, il est certainement l'un des inspirateurs du bouleversement que constitue, après Grégoire XVI, la publication de l'encyclique *Rerum Novarum*. L'attention du pape est d'autant plus sensibilisée à ces questions économiques et sociales que Léon Harmel et le cardinal Langenieux, comme on l'a vu, conduisaient, tous les deux ans, en pélerinage à Rome, les industriels et les ouvriers français.

Léon XIII, le 15 mai 1891, rappelle les grands principes de la conduite évangélique en les adaptant au monde tel qu'il est en cette fin du XIXe siècle. C'est la base de ce que l'on appelle par la suite « la doctrine sociale de l'Église » et qui dans le monde catholique, par nature hiérarchisé, permet et justifie à la fois l'action et dégage un ensemble de valeurs tirées de l'interprétation de l'Écriture et de la tradition qui nécessitent lecture et relecture, voire méditation, comme les grands textes émanant de l'autorité pontificale. Il est certain qu'en cette fin du XIXe siècle, la papauté, détrônée moins de 100 ans auparavant lorsque Pie VI meurt en exil à Valence en 1798, ou jouet de l'empereur des Français, comme Pie VII, a acquis assez d'autorité pour que les catholiques, pour la plupart ralliés à l'autorité de Rome, soient attentifs à un message qui, moins de 50 ans auparavant, n'avait sans doute aucune chance d'être écouté. Le travail des deux branches du catholicisme, en particulier français, sous les exceptions que l'on a examinées, a contribué à doter la papauté « prisonnière dans le Vatican » d'un prestige doctrinal qui lui avait manqué depuis près de deux siècles, et qui fait dire au pape lui-même pour cet exercice nouveau, qu'« *il est difficile, en effet, de préciser avec*

187. Source : Léon Harmel apôtre social, RES réflexions sur l'éthique et la société, *ibid.*

*justesse les droits et les devoirs qui règlent les relations des riches et des prolétaires, des capitalistes et des travailleurs. D'autre part, le problème n'est pas sans danger, parce que trop souvent d'habiles agitateurs cherchent à en dénaturer le sens et en profitent pour exciter les multitudes et fomenter les troubles* ».

Si le pontife romain rappelle le droit naturel, qui est bien celui de l'Église et que saint Thomas d'Aquin a développé, « *la propriété privée est pleinement conforme à la nature* », mais sa fin est considérée comme nécessaire au développement de la personnalité humaine, elle a *ipso facto*, un usage contrôlé et non absolu.

L'encyclique condamne, bien entendu, le libéralisme économique tel qu'il est né des bouleversements de la Révolution. « *Le dernier siècle a détruit, sans rien leur substituer, les corporations anciennes qui étaient pour eux* [les prolétaires ] *une protection. Les sentiments religieux du passé ont disparu des lois et des institutions publiques et ainsi, peu à peu, les travailleurs isolés et sans défense se sont vus, avec le temps, livrés à la merci de maîtres inhumains et à la cupidité d'une concurrence effrénée. Une usure dévorante est venue accroître encore le mal. Condamnée à plusieurs reprises par le jugement de l'Église, elle n'a cessé d'être pratiquée sous une autre forme par des hommes avides de gain et d'une insatiable cupidité. À tout cela, il faut ajouter la concentration, entre les mains de quelques-uns, de l'industrie et du commerce devenus le partage d'un petit nombre d'hommes opulents et de ploutocrates qui imposent ainsi un joug presque servile à l'infinie multitude des prolétaires.* » L'Encyclique condamne également le socialisme : « *Les socialistes, pour guérir ce mal, poussent à la haine jalouse des pauvres contre les riches. Ils prétendent que toute propriété de biens privés doit être supprimée, que les biens d'un chacun doivent être communs à tous, et que leur administration doit revenir aux municipalités ou à l'État. Moyennant ce transfert des propriétés et cette égale répartition entre les citoyens des richesses et de leurs avantages, ils se flattent de porter un remède efficace aux maux présents.* »

« *Mais pareille théorie, loin d'être capable de mettre fin au conflit, ferait tort à la classe ouvrière elle-même, si elle était mise en pratique. D'ailleurs, elle est souverainement injuste en ce qu'elle viole les droits légitimes des propriétaires, qu'elle dénature les fonctions de l'État et tend à bouleverser de fond en comble l'édifice social. De fait, comme il est facile de le comprendre, la raison intrinsèque du travail entrepris par quiconque exerce un métier, le but immédiat visé par le travailleur, c'est d'acquérir un bien qu'il possédera en propre et comme lui appartenant.* »

Elle fixe les obligations des riches : « *Quant aux riches et aux patrons, ils ne doivent point traiter l'ouvrier en esclave ; il est juste qu'ils respectent en lui la dignité de l'homme, relevée encore par celle du chrétien.* [...]. *Ce qui est honteux et inhumain, c'est d'user de l'homme comme d'un vil instrument de lucre, de ne restituer qu'en proportion de la vigueur de ses bras.* [...] *Mais, parmi les devoirs principaux du patron, il faut mettre au premier rang celui de donner à chacun le salaire qui convient. Assurément, pour fixer la juste mesure du salaire, il y a de nombreux points de vue à considérer. Mais d'une manière générale, que le riche et le patron se souviennent qu'exploiter la pauvreté et la misère, et spéculer sur l'indigence sont choses que réprouvent également les lois divines et humaines.* [...] *Enfin, les riches doivent s'interdire religieusement tout acte violent, toute fraude, toute manœuvre usuraire qui serait de nature à porter atteinte à l'épargne du pauvre, d'autant plus que celui-ci est moins apte à se défendre, et que son avoir est plus sacré parce que plus modique.* »

L'État enfin se voit attribuer un rôle déterminant au nom de l'égalité de tous les citoyens qui le composent : « *La raison d'être de toute société est une et commune à tous ses membres, grands et petits. Les pauvres au même titre que les riches sont, de par le droit naturel, des citoyens* ». Mais doit aussi et d'abord sauvegarder les plus faibles : « [...] *il est donc évident que l'autorité publique doit aussi prendre les mesures voulues pour sauvegarder la vie et les intérêts de la classe ouvrière. Si elle y manque, elle viole la stricte justice qui veut qu'on rende à chacun son dû.* »

Le pape confirme par là même, en se référant à l'apôtre Paul, que telle est la vocation de l'Église, et de rappeler le rôle exigeant de la charité : « *La charité est patiente ; elle est bonne ; elle ne cherche pas ses propres intérêts ; elle souffre tout ; elle supporte tout*[188]. »

On mesure le chemin parcouru depuis Pie VIII ou Grégoire XVI, par l'autorité romaine lors de la publication de l'encyclique *Rerum Novarum*. Léon XIII signe là un acte d'une portée considérable, qui sera repris et approfondi dans le même esprit par presque tous ses successeurs. S'il condamne les excès du temps présent, il ne le fait pas pour prôner un retour à un ordre ancien, une sorte de paradis perdu qu'il faut reconstruire. Ce n'est pas la restauration « *du seul ordre du monde qui parût légitime*[189] », celui du « *trône et de l'autel* » que le pape propose, mais bien un ancrage conforme à l'Incarnation qui se continue dans le monde à travers les vicissitudes de l'histoire, comme nous l'avons constaté également et logiquement dans le christianisme social protestant. Le « ralliement » comme on l'a vu, suit logiquement l'encyclique en la prolongeant dans son aspect politique à orientation purement française.

Après avoir longtemps et sévèrement jugé les catholiques progressistes ou libéraux (le terme est éminemment ambigu en français), Rome propose un texte antilibéral en économie, antisocialiste et traditionaliste au sens de la doctrine immuable, mais démocratique et égalitaire dans son interprétation. Sont mis en exergue la notion de juste salaire et le souci des réformes nécessaires au « bien commun ». La « seconde » démocratie chrétienne naît après *Rerum Novarum,* puisque cette encyclique est considérée par les catholiques européens et notamment français, malgré les précautions un peu contradictoires ou illusoires que Rome prend par la suite dans *Graves de Communi* du 18 janvier 1901 sur la démocratie politique, comme une invitation à

188. I Corinthiens, XIII 4-7.

189. *100 points chauds de l'histoire de l'Église. Équipes Résurrection*, Paris, Desclée de Brouwer, 1980, 306 pages, Philippe Naszályi, article « La Restauration : le trône et l'autel », p. 232-233.

agir en politique sous une bannière confessionnelle, tout comme le syndicalisme chrétien, malgré tout plus tardif en France, puisque ce n'est qu'à l'issue de la Grande Guerre, en1919, que naît d'une confédération de syndicats ouvriers inspirés par la Doctrine sociale de l'Église, la « Confédération française des travailleurs chrétiens » (CFTC).

S'il ne nous revient pas de brosser ici, un tableau de toutes les actions qui semblent sourdre de la bénédiction papale, une au moins, par sa proximité en tout cas géographique, mais aussi culturelle, entre en cohérence avec notre étude. Il s'agit du « clos du pauvre », coutume bretonne où l'on mettait à disposition des chefs de famille nécessiteux un lopin de terre, des outils et des graines, et qui est préconisée par saint Vincent de Paul, au XVII$^{e}$ siècle, saint parmi les plus imités au XIX$^{e}$ siècle. C'est en Allemagne, en 1837, dans une cité ouvrière de Leipzig, que sont répartis 200 jardins réservés aux locataires des immeubles. En 1848, le président de la société Saint-Vincent-de-Paul, Frédéric Ozanam, en se référant à son patron, préconise lui aussi le prêt de terres aux travailleurs des faubourgs, souvent paysans déracinés en ville par la révolution industrielle, dans un but philanthropique. En 1896, le député-maire d'Hazebrouck, l'abbé Auguste Lemire [190], créa la « Ligue du coin de terre » et distribua à ses administrés des « jardins ouvriers ». La Ligue du coin de terre et du foyer ou Fédération nationale des jardins familiaux (FNJF) était née, en France, dans cette même région du Nord.

Le mot social prend par la suite un sens plus marqué politiquement, n'apportant pas d'éclairage particulier aux travaux que nous avons accomplis sur la FNIM. Citons quelques-unes de ces actions : en 1894, Marc Sangnier [191] fonde « le Sillon », mouvement social d'inspiration chrétienne qui est à l'origine d'œuvres d'enseignement, d'assistance et d'entraide. Jugé trop « socialiste », il est sommé par

190. Jean-Marie Mayeur, *Un prêtre démocrate : l'abbé Lemire, 1853-1928*. Tournai, Casterman, 1968, 698 pages.

191. Jean-Claude Delbreil, *Marc Sangnier : témoignages*, Paris, Éditions Beauchesne, 1997, 407 pages.

Pie X de choisir entre le domaine religieux et le domaine politique en 1910. Marc Sangnier, comme Albert de Mun naguère, choisit de ne pas s'opposer à l'Église. Il démissionne toutefois du Sillon et se lance dans la politique. Après la Grande Guerre, reprenant une idée développée par les Allemands qu'il veut réconcilier avec les Français, il crée la première auberge de jeunesse en France, baptisée « l'Épi d'Or ». Construite en 1929, elle se situe à Boissy-la-Rivière dans l'actuel département de l'Essonne. La « Ligue française pour les auberges de jeunesse » naît en 1930 de son initiative [192].

En 1902 l'Union d'études des catholiques sociaux [193] voit le jour, sous la présidence d'un autre polytechnicien, Henri Lorin, et en 1903 se crée à Reims, sous l'impulsion du père jésuite Leroy, puis sous celle de son adjoint le père Desbuquois, l'Action populaire [194]. Ce mouvement reprend bientôt la vieille revue de l'œuvre des cercles, sous le titre *Le Mouvement social*. Ces mouvements entreprennent alors de se coordonner [195]. En 1904 se tiennent à Lyon les premières Semaines sociales. Les Semaines sociales de France sont une manifestation annuelle qui rassemble les catholiques dans le cadre de ce renouveau social depuis leur première réunion en 1904, et des secrétariats sociaux entreprennent de renseigner dans tous les diocèses sur l'orientation du mouvement social de l'Église. Le succès de ces initiatives, et particulièrement des Semaines sociales, tient à l'extraordinaire confiance suscitée chez nombre de catholiques par le sentiment d'apporter une réelle contribution à la résolution des problèmes contemporains.

192. Denis Lefevre, Marc Sangnier, *L'aventure du christianisme*, Tours, Mame, 2008, 328 pages.

193. Maurice Éblé, « Les écoles catholiques d'économie politique et sociale en France, évolution, position et rapports », thèse pour le doctorat en droit, faculté de droit de l'université de Paris, 1905, V. Giard et E. Brière, 412 pages.

194. Paul Droulers, *Le père Desbuquois et l'action populaire*, Rome, Editrice Pontificia Università Gregoriana, 1981, 455 pages.

195. Jean-Baptiste Soufron, Emmanuel Gounot, « Du catholicisme social au personnalisme juridique », mémoire de DEA Droit des contrats, option droit des affaires, université de Lille2-Droit et Santé, p. 17.

*Raiffeisen ou Schulze-Delitzsch ?*

Cette rapide présentation des sources du XIXe siècle ne nous paraît pas complète sans un développement, à notre avis fondamental, autour de deux grandes idées que nous avons évoquées à plusieurs reprises, fondatrices des banques coopératives et mutualistes. Il nous semble que la source directe, ce que les Allemands appellent « *die Quelle* » pour les textes scripturaires, peut facilement être évoquée pour justifier la distinction, que nous tenons à apporter ici, à la présentation de ceux que nous avons appelés les pères fondateurs. Ce sont essentiellement deux hommes, très différents :

– un Allemand, protestant, mais « œuvrant » au sens catholique que peut prendre ce terme, comme on l'a vu, Frédéric-Guillaume Raiffeisein, créateur de l'un des plus importants réseaux de banques coopératives et qui porte son nom dans la majeure partie de l'Europe, sauf en France. C'est l'esprit de la démocratie désintéressée au service de petites structures. Nous verrons combien la FNIM se revendique « porte-parole » des petites mutuelles et de l'interprofessionnalité. « *Elle continue à être le flambeau des petites et moyennes mutuelles car notre Fédération est à leur écoute et défend leurs intérêts* » écrit dans son dernier éditorial, l'actuel président, Jacques Valès [196] ;

– un Français, Léon Bourgeois, franc-maçon, homme politique, théoricien du solidarisme qui n'est peut-être, au fond, qu'une application de l'intuition première du Rhénan.

Les modifications à la marge proposées par Hermann Schulze-Delitzsch, au système de Raiffeisen, sont également décrites pour rendre notre présentation la plus complète possible.

C'est au cœur de la Rhénanie, devenue prussienne après le Congrès de Vienne, que nous plaçons l'origine de ce mutualisme qui va faire souche en Europe occidentale et que nous pouvons résumer en quelques idées fortes.

196. Jacques Valès, « La FNIM a vingt ans en 2009 ! », *L'Indépendant mutualiste*, n° 15, mai-juin 2009, p. 1.

Le monde paysan dans l'Allemagne rhénane (Weyerbusch et de Flammersfeld), profondément hostile à « l'usure » incarnée par « l'homme de la ville » provoque une réaction constructive, inspirée à la fois du socialisme utopique et coopératif français et anglais et du christianisme social.

### Frédéric-Guillaume Raiffeisen[197] et le Crédit Mutuel

À la fois fonctionnaire prussien et protestant, il va transformer ce refus de la banque capitaliste en une force de création de richesses.

Les mauvaises récoltes amènent la famine en 1846. Pour la combattre, F.-G. Raiffeisen crée, dans les 22 communes de son district, une commission chargée de la répartition des besoins et cela, à crédit. L'Association pour le pain qu'il fonde alors est une coopérative d'achat et de production collective. Elle organise les achats en commun de semences, elle vend à crédit de la farine aux plus pauvres. Ses fonds proviennent d'emprunts cautionnés par les plus riches ou gagés par la vente des bois communaux. Il institue la notion d'association et se rend compte très vite que le crédit est la source de la plupart des appauvrissements et de la misère. En effet, la réforme de Stein et d'Hardenberg[198], après Tilsit en 1807, a certes libéré les paysans prussiens du servage et de différents droits anciens, mais elle ne les a pas fait passer complètement de l'économie de troc à l'économie monétaire. Libérés du servage, ils doivent désormais acquitter les paiements : impôts, achats de semence et différents achats et rétributions en monnaie, et non plus en parts de récolte.

197. Franz Braumann, *Frédéric-Guillaume Raiffeisen, 1888-1988, Car j'ai eu faim !*, traduit de l'allemand par Charles Lehman, Éditions Coprur, 224 pages, Strasbourg, 1988. C'est à ce jour la seule biographie, assez hagiographique, du créateur du mutualisme.

198. Heinrich Friedrich Karl vom Stein et Karl August von Hardenberg sont les deux principaux instigateurs des réformes prussiennes qui désignent une restructuration d'inspiration libérale de l'administration et du système de production agricole et industriel de la Prusse, menée entre 1807 et 1819. http://reformes-prussiennes.co.tv/fr

Ainsi, faute de crédit adapté, le monde rural est en proie à la rapacité de « l'usurier », généralement situé en ville. Le taux pratiqué pour un prêt à court, voire à très court terme, sur chaque paysan, pour l'achat d'une vache et des suivantes cumulées, capte l'essentiel du revenu de la famille paysanne et le maintient tout juste, dans le meilleur des cas, dans une situation de survie. Sitôt arrivé un accident climatique ou de production agricole, ce monde en survie bascule dans l'indigence, tandis que la propriété agricole passe au financier qui expulse le paysan. En réaction contre une réalité qu'il réprouve, il fonde, le 1er décembre 1849, la Société de secours aux agriculteurs impécunieux de Flammersfeld. Celle-ci est chargée de réaliser des prêts à taux raisonnable et à moyen terme, afin de permettre l'acquisition du bétail pour en éviter la location ou le gage. Pour cela, il faut un capital de départ. Raiffeisen a l'idée, non pas de faire appel à l'argent des plus aisés, car en bon protestant il ne cultive pas la charité, mais au travail et à la solidarité, nés des devoirs du chrétien. Le « riche » ne prête pas directement l'argent au « pauvre », il se porte en caution. Les 60 habitants les plus fortunés de Flammersfeld garantissent sur leurs biens que l'argent emprunté sera remboursé à la banque. En effet, et c'est la nouveauté également, pour obtenir un prêt global pour le village et à bas taux, on s'adresse au banquier de la ville et non plus à l'usurier, car le montant de l'emprunt, désormais collectif, justifie l'intervention d'un « banquier ». L'emprunteur se voit accorder un crédit sur cinq ans, remboursable par annuités égales. Devant le succès, les habitants de Flammersfeld placent leurs économies, moyennant un intérêt modéré, dans l'association qui multiplie ses opérations en faveur des paysans. Caisse de crédit et Caisse d'Épargne, l'Union ne survit pas au départ de Raiffeisen pour Heddesdorf en 1849[199].

Là, il crée l'Association charitable de Heddersdorf qui, en 1863, décide que les emprunteurs doivent adhérer à

199. Bertrand G. Rohmer, « Le Crédit Mutuel d'Alsace et de Lorraine », thèse pour le doctorat ès sciences économiques, université de Strasbourg, 1989, 40 pages, p. 14 sq.

l'association et donc être associés à sa gestion. L'année suivante, l'association fait place à une caisse de crédit : l'Association caisse de prêts de Heddersdorf.

Le principe de la caisse locale du Crédit Mutuel est né. En mars 1866, Raiffeisen publie ses premières expériences dans un ouvrage qu'il imprime lui-même, *Les unions de crédit*[200], et qui connaît quatre rééditions jusqu'à sa mort en 1888.

C'est tout le génie inventif et pragmatique de celui qui finira quasi béatifié, sous le nom à la fois respectueux, familier et protecteur de « *Vater* » Raiffeisen.

L'article 3 des statuts de la première association fondée à Flammersfeld prévoit la mise en place de la solidarité : « *Tous les membres s'engagent égalitairement, mais solidairement sur leur fortune à l'égard des obligations et garanties assumées par l'Association.* »

Le principe de la mutualisation des risques naît immédiatement, il précède une deuxième phase qui propose la rémunération sur les dépôts, ce qui entraîne l'afflux de ressources et la mise en place d'un système de dépôts et de crédit. Cette structure est cependant limitée à une circonscription déterminée et rurale.

Pour répondre aux critiques de la *Revue coopérative* que dirige Schulze-Delitzsch[201], Raiffeisen instaure à Neuwied, en 1869, une caisse du deuxième degré pour la compensation et la « gestion des excédents des dépôts » : « la Banque coopérative rhénane de Neuwied ». En développant la mutualisation, le système assure l'extension régionale des garanties par l'instauration d'un deuxième niveau ou degré (régional). Il manque à l'édifice un troisième degré (national) afin que la solidarité puisse se maintenir et se

200. « *Die Darlehnskassen-Vereine als Mittel zur Abhilfe der Noth der ländlichen Bevölkerung sowie auch der städtischen Handwerker und Arbeiter, Neuwied 1866, Faksimiledruck von 1988. Die Darlehnskassen-Vereine in Verbindung mit Consum-, Verkaufs-, Winzer-, Molkerei-, Viehversicherungs, etc. Genossenschaften sowie den dazu gehörigen Instruktionen als Mittel zur Abhülfe der Noth der ländlichen Bevölkerung – Praktische Anleitung zur Gründung und Leitung solcher Genossenschaften, 5. Auflage, Neuwied 1887.* »

201. Article signé Parisius.

**Système de Raiffeisen**

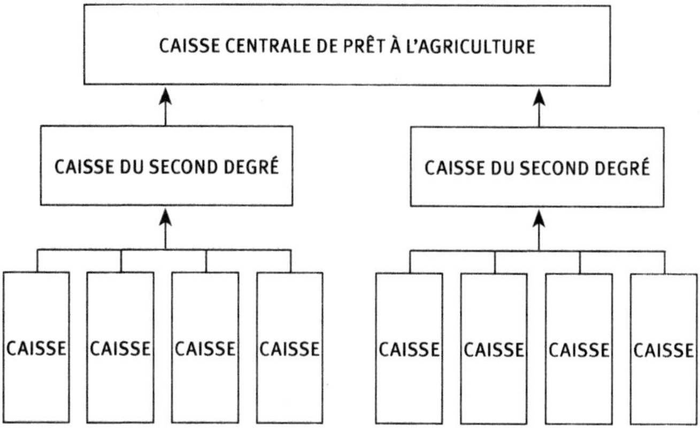


Source : *Histoire du Crédit mutuel*, Paris, 1989.

développer. C'est l'objet en 1874 de la « banque générale », instaurée elle aussi à Neuwied.

La solidarité entraîne automatiquement l'égalité de décision : « un homme : une voix », le principe démocratique est consubstantiel à la naissance des caisses locales chez F.-G. Raiffeisen.

C'est tout naturellement dans le *Reichsland* d'Alsace que se crée, le 27 février 1882 à La Wantzenau, la plus ancienne Caisse de Crédit Mutuel « française », sur le modèle raiffeisen. Quatorze caisses sont créées à la suite en Alsace, cette même année 1882. Elles deviennent fédérations de caisses de Haute et Basse Alsace, le 14 juillet 1885. Elles sont au nombre de 415, en 1905[202].

Il est à noter également que le premier prêt accordé en 1911 dans la plus ancienne caisse de Crédit Mutuel en Île-de-France, à Épinay-sur-Orge, caisse aujourd'hui disparue dans un regroupement anonyme, est réalisé pour l'acquisition d'une vache par un paysan victime de la crue de la Seine.

202. Bertrand G. Rohmer *op. cit.* p. 58.

Toutefois, ces caisses rurales commencent à avoir leur équivalent en ville. « *Il fallait essayer en ville ce qui avait été essayé à la campagne*[203] », écrit le fondateur de la Caisse ouvrière Saint-Joseph, de Mulhouse, le chanoine Cetty. Ces caisses sont particulièrement originales puisqu'elles allient bien sûr le principe épargne et prêt du Crédit Mutuel, mais constituent aussi une sorte de coopérative de consommation (caisse du pain, caisse du vin, caisse du charbon) grâce aux ristournes obtenues des commerçants. C'est également une « mutuelle » qui verse un capital décès (caisse de décès) et assure un versement complémentaire pour la maladie (caisse des malades) aux travailleurs, puisque l'Alsace bénéficie alors du système bismarckien généralisé d'assurance-maladie, encore à l'état embryonnaire en France.

L'annexion par la France, ou le retour de l'Alsace-Lorraine selon le point où l'on se place, se produit en 1918 avec le maintien de certaines particularités juridiques issues de l'Empire allemand ou du Concordat napoléonien maintenu. C'est le cas également de la loi prussienne sur les coopératives, étendue à l'Alsace le 1er mai 1889 et qui demeure.

Toutefois, le mouvement raiffeisen, à connotation et organisation originellement germaniques, doit se rapprocher de l'Union centrale des syndicats agricoles de France (UCSAF), d'inspiration chrétienne et communautaire. Le principe du prêt à intérêt est un interdit assez général de la part de l'Église, et absolu jusqu'à Léon X en 1515[204]. Il est progressivement, et malgré tout, distingué de l'usure « l'intérêt abusif », avant que ne soient levées, sinon les restrictions morales, du moins la condamnation générale par

203. Chanoine Cetty, notes manuscrites, 1er mai 1909, cité par Bertrand G. Rohmer *op. cit.* p. 58.

204. « *Persuadé que les monts-de-piété contribuent à la paix et à la tranquillité du monde chrétien, Nous déclarons et décidons, avec l'approbation du Concile* (Latran V, *ndlr*), *que les monts-de-piété où l'on reçoit quelque chose de modique pour l'entretien des officiers et les dépenses inévitables, n'ont nulle occasion de pécher, et ne sont point usuraires ; qu'au contraire, ils sont méritoires et dignes d'éloge et que les prédicateurs peuvent les présenter comme des monuments de la piété et de la charité des fidèles.* »

le canon 1435[205] du Code de droit canonique, promulgué en 1917 par saint Pie X. Dans la pure tradition aristotélicienne et thomiste, l'Église n'en considère pas moins que l'argent demeure stérile et ne peut être « *frugifère !* »[206].

Le luthérien qu'est Raiffeisen, pourvu que « *l'intérêt du capital soit modéré et honnête*[207] » selon la sentence de Jean Calvin, ne voit aucun obstacle. C'est aussi l'interprétation catholique dans les faits, mais l'abbé Le Saulnier, pour justifier « des caisses rurales qui ont mis en pratique ce conseil de l'Évangile », n'hésite pas, et il n'est pas le seul alors, à traduire : « *Faites du bien, et prêtez sans en rien espérer*[208] » par « *prêtez avec désintéressement*[209] », ce qui n'a pas tout à fait le même sens[210] !

Prêt et intérêt modéré ne veulent toutefois pas dire « banque ». L'abbé Thomas, ardent propagandiste des caisses rurales lui aussi, publie dans un *Petit catéchisme* :

« *Pour administrer une caisse rurale, il faut être au courant des affaires de banque ?* »

La réponse catéchétique est claire :

« *Non, il suffit que les administrateurs connaissent bien leur commune, et en particulier la classe agricole, et qu'ils*

205. Canon 1543, Codex Juris Canonici « *Si une chose fongible – c'est-à-dire un objet de consommation – est donnée à quelqu'un de manière à lui appartenir et à n'être ensuite restituée que spécifiquement, aucun gain à raison du contrat lui-même ne peut être perçu. Mais dans le prêt d'une chose fongible, il n'est point de soi illicite de convenir un profit tel qu'il est fixé par la loi, à moins qu'il ne soit certain qu'il est immodéré, ou même d'un profit plus grand, si un titre juste et proportionné le permet* »

206. Choucri Cardahi. Le prêt à intérêt et l'usure au regard des législations antiques, de la morale catholique, du droit moderne et de la loi islamique, *Revue internationale de droit comparé*, vol. 7, n° 3, juillet-septembre 1955. p. 499-541. doi : 10.3406/ridc.1955.9521, http://www.persee.fr/web/revues/home/prescript/article/ridc_0035-3337_1955_num_7_3_9521

207. *Lettre sur l'usure*, 1545.

208. Traduction protestante de L. Segond (protestante).

209. Luc VI-35.

210. André Gueslin in « *Entre idéal et réalité : actes du colloque international : finances et religion du Moyen Âge à l'époque contemporaine* », université de Clermont-Ferrand II. Centre de recherches d'histoire des entreprises et des cellules locales, Presses universitaires Blaise Pascal, 1994, 419 pages, p. 319.

*sachent faire les quatre règles arithmétiques. Avec ces simples connaissances et du dévouement, ils seront des administrateurs parfaits*[211]. »

Prêteur oui, mais banquier non. C'est une attitude qui demeure ancrée au sein du « mouvement » dans le Crédit Mutuel, au moins jusque dans les années 1990.

C'est ainsi donc que Louis Durand, s'inspirant de la loi du 24 juillet 1867[212], a créé les premières caisses rurales et ouvrières en France, fédérées dès 1893 et dont le siège est à Lyon. Les principes reposent sur la solidarité illimitée des sociétaires et des prêts pour des objets déterminés et « utiles ».

L'État, et en particulier la politique de Jules Méline, à qui l'on doit, rappelons-le, la création en 1894 du Crédit Agricole « officiel », interviennent dans ces choix coopératifs. La loi du 5 août 1920[213] parachève la fondation du Crédit Agricole en instaurant l'Office national de Crédit Agricole, devenu en 1926 la Caisse nationale. Le statut implique des privilèges fiscaux, en particulier l'exonération d'impôts sur tous les intérêts versés aux déposants. Par ce moyen, l'État manifeste sa volonté de détruire par la fiscalité les caisses rurales et ouvrières qui, dès 1896, ont crû librement jusque-là. Deux arrêts de la Cour de cassation (1908 et 1914) mettent un terme à cette fiscalité injuste en rejetant la patente pour les caisses dites libres, mais en ne reconnaissant pas au Crédit Agricole « officiel » et aux autres caisses locales, une parité fiscale. Cette différence de traitement n'empêche pas qu'un certain nombre de caisses agricoles et de syndicats refusent la tutelle de l'État radical-socialiste, et créent l'Union Centrale des Syndicats des Agriculteurs de France (UCSAF), que l'on appelle communément le Crédit Agricole « libre ». Ce dernier ne peut se rappro-

211. Almanach paroissial de Saint-Étienne-de-Montluc, 1910, cité dans *Pierre-Joseph Thomas, vicaire de la Grigonnais ou l'Histoire des Caisses rurales de Crédit Mutuel*, Nantes, Imprimerie L.N.G., 1984, p. 42.

212. Loi n° 1867-07-24 du 24 juillet 1867 sur les sociétés commerciales, toujours en vigueur dans sa dernière version du 21 septembre 2000.

213. Loi du 5 août 1920 sur le crédit et la coopération agricoles.

cher de l'Union des caisses rurales et ouvrières de France (UCROF) de Louis Durand en 1912. Le pieux laïc demeure intransigeant dans le domaine religieux. Cet esprit perdura, puisque les caisses se réclamant de lui ne furent intégrées que de force en 1966, comme on le verra par la suite.

À travers des scissions et des évolutions liées à la crise des années 1930, à l'intervention des Allemands durant l'Occupation en Alsace[214] (1940-1944), l'action des pouvoirs publics après la Libération (loi sur la coopération de 1947), laisse entrevoir progressivement le besoin d'une structure centralisée. En effet, Tanguy Prigent, alors ministre de l'Agriculture et qui avait été « *l'un des Quatre-Vingts à ne pas avoir voté les pleins pouvoirs au maréchal Pétain le 10 juillet 1940* », avait été tenté un moment de faire passer tout le secteur officiel de la fédération agricole rurale dans le cadre de la nationalisation des banques de décembre 1945. Pour « les caisses libres », le risque est donc double, ou bien être absorbé par le Crédit Agricole ou bien être nationalisé comme une banque classique.

La Fédération centrale des caisses du Crédit Agricole Mutuel (FCCAM) naît de ce besoin de se protéger. Le 11 juin 1946, 14 caisses d'Alsace-Lorraine, l'UCROF et la Société de crédit des agriculteurs de France (SCAF), qui a la particularité d'être une « banque inscrite », y adhèrent. La SCAF devient la Banque française de l'agriculture (BFA)[215] et Henri Ardant son président. Auteur de la loi sur l'organisation bancaire du 13 juin 1941, il présidait alors la Société Générale. « *Aryanisateur zélé*[216] » du secteur bancaire dont

214. La Fédération agricole d'Alsace et de Lorraine (FAAL) de Strasbourg, prend le nom et est déclarée comme *Verband landwirtschaftlicher Genossenschaften im Elsass, Strassburg.* en date du 1er juillet 1941, tout en conservant sa personnalité juridique. (Bulletin officiel 11, avis n° 720). Le président est alors Otto Bender.

215. Le 16 octobre 1946.

216. Raphaël Spina, *in* Travailler dans les entreprises sous l'Occupation : actes du Ve colloque du GDR du CNRS « Les entreprises françaises sous l'Occupation », tenu à Dijon, les 8 et 9 juin 2006 et à Besançon, les 12 et 13 octobre 2006, Presses universitaires Franche-Comté, 2007, 523 pages, p. 97.

il incarne le comité[217], il a été le « *père du corporatisme bancaire*[218] » sous le régime de Vichy. Toutefois, Henri Ardant, dont la vive réaction contre le STO imposé aux salariés des banques durant l'Occupation a permis d'obtenir des soutiens, réussit à sortir de Fresnes, après y avoir passé un an. Il va pouvoir exercer son grand talent de banquier pour tenter de fédérer les caisses de Crédit Mutuel libres.

Mais, pas plus qu'avant la Grande Guerre, les caisses rurales ne sont prêtes à « pactiser » avec des banquiers. En 1948, l'UCROF, appelée aussi alors les « Caisses Durand », ne veut pas de cette « super-centrale » qu'est la BFA et refuse de perdre la pureté « Raiffeisen »[219], « *elles ne peuvent pas, par contre, faire partie de près ou de loin d'une banque*[220] ». Fidèles à leur principe de liberté, elles n'en laissent pas moins leurs composantes choisir. Les caisses de Rennes et de Châteaudun rejoignent la FCCAM.

Le mouvement ne cesse de se diviser, et l'UCROF explose en 1956 pour constituer d'une part, « l'Association des Caisses de Crédit Mutuel Libre à responsabilité illimitée[221] » et d'autre part, la « Fédération des Caisses de Crédit Mutuel Libre à responsabilité illimitée[222] » qui se choisit Henri de La Chesnais comme président.

Il y a, et pour longtemps, un Crédit Mutuel catholique à l'Ouest, devenu le « mouvement nantais » qui ne tient pas à se fondre dans un Crédit Mutuel centré sur l'Est !

En Alsace, le comte Hubert d'Andlau, devenu président, en 1905, de la fédération Raiffeisen (*Raiffeisenverband*) qui

217. Michel Margairaz (dir.), *Banques, Banque de France et Seconde Guerre mondiale*, Paris, A. Michel, 2002, 199 pages.

218. Renaud de Rochebrune et Jean-Pierre Hazara, *Les patrons sous l'Occupation*, Paris, Odile Jacob, 1995.

219. Jean-Pierre Lehman, « Recherche sur la spécificité du Crédit Mutuel en France », thèse pour le doctorat d'État en sciences économiques, université de Paris I Panthéon Sorbonne, décembre 1976, 402 pages, p. 86 sq.

220. Archives de l'UCROF-Nantes, notes de H. Bélaird, cité par André Gueslin, *op.cit.*, p. 340.

221. Créée à Nantes le 1er juin 1956.

222. Fondée à Paris, le 26 juillet 1956.

a été créée en 1896[223], contribue à sortir le Crédit Rural d'Alsace, très lié au Clergé, comme le Crédit Mutuel de Vendée ou de Bretagne, non de son inspiration chrétienne, mais de son cléricalisme. Il réussit de manière imparfaite, à l'issue de la Seconde Guerre mondiale, à fédérer une part des caisses rurales. C'est son fils, le comte Christian d'Andlau qui lui succède en 1950[224].

Ce n'est qu'en 1958, que presque tous les mouvements bancaires qui se réclament de F.-G. Raiffeisen créent une structure du « troisième degré », la Confédération nationale du Crédit Mutuel[225]. Elle naît de la fusion de la Fédération Agricole d'Alsace et de Lorraine (FAAL) ou Fédération des Caisses de Crédit Agricole Mutuel (FCCAM) du comte Christian d'Andlau, de la Fédération des Caisses de Crédit Mutuel Libres, présidée par Henri de La Chesnais. Henri Ardant, président de la Banque française de l'Agriculture[226], est le très bref premier président de cette Confédération nationale, le 16 avril 1958.

En 1966, « le mouvement nantais » du Crédit Mutuel Agricole et Rural qui était resté à l'écart est contraint par le ministre des Finances, Valéry Giscard d'Estaing, de rentrer dans le rang et de s'affilier à la Confédération nationale du Crédit Mutuel[227], qui n'est présidée depuis, que par les présidents du « Crédit Mutuel de l'Est »[228] !

L'article 5 de l'ordonnance du 16 octobre 1958 stipulait en effet, en son 4e paragraphe : « *À compter d'une date fixée par décret pris sur le rapport du ministre de l'Économie et des Finances, toute caisse de Crédit mutuel qui n'aura pas*

223. « Fédération des associations coopératives rurales, système Raiffeisen, d'Alsace et de Lorraine ».

224. Bernard Vogler, *L'Alsace*, Éditions Beauchesne, 1987, 484 pages, p.46.

225. Association déclarée le 28 avril 1958, à la préfecture de police de Paris.

226. Henri Ardant, « Les principes de fonctionnement des caisses libres de Crédit mutuel agricole en France, avec la collaboration de Robert Frappin et le concours des directeurs de caisses libres de Crédit mutuel agricole », *s.d.*

227. Article L512-60 du Code monétaire et financier.

228. Christian d'Andlau jusqu'en 1971, Théo Braun, jusqu'en 1985, Étienne Pflimlin jusqu'en 2010, puis Michel Lucas.

**Organisation régionale du Crédit Mutuel**

Organisation syndicale d'une fédération du Crédit Mutuel

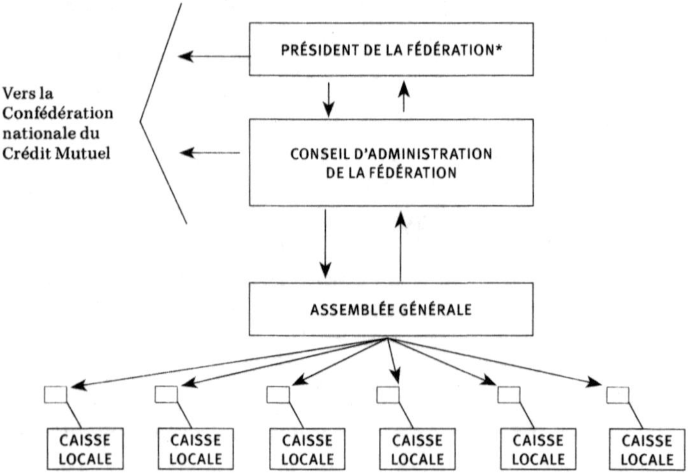


□ Chaque caisse locale fédérale délègue un représentant (le plus souvent son président) à l'assemblée générale.

* Le président de la fédération régionale est, de plus, président de l'assemblée générale.

—— Lien juridique et syndical.

⟶ Élections.

Réalisation Éric Bahoua.

*adhéré à une fédération régionale adhérente à la confédération nationale du Crédit mutuel ou qui n'aura pas obtenu son inscription sur la liste des banques par le Conseil national du crédit devra arrêter ses opérations et entrer en liquidation*[229]. »

Le Crédit Mutuel devient alors une banque à statut spécial dont les conditions d'exercice « *sont autant de moyens mis en place par l'État pour contrôler au mieux une institution fondée en périphérie de l'État – et non contre*

229. Ordonnance n° 58-966 du 16 octobre 1958 relative à diverses dispositions concernant le Trésor.

**Organisation nationale du Crédit Mutuel**

Organisation syndicale et financière du Crédit Mutuel

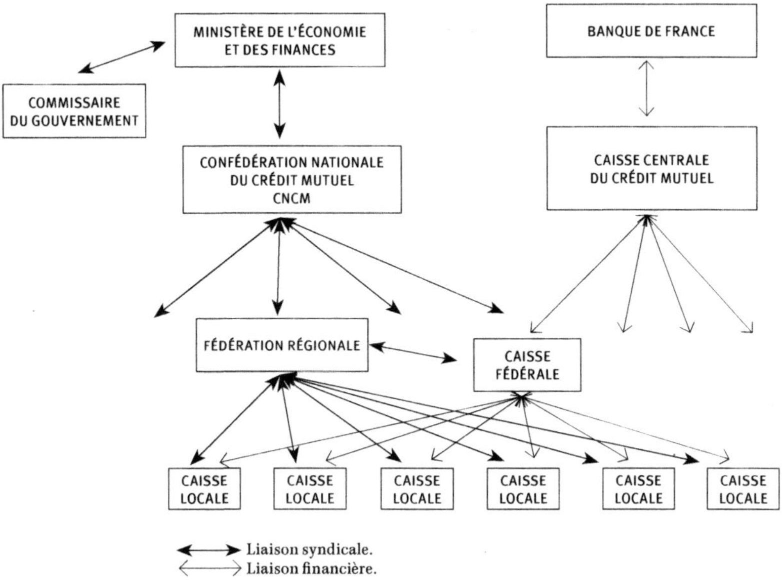


Réalisation Éric Bahoua.

*lui*[230] » et qui est alors organisée, comme suit : voir les schémas[231].

Hors de France, mais toujours dans les pays inscrits dans « *le limes*[232] », la pérennité de l'esprit et de l'œuvre de

230. Pascale Moulevrier, « Le Crédit Mutuel : l'économie sociale comme consensus », *Actes de la recherche en sciences sociales*, n° 146-147 2003/1-2, page 16.

231. Réalisé par Éric Bahoua, suivant les données de Jean-Pierre Lehman, *op.cit.*, p. 61.

232. Philippe Nazsályi, Gouvernance et mutualisme, illustrée par le cas de la FNIM (Fédération nationale interprofessionnelle des mutuelles), *Cahiers du Lab RII*, n° 204 janvier 2009, 20 pages, p. 4. http://econpapers.repec.org/paper/riiriidoc/204.htm

« *Vater Raiffeisen* » en Allemagne, en Belgique, au Luxembourg, en Autriche, etc., les « Raiffeisen Banks » perdurent, voire demeurent totalement fidèles aux origines comme en Suisse, où les caisses ne sont restées que rurales et se tiennent bien à l'écart des villes mais où la fédération se situe au 3e rang des groupes bancaires suisses.

### Hermann Schulze-Delitzsch et les Banques Populaires

À l'opposé du monde rural de F.-G. Raiffeisen, se place Franz-Hermann Schulze, (1808-1885), député du centre-gauche au Parlement prussien (*Preußische Nationalversammlung*) de 1848. Cet économiste saxon qui avait créé *La revue coopérative*, fonde en 1850, après sa démission du Parlement, un comptoir d'escompte dans sa ville natale de Delitzsch où il s'est retiré et dont il ajoute le nom à son patronyme[233]. Cet établissement est destiné à ce monde urbain des petits artisans et des commerçants. Le paiement d'une cotisation et d'un droit d'entrée leur permet d'emprunter les sommes nécessaires à leur installation ou à l'achat de matériel s'ils veulent se mettre à leur compte. On peut y voir l'équivalent urbain des caisses Raiffeisen. Toutefois, celui qui désormais se nomme Hermann Schulze-Delitzsch condamne, comme non viable, le système de Raiffeisen, ce « *château de cartes coopératif*[234] » comme il déclare avec mépris. L'absence de capital social rémunéré et la limite des circonscriptions sont pour lui des obstacles au bon fonctionnement. Il prône des prêts à long terme et des dépôts à vue. Les sociétaires sont intéressés aux plus-values grâce à la distribution de dividendes. Enfin, les administrateurs sont rémunérés. Son système de coopératives repose sur la responsabilité conjointe et solidaire, la limitation de tous les services aux membres et le rejet de l'aide directe de l'État. Dans ce système, contrairement à celui de Raiffeisen, le prêteur est nettement favorisé par rapport à l'emprunteur.

233. Rita Aldenhoff, *Schulze-Delitzsch*, Baden-Baden 1984.

234. Jean-Claude Gaudibert, *L'hydre aux oeufs d'or- Les choix solidaristes en France et dans le monde*, Éditions Serge Godin, 1980, 394 pages, p. 171.

En 1859, il a été élu à la Chambre des représentants prussienne. En 1861, il est l'un des fondateurs du « Parti progressiste allemand » (*der Deutschen Fortschrittspartei*)[235]. Il contribue largement au vote de la loi sur la coopération en 1867, appliquée d'abord en Prusse et dans la Confédération d'Allemagne du Nord, qui donne une base légale et la capacité juridique d'une personne morale à ces comptoirs d'escompte qu'il avait fédérés, dès 1864, dans l'Union générale des sociétés coopératives et industrielles[236].

Cette idée d'auto-assistance et de responsabilité de soi fait de lui « un libéral ». Certes, cela l'oppose alors à la fois, à Friedrich Wilhelm Raiffeisen d'une part, et à Ferdinand Lassalle d'autre part. Toutefois, le mouvement s'inspire clairement de la solidarité exercée entre gens de même catégorie sociale et le but de ces banques est de favoriser le comportement d'épargne dans les classes populaires. « *C'est ainsi que les actions de ces banques peuvent être acquises par des souscripteurs modestes car elles sont payables petit à petit par versements échelonnés. Ces deux approches se distinguent nettement, même si elles ont en commun de favoriser l'accès au crédit de ceux qui généralement en sont privés*[237]. »

En France, c'est en 1878 que Ludovic de Besse crée cette première structure de crédit populaire urbain, la Banque des travailleurs chrétiens à Angers. Il s'inspire à la fois des principes de F.-G. Raiffeisen et de l'Italien Luigi Luzzatti et ceux, plus « libéraux » de H. Schulze-Delitzsch. En 1882, il crée le Crédit Mutuel et Populaire à Paris[238], et jusqu'en 1886, 17 Banques Populaires sont créées à son initiative.

235. Marvin Brendel, Hermann Schulze-Delitzsch, « Ausgewählte Schriften und Reden des Gründervaters der Genossenschaften », *Gründerzeiten, Band 1. Schaltzeit-Verlag*, Berlin 2008, ISBN 3-9413-6201-1, S. 258.

236. Helge Dvorak, Biographisches Lexikon der Deutschen Burschenschaft. Band I : Politiker, Teilband 5 : R-S, Heidelberg 2002, S. 363 – 365.

237. Source : INAISE, *Banques et cohésion sociale. Pour un financement de l'économie à l'échelle humaine : la faillite des banques, les réponses des citoyens*, Bruxelles, ECLM, 2000, 310 pages, p. 123-124.

238. Ernest Brelay, Les associations populaires de consommation et de crédit mutuel en 1882, 74 pages, in-8 ; application/pdf Source : Bibliothèque nationale de France, S91/5131.

Sous l'impulsion d'Eugène Rostand, qui a aussi fondé la Banque Populaire de Marseille, débute en 1889 un Centre fédératif du Crédit Populaire qui réunit les courants du père de Besse et de Charles Reyneri. Ce dernier, fondateur de plusieurs caisses de Crédit Agricole et Banques Populaires à Nice, Marseille, Toulouse, Cognac et plus spécialement Menton en 1883, est considéré comme ayant institué la première « Banque Populaire moderne ». Il incarne l'aile la plus libérale (au sens économique) du courant[239]. Eugène Rostand devient président du Centre fédératif du Crédit Populaire, institution qui rassemble les différents courants. Le journal, créé en 1883 par le père de Besse, *L'Union Économique*, devient *Le Bulletin du Centre fédératif du Crédit Populaire,* afin de répandre les idées du mouvement. « *La rémunération des administrateurs et la constitution d'un capital de départ avec une rémunération à taux fixe deviennent les principes de base spécifiques des promoteurs des Banques Populaires françaises*[240]. » Les débats que se livrent au sein du Centre fédératif les tendances libérale et catholique freinent la mise en place d'une Banque centrale des Banques Populaires, d'autant que ces oppositions révèlent une réelle différence de préoccupations entre urbains et ruraux, c'est-à-dire les représentants des Banques Populaires et ceux des Caisses Agricoles, ces derniers étant majoritaires. En 1897, il n'existe en effet que 23 associations urbaines de crédit[241].

La rupture entre le père capucin qu'est Ludovic de Besse et Louis Durand intervient dès 1893 pour des motifs religieux. En effet, et très paradoxalement, ce dernier refuse

239. Alex Benvenuto, *Charles Rayneri, un banquier dans son siècle, essai d'histoire du mutualisme et de la coopération sur la Côte d'Azur : un autre éclairage de la Belle Époque à travers l'aventure exceptionnelle d'un homme et de son entreprise,* préface de François Béraudo, illustrations de Magali Lapchin et Henri Capra, Nice, Éditions Serre, 1994, 53 pages.

240. Christophe Garnier, *Guide sur les sociétés de cautionnement mutuel, Réseau français de la microfinance*, Épargne Sans Frontière, 102 pages, p. 19, www.esf.asso.fr

241. Élisabeth Albert, *Les Banques Populaires – 1878-2008, 130 ans de coopération,* Paris, Éditions d'Organisation, 2008, 300 pages.

l'ouverture à des non-catholiques et particulièrement à des francs-maçons. Singulièrement, c'est le clerc qui est le moins clérical et qui les accepte dans son Centre fédératif de Marseille. C'est que le Grand Orient de France avait adhéré, dès 1881, aux principes du mutualisme bancaire.

Cette alliance de deux traditions philosophiques, chrétienne et humaniste franc-maçonne, aboutit à une première loi, le 13 mars 1917[242] qui met en place les Banques Populaires au bénéfice exclusif des commerçants, industriels, fabricants, artisans et sociétés commerciales : la banque des petite et moyenne bourgeoisies urbaines. Il était apparu en effet aux promoteurs du mouvement la nécessité d'obtenir une loi-cadre, à l'exemple des Caisses du Crédit Agricole. En 1911, il existe seulement 12 Banques Populaires de faible envergure. Pour aider les artisans et commerçants à reprendre leur activité, deux lois, l'une du 24 octobre 1919 pour les petits patrons et l'autre, du 27 décembre 1923 pour l'artisanat, permettent aux Banques Populaires de se voir attribuer un crédit initial de 100 millions de francs pour ce faire. L'organe central qui n'avait pas été prévu par la loi de 1917 est créé à cette occasion en 1919, sous le nom d'Union syndicale des Banques Populaires avec les 30 Banques Populaires adhérentes. La Caisse Centrale des Banques Populaires voit le jour, le 20 juin 1921.

Dans son remarquable ouvrage, *L'Invention de l'économie sociale*[243], André Gueslin, dans un tableau synthétique, résume les « grands courants de l'économie sociale ». Modestement, nous apporterons juste une légère modification à ce dernier en ne considérant pas que les « Banques Populaires » apparues en 1917 en France, mais héritières de Schulze-Delitzsch, n'ont pas comme seule source la pensée libérale qui n'est qu'individualiste, mais bien aussi des coopératives artisanales, héritières du compagnonnage de type urbain germanique. (Voir le schéma ci-dessous.)

242. Loi du 13 mars 1917 ayant pour objet l'organisation du crédit au petit et au moyen commerce, à la petite et à la moyenne industrie.

243. André Gueslin : *L'invention de l'économie sociale*, Paris, Economica, 1998, 430 pages.

## Les « grands courants de l'économie sociale »

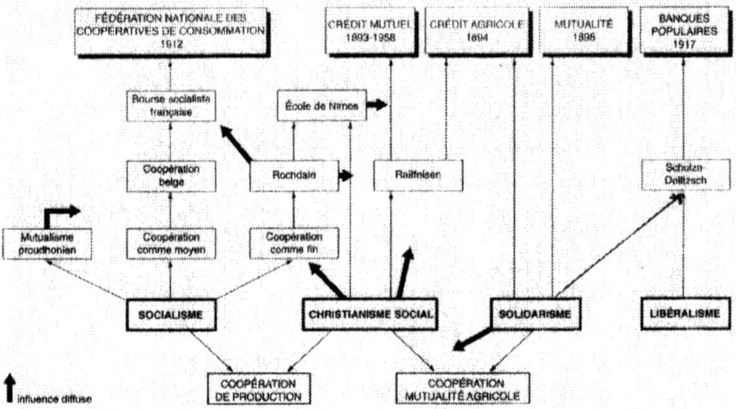


Source : A. Gueslin, avec modification Philippe Naszályi *« La nouvelle mutualité », utopie ou refondation, Essai d'analyse de la gouvernance de la Fnim*, Éditions universitaires européennes, 2011, 540 pages,

### Le Solidarisme et la Mutualité

À côté des créations bancaires du christianisme social, l'inspiration libérale mâtinée de soucis sociaux et coopératifs, se situe le solidarisme qui trouve une application particulière avec la Mutualité française. Ce courant de pensée se rapproche sans conteste des développements et des conceptions philosophiques d'Hermann Schulze-Delitzsch, mais il s'incarne profondément dans une réalité historique propre à la France. Rappelons que Michel Dreyfus[244] a souligné la concomitance entre la création du parti radical « le parti de la solidarité républicaine » et la

244. Michel Dreyfus, *Histoire de la Mutualité*, *op. cit,* page 23.

naissance de la Mutualité française, en 1902. Elle trouve un sens et s'incarne à coup sûr dans la personne de Léon Bourgeois qui a joué un rôle moteur dans la constitution de ce Parti en juin 1901 et qui a porté sur les fonts baptismaux, si l'on ose cette expression, la charte de la mutualité.

« *Laïcité, Humanisme, Tolérance, Universalisme* », sont les mots-clés du radicalisme, qui résument assez bien la thèse de Léon Bourgeois[245] : le solidarisme. Il ne nous appartient pas de revenir sur son rôle partisan, mais il est important de retracer ici les principaux axes du mutualisme qui est intrinsèquement lié à l'esprit des mouvements coopératifs, même s'il produit des structures et des organisations différenciées. Cette philosophie repose d'abord sur l'action et la pensée du franc-maçon engagé qu'il est. L'article premier de la Constitution du Grand Orient de France, déclare que « *la franc-maçonnerie, institution essentiellement philanthropique,* [...] *a pour objet* [...] *la pratique de la solidarité ; elle travaille à l'amélioration matérielle et morale, au perfectionnement* [...] *social de l'humanité* ».

Pierre Leroux, l'inventeur ou du moins l'introducteur en France du mot « socialisme » comme antithèse de l'individualisme qui incarne le « libéralisme », est peut-être l'un des premiers « solidaristes ». Léon Bourgeois croit lui aussi que « *l'individu isolé n'existe pas* ». Il pourfend ce dogme du libéralisme et du rousseauisme de l'antériorité de l'individu sur le corps social dont il faudrait sans cesse limiter la puissance, au nom de la liberté essentielle de l'individu. L'homme est avant tout un être social qui ne peut vivre hors d'une organisation collective qui lui apporte le bien-être matériel, moral, intellectuel... Le pire ennemi de l'homme est bien l'homme, comme la symbolique de l'Initiation maçonnique le rappelle.

Ainsi que Bernard de Chartres le soulignait au XII^e^ siècle, Léon Bourgeois croit que « *nous sommes des nains perchés sur les épaules de géants* » et que l'interdépendance est intergénérationnelle.

245. Alexandre Niess, Maurice Vaisse (dir.), *Léon Bourgeois : du solidarisme à la Société des nations*, Paris, Éditions Guéniot, 2007, 150 pages.

C'est en 1896, par la publication de son ouvrage *Solidarité*[246], qu'il expose sa thèse à l'évidence originale et explicative. Quelques théoriciens auparavant ont réfléchi au et sur le concept de « solidarité », avec l'espoir de grands changements structurels de la société. Ils ont espéré en la révolution des esprits pour faire naître des hommes nouveaux, « *si l'on cherche, en effet, à définir l'être vivant, l'individu, on ne saurait le faire que par la solidarité des fonctions qui lient des parties distinctes, et la mort n'est autre chose que la rupture de ce lien entre les divers éléments qui constituent l'individu, et qui, désormais désassociés, vont entrer dans des combinaisons nouvelles, dans des êtres nouveaux*[247]. »

Léon Bourgeois veut dépasser par le solidarisme ce qu'il interprète comme étant charité chrétienne. Il veut se situer entre le libéralisme économique et les systèmes socialistes de l'époque. Car « *l'absolue liberté de la charité est*, dit Alfred Fouillée, *un préjugé religieux et moral qui vient d'une insuffisante analyse des droits* », et la civilisation sera « *où chaque homme vivra davantage, non seulement de sa vie propre mais de la vie commune, où ces deux effets simultanés, du progrès, qu'on avait d'abord cru contraires, seront réellement inséparables : l'accroissement de la vie individuelle et l'accroissement de la vie sociale*[248] ».

Le libéralisme, selon Célestin Bouglé, autre théoricien du solidarisme, par « *les conditions de vie qui leur sont faites* » ne procure pas aux travailleurs « *les moyens de développer pleinement leurs facultés, de jouir pleinement de leurs droits*[249] », et s'il y a accord en partie, avec les socialistes, le solidariste Eugène de Roberty[250] apporte la nuance impor-

246. Léon Bourgeois, *Solidarité*, Paris, Armand Colin et Cie éditeurs, 1896, 1re édition, 157 pages.

247. Charles Gide, *L'idée de solidarité en tant que programme économique*, Paris, 1893, 16 pages.

248. Alfred Fouillée, *Les éléments sociologiques de la morale*, Paris, Alcan, 1928 (réédition), p. 308.

249. Célestin Bouglé, *Le solidarisme*, M. Giard, 1924, p. 167.

250. Eugène de Roberty, *Constitution de l'éthique*, Paris, Alcan, 1900, p. 201-202.

tante que pour lui, les besoins sociaux et surtout économiques qui s'enracinent dans le monde de la vie ou le biologique, ne sont pas la cause directe de la culture sociale, ce que Karl Marx appelle « superstructure ».

Le solidarisme se veut donc, une philosophie originale et positiviste qui concilie la méthode scientifique et l'idée morale. Léon Bourgeois estime que les recherches scientifiques de son contemporain, Louis Pasteur, ont démontré la contagion microbienne. Cela a mis un terme à la croyance en la « *génération spontanée* » des microbes. Par analogie, il considère que ces faits, démontrés en science, attestent de l'interdépendance entre les hommes et les générations. Les maux biologiques et sociaux ignorent les fortunes, les races, les frontières et tous, riches ou pauvres, sont exposés de manière identique.

Son objectif est donc, non seulement de dépasser la simple prise en considération d'une réalité inéluctable, mais de bâtir un système qui en droit, fonde la solidarité entre les êtres humains et les obligations morales qui en découlent. C'est ce qui doit fonder le solidarisme car « *le bien moral sera désormais, comme l'a dit Secrétan, de nous vouloir et de nous concevoir comme membres de l'humanité. Le mal sera de nous vouloir isolément, de nous séparer du corps dont nous sommes les membres*[251] ». Toutefois, cette apparente égalité doit s'accompagner d'une répartition juste des efforts car, si les uns et les autres subissent les mêmes maux de la nature, certains ont les possibilités de les aménager alors que d'autres ne le peuvent pas. Il importe alors de répartir les charges dues à la collectivité avec équité et de prévenir les abus en les combattant ou en les réprimant.

La « question sociale », à la fin du XIX^e^ siècle, se pose plus que jamais jusque-là. Le libéralisme économique classique et dominant alors est fondé sur la « main invisible », régulatrice naturelle du marché, et sur le rejet de tout ce qui peut être régulation étatique, comme attentatoire à la liberté. Cette situation est d'autant moins acceptable pour

251. Léon Bourgeois, *op.cit.*, p. 67.

les solidaristes que se creusent les inégalités sociales et que la pauvreté se développe partout où ce système qui se mondialise, triomphe.

La réaction en est la naissance du mouvement ouvrier (le Parti socialiste français naît en 1902), avec un socialisme qui, en rejetant le régime libéral aux deux sens du terme (économique et politique), entend faire triompher, y compris par la violence, ses aspirations collectivistes et révolutionnaires.

Face à ces deux maux, les républicains modérés ou opportunistes, pour reprendre le terme de l'époque, qui sont au pouvoir jusqu'en 1902, doivent inventer une voie médiane s'ils veulent conserver la République à laquelle ils sont tous viscéralement attachés, pour éviter de succomber dans un cycle de contestation d'autant plus préoccupant que la violence anarchiste se manifeste un peu partout en Europe et remet même en cause le système parlementaire. C'est en effet le 9 décembre 1893 qu'Auguste Vaillant a fait exploser une bombe à la Chambre des députés. La moralisation des comportements individuels et la philanthropie n'apparaissaient plus comme des réponses crédibles aux maux provoqués par l'industrialisation et par le développement d'un capitalisme mondialisé. Pour garantir la paix sociale, il convient de fonder une république solidaire. C'est le sens de la pensée et de l'action politique de Léon Bourgeois.

Le solidarisme[252] repose à la fois sur l'idée que le fait social a un caractère contraignant et qu'il s'impose à l'individu, qu'il le veuille ou non, comme Émile Durkheim l'a établi, et qu'il nécessite un contrat librement consenti par les membres de la collectivité dans la lignée du « Contrat social », non pas de Jean-Jacques Rousseau, même s'ils s'y réfèrent comme à un grand ancêtre, mais plutôt de celui né de la pensée d'Emmanuel Kant qui considère l'action en elle-même et le devoir, ou obligation morale, indépendamment de toute circonstance empirique de l'action. En

252. Louis Moreau de Bellaing, « Le solidarisme et ses commentaires actuels », www.upicardie.fr/labo/curapp/revues/root/26/moreaudebellaing.pdf_478f34d71f640/moreaudebellaing.pdf, consulté le 10 juin 2009.

effet, Jean-Jacques Rousseau est plus politique que social. L'individu ayant une dette envers la société, par nature même, il convient que l'État soit le garant de la justice et de la bonne application des « quasi-contrats », qui seront « rétroactivement consentis » et qui sont l'expression de cette « dette sociale », c'est-à-dire ce qui fonde le rapport entre l'homme et les autres hommes.

En naissant, les hommes contractent une dette envers la société, même s'ils n'ont pas choisi de naître. Les contractants retirent de cet acte des droits et des devoirs que le solidarisme, au lieu de les opposer, réunit sous le concept du *sentiment social*. La liberté qu'ils reprennent vient de leur possibilité de choisir les modes de gestion de cette dette sociale, par la vie en société. L'impôt par exemple reprend le sens qu'il avait dans la Déclaration de 1789, d'une contribution librement consentie : « *Les citoyens ont le droit de constater, par eux-mêmes ou par leurs représentants, la nécessité de la contribution publique, de la consentir librement, d'en suivre l'emploi, et d'en déterminer la quotité, l'assiette, le recouvrement et la durée*[253]. » Même en nuançant, le solidarisme ne peut concevoir qu'il n'y aurait pas de contribution puisque dette il y a bien. L'évolution des sociétés dans une explication quasiment historique n'est pas fournie une fois pour toutes, mais est bien le fruit librement consenti des hommes en démocratie. Quant à la liberté individuelle, elle « *consiste à pouvoir faire tout ce qui ne nuit pas à autrui : ainsi, l'exercice des droits naturels de chaque homme n'a de bornes que celles qui assurent aux autres membres de la société la jouissance de ces mêmes droits. Ces bornes ne peuvent être déterminées que par la loi*[254]. »

Le solidarisme de Léon Bourgeois trouve donc son application dans la résolution des maux sociaux, puisque pour le bonheur de tous, il devient nécessaire que chacun dispose des moyens d'enrichir un patrimoine social hérité à sa naissance. Si le droit de propriété n'est pas remis en cause, il

253. Article 14 de la Déclaration des droits de l'Homme et du Citoyen, 26 août 1789.

254. Article 4 de la Déclaration des droits de l'Homme et du Citoyen, 26 août 1789.

devient subordonné à un intérêt supérieur à finalité sociale, on dirait de nos jours, sociétale. Les prélèvements fiscaux et les cotisations sociales décidés par la collectivité doivent donc être calculés en fonction de la possibilité contributive de chacun. « *Pour l'entretien de la force publique, et pour les dépenses d'administration, une contribution commune est indispensable ; elle doit être également répartie entre les citoyens, en raison de leurs facultés*[255] » dit encore la Déclaration de 1789. En toute logique, au nom du principe de la solidarité entre les générations, le débat introduit sur la taxation des successions de 1893-1894, initié par Alphonse Darlu dans *la Revue de métaphysique et de morale*[256], a pu servir de fondement à la définition du solidarisme.

Il est aussi un fervent partisan de l'introduction de la progressivité dans les droits de succession, adoptée en 1901, et de la création de l'impôt progressif sur le revenu qu'il avait proposée, dès 1896 (projet Bourgeois-Doumer) et que fit adopter par le Sénat, Joseph Caillaux le 2 juillet 1914, plus de sept ans après le dépôt initial du projet de loi.

Hormis ce rôle qui consiste à doter l'État des pouvoirs de mettre en place une re-création de l'égalité des chances qui n'existe pas à la naissance et qui anime une partie des principes d'éducation, le solidarisme en toute logique tourne le dos à l'égalitarisme et à une organisation contrainte. Il croit que tous les hommes doivent être solidaires et que cette solidarité est fondée sur l'association (quasi-contrat). Dans ce cas, le rôle de l'État ne doit plus être qu'un rôle de surveillance : faire appliquer les règles régissant les associations, et inciter et faciliter leur mise en place dans les différents domaines, que ce soit de la coopérative de production ou de consommation ou de la société mutualiste. C'est la solidarité qui doit donc s'exprimer dans l'assistance

255. Article 13 de la Déclaration des droits de l'homme et du citoyen, 26 août 1789.

256. Stéphan Soulié, préface de Christophe Prochasson, *Les philosophes en République : l'aventure intellectuelle de la Revue de métaphysique et de morale et de la Société française de philosophie (1891-1914)*, Presses universitaires de Rennes, 2009, 327 pages.

aux infirmes, aux malades, aux vieillards et dans la lutte contre tous les maux qu'engendre la société.

Léon Bourgeois exprime sa conception dans ses ouvrages : *Essai d'une philosophie de la solidarité* et *L'idée de solidarité et ses conséquences sociales,* tous deux parus en 1902. La prévoyance, comme les lois sur les retraites ouvrières et les accidents du travail, est encadrée par l'État, mais laissée à la liberté d'association des hommes solidaires entre eux. Qu'on se souvienne de la formule déjà citée, de Pierre Waldeck-Rousseau, le père de la loi sur les associations de 1901, « *l'obligation, oui, mais la liberté de s'acquitter de cette obligation dans les mains des sociétés de secours mutuels*[257] ».Tout est dit !

Si la portée philosophique du *solidarisme* ne semble guère dépasser les années 1925-1930, et avoir été oubliée depuis, bien souvent au profit de l'action éminente de Léon Bourgeois dans la création d'une « solidarité des peuples » dans la Société des Nations (SDN), ses fruits sont importants, comme le rappelle avec justesse Bruno Benoît[258], notamment dans le mutuellisme et ses applications contemporaines, qui n'est pas seulement d'essence proudhonienne. « *L'innovation, c'est retrouver les valeurs de liberté et de solidarité consenties. Le local, c'est bien. Mais la solidarité ne doit pas s'y limiter. Elle doit aussi être globale* » assigne Jean-Louis Bancel[259] au Crédit coopératif qu'il préside et rend plus qu'actuelles les valeurs que nous venons de définir.

### MAIS DE QUOI PARLONS-NOUS EN FAIT ?

Le champ des activités bancaires, de prévoyance, voire d'assurance, ne paraît pas plus facile à circonscrire. Même les principes qui remontent à la nuit de l'activité humaine, ne donnent en rien une piste fiable pour la définir avec précision.

257. Joseph Jean, Lefort, *Les caisses de retraites ouvrières*. Paris, A. Fontemomg, 1906, 2 volumes, tome 1, 1905, p. 315.

258. Bruno Benoît, « Le solidarisme : entre libéralisme et socialisme, Synthèse effectuée pour le Grand Lyon » (DPSA), http://www.millenaire3.com/Affichage-de-la-ressource.69+M5ce612e404e.0.html, consulté le 5 juin 2009.

259. Propos recueillis par Jean-Paul Biolluz, Nord-social.info, Lettre d'infos n° 38, 22 avril 2011.

L'État, avec plus ou moins d'importance, intervient dans le domaine aux côtés, à la place ou contre, selon les périodes. La prévoyance et l'assurance sont dès lors, liées avec des établissements bancaires mutualistes. La non-lucrativité a été mise à mal depuis, non seulement par les acteurs de l'économie sociale eux-mêmes, qui, en créant des filiales parfaitement capitalistes pour exercer certains types de métiers, ont fait fi des principes originels. « *Un étrange capitalisme associatif* », comme l'écrivait Philippe Seguin, alors président de la Cour des comptes [260] est de mise.

Les coopératives ou les mutuelles, exclues du tiers secteur par la doctrine anglo-américaine, ont une finalité qui vise à procurer à leurs membres des avantages pécuniaires ou matériels. « *L'approche par les statuts, laquelle se traduit logiquement par une analyse exhaustive des règles et acteurs de l'ESS, ne permet pas de cerner et de délimiter de manière pertinente ce secteur concerné* » comme le démontre également Michel Borgetto [261]. L'histoire et les pratiques ne peuvent, non plus, cerner totalement cette dimension. La résistance à une forme de développement économique, née au XIXe siècle, est sans nul doute un facteur explicatif de l'apparition d'un « tiers » secteur reposant sur des valeurs qui ne sont pas celles que l'économie capitaliste a véhiculées. La résistance morale, philosophique, religieuse ou la combinaison des trois formes ne sont pas suffisantes pour délimiter les contours d'un secteur aussi varié que celui dans lequel se regroupent les mutuelles. Selon les propos de Thierry Jeantet, elle « *est gardienne des valeurs de l'homme* [262] » et, « *d'un point de vue historique, elle a choisi au sein de la société postmoderne*

260. Philippe Seguin, Préface à Pierre-Patrick Kaltenbach, *Associations lucratives sans but*, Paris, Denoël, 1995, 124 pages, p. 4.

261. Michel Borgetto, « L'économie sociale et solidaire quelle place pour le droit ? » in *Les dynamiques de l'économie sociale et solidaire*, sous la direction de Jean-Noël Chopart, Guy Neret et Daniel Rault, Paris, La Découverte, 2006, 289 pages, p. 205 à 236.

262. Thierry Jeantet, *L'économie sociale européenne ou la tentation de la démocratie en toutes choses*, Paris, CIEM Éditions, 2001.

*un rôle de défenseur des espaces les plus vastes possibles de l'état social*[263] ».

Enfin, mais le débat reste ouvert, le fait de se revendiquer d'une appellation, de pratiques ou de statuts peut constituer une piste intéressant plus l'historien que le juriste, qui considérera que c'est au fond, plus un faisceau de présomptions au sens de l'article 1349 du Code civil, et peut-être un aveu au terme de l'article 1316 du Code civil, qu'une preuve scientifique.

Nous avons entendu naguère, lors d'un colloque au Sénat, et il s'agit là d'un témoignage personnel, celui qui fut en fait le véritable dernier Commissaire général au plan, Alain Etchegoyen[264], plaisanter, à la tribune où il s'exprimait, les acteurs de l'économie sociale en leur disant, en substance : « *J'aimerais tant avoir de vous, une définition de ce qu'est l'économie sociale* », ce qui nous a profondément marqués alors. Notre propos n'étant pas de répondre à cette question générale, ce n'est pas moins celle-ci que nous nous posons au fond depuis le début, sans jamais y répondre de manière précise !

Il nous a semblé de manière intuitive que le point de rencontre indéniable de toute l'économie sociale résidait dans cette conviction profonde que l'homme doit s'affranchir de l'avoir, pour exercer son destin, mais comment le traduire en actes, pratiques et statuts ?

De manière moins emphatique peut-être, car nous ne sommes en rien philosophes, il nous semble que cette manière-là, qui repose sur la liberté d'agir, mais nul non plus n'est obligé de devenir actionnaire, s'exprime par un seul mot : « démocratie ».

Sans démocratie il n'y a pas d'économie sociale, c'est sa valeur originelle et celle qui justifie son organisation, comme le démontrent les travaux de Henri Desroche[265],

263. Enea Mazzoli, avant-propos Thierry Jeantet, *ibid.*

264. « L'économie sociale au cœur des territoires », journée de réflexion organisée par le CJDES, Sénat, Paris 21 avril 2005.

265. Henri Desroche, *Pour un traité d'économie sociale*, Paris, Coopérative d'information et d'édition mutualiste (CIEM).

sociologue des religions et de la coopération, qui font désormais autorité. Ce principe de gestion est historiquement enraciné dans la démarche coopérative, ainsi que le Belge Paul Lambert s'en est fait l'écho dès 1959. Pour leur part, Jacques Defourny en analysant les coopératives françaises[266], José Luis Monzon Campos en étudiant les coopératives ouvrières espagnoles[267], comme les travaux de Jean-Louis Laville[268] ou plus récemment, ceux dirigés par Joseph Haeringer pour les associations[269], témoignent que toutes les familles de cette économie répondent à ce principe.

Bien plus, c'est la première valeur, comme le démontre l'étude de Sonia Novkovic, menée auprès de coopératives de l'est du Canada qui fait apparaître que la valeur la plus importante pour les membres de ces coopératives est celle de la démocratie, devant l'égalité, la responsabilité individuelle et même la solidarité[270]. « *Il est évident que les théories économiques privilégient certaines dimensions d'analyse au détriment d'autres. Ainsi, la plupart de ces théories se focalisent principalement sur la dimension productive des associations et, ce faisant, négligent leur dimension plus politique, notamment via le déploiement d'activités de plaidoyer "e advocacy and lobbying" mais aussi plus fondamentalement via la quête de démocratie au sein de la sphère économique*[271]. »

266. Jacques Defourny, *Démocratie coopérative et efficacité économique, La performance comparée des SCOP françaises*, Bruxelles, De Boeck Université, 1990, 234 pages.

267. José Luis Monzon Campos, Alberto Zevi, *Coopératives, marchés, principes coopératifs*, Bruxelles De Boeck Université, 1995, 360 pages.

268. Jean-Louis Laville, et *alii*, *L'économie solidaire : une perspective internationale*, Paris, Desclée de Brouwer, 1994, 334 pages.

269. Joseph Haeringer, *La démocratie un enjeu pour les associations d'action sociale*, Paris, Desclée de Brouwer, 2008, 223 pages.

270. Sonia Novkovic, « Cooperative business: What is the role of cooperatives principles and values? », *papier présenté à la conférence de recherche de l'Alliance cooperative internationale à Cork*, Irlande 2005, 22 pages.

271. Jean-Louis Laville, in *La gouvernance des associations*, sous la direction de Christian Hoarau et Jean-Louis Laville, Paris, Éditions ERES, 2008, 297 pages, p. 50.

Nous aimerions que la démocratie de gouvernance améliore la performance économique ; toutefois, pas plus qu'Oliver Williamson qui déduit que « *le mode de commandement du groupe de pairs* [de l'entreprise autogérée] *est moins efficace que le mode de commandement de l'organisation hiérarchique* [de l'entreprise classique][272] » ou que Jacques Defourny[273], qui déduit de son étude de 300 coopératives de travailleurs et de leurs concurrents que la performance économique des coopératives semble progresser de 3 à 5 %, nous n'avons été amenés à résoudre une quelconque problématique d'efficacité économique de gouvernance démocratique que nous ne faisons que décrire. D'autres études sont moins claires sur ce sujet de l'efficacité, comme celle de Frédéric Couret, auprès de « *dix-sept coopératives vinicoles bordelaises, sur la période 1995-1998, montrant que leur fonctionnement démocratique n'a pas d'incidence directe sur leur efficacité économique*[274] ».

Notons surtout, que notre propos n'est pas de nous immiscer dans un débat théorique en plaçant banques de l'économie sociale et banques capitalistes sur un pied de mesures quantitatives. Notre sujet d'étude est beaucoup plus modeste et moins quantifiable. Il s'efforce, en restant dans la continuité des origines du mutualisme, d'appréhender et de faire comprendre cette utopie aux racines multiples et interpénétrées qui avait généré, au tournant du XX^e^ et du XXI^e^ siècles, le besoin de faire naître, de faire vivre et de développer une nouvelle structure, essentiellement sur le principe de la démocratie représentative. « *Votre objectif, en inscrivant ainsi les principes de Raiffeisen dans le cadre politique et économique actuel a été de favoriser la création et le développement*

272. Oliver Williamson, Comparative Economic Organization: The Analysis of Discrete Structural Alternatives, *Administrative Science Quarterly*, 1991, 36 pages, p. 269-296.

273. Jacques Defourny, *op. cit.*, p. 71.

274. Frédéric Couret, « La démocratie nuit-elle à l'efficacité économique des coopératives ? Le cas des coopératives vinicoles bordelaises », *RECMA*, 2006, n° 302, pages 54-66, p. 66.

*des coopératives en profitant d'un environnement favorable. La mondialisation, les excès d'un capitalisme conquérant, font apparaître de nouvelles attentes : plus de considération, plus de participation, plus de démocratie, et donc finalement plus de liberté, des valeurs plus élevées que la recherche d'un maximum de profit dans le délai le plus court* », tels étaient les propos qu'adressait en 2003, Manfred Nussel, vice-président de l'Union internationale Raiffeisen (IRU) au secrétaire général bénévole, qui partait à la retraite[275], en rappelant, parmi les principes fondamentaux que le docteur Hans-Detlef Wûlker avait lui-même énoncés, que : « *L'auto-administration, c'est-à-dire la démocratie interne. Les règles internes qui régissent une coopérative ne sont que celles que ses membres se sont librement fixées. Démocratie, responsabilité, solidarité. Voilà ce qui fait la différence et la force de la coopérative. Une entreprise qui met l'homme au centre de son action et d'une organisation librement choisie. Décentralisée, proche, souple et réactive, comptant d'abord sur ses propres forces et soucieuse de son équilibre.* » Ce qui résume bien notre finalité.

Rappelons aussi, à la suite de la très remarquable étude de Gilles Caire dont nous épousons toutes les conclusions, qu'« *en économie sociale, la recherche d'un consensus n'interdit pas l'expression d'un pluralisme d'opinions y compris dans les conseils d'administration*[276] », ce qui définit clairement notre propos : liberté (d'organisation) et démocratie (de gouvernance), notre choix méthodologique.

À la lumière des articles qui vont suivre, il reste bien cette lancinante question « *l'économie sociale peut-elle construire un projet alternatif au fonctionnement financier*

275. M. Manfred Nussel, vice-président de l'IRU et président du DGRV, à l'occasion du départ à la retraite du docteur Hans-Detlef Wülker, secrétaire général bénévole de l'Union internationale Raiffeisen (IRU) de 1988 à 2002, a eu 65 ans le 4 août 2003.

276. Gilles Caire, « Des formes et de la pratique de la démocratie de base dans les banques de l'économie sociale », IX^es^ Rencontres internationales du Réseau interuniversitaire de l'économie sociale et solidaire Entreprendre en économie sociale et solidaire : une question politique ?, université Jean Monnet, IUT de Roanne, France, les 18 et 19 juin 2009, p. 15.

*capitaliste ? L'actualité économique et financière semble favorable à des remises en cause, à des larges débats sur la démocratisation de l'accès au crédit et à l'épargne, sur le conseil "modéré" et non le placement à tout prix de nouveaux produits, ou encore sur l'engagement dans le développement économique local*[277] ».

Si le constat de Gilles Caire et Sophie Nivoix selon lequel « *les dirigeants élus des banques coopératives semblent avoir renoncé et partager l'idée qu'il n'y aurait qu'un seul chemin. Ne pouvant exposer pourquoi ils se battent, alors pourquoi discuter ?* » L'absence de débat, puisqu'il n'y a plus d'idée alternative, demeure bien le vrai déni de démocratie comme nous l'avons démontré, à plusieurs reprises.

Aristote dans son paradoxe « *S'il ne faut pas philosopher, il faut encore philosopher*[278] [pour démontrer qu'il ne faut pas philosopher] » nous invite à toujours « discuter ».

En effet, qu'est-ce qu'une démocratie où il n'y a plus de conflits et donc de débats ? Francis Fukuyama avait, après l'effondrement du rideau de fer, prophétisé que « *la fin des conflits idéologiques* » amènerait le « *consensus universel* » sur la seule voie désormais possible : « *le marché libre et la démocratie*[279] ».

La très grande actualité, en effet, nous rapporte que cette idéologie compte encore de nombreux sectateurs qui ne conçoivent pas l'altérité comme richesse. Ainsi, la banalisation, la réglementation, la négation, et lorsque cela ne suffit pas toutes les manières qui visent à ne plus concevoir qu'une seule voie pour la finance, s'accompagnent de mesures judiciaires entravantes pour ceux qui rejettent l'univocité d'un système.

277. Gilles Caire et Sophie Nivoix, Réalités de la démocratie sociétariale : ce que révèlent les assemblées générales locales des banques coopératives françaises, *IFSAM*, 8-10 juillet 2010, « Justice and Sustainability in the Global Economy », page 18.

278. *Protreptique*, Frag. 2 Ross.

279. Francis Fukuyama, *La fin de l'histoire et le dernier homme*, Flammarion coll. « Champs », 1992.

Le 26 janvier 2011, la Commission européenne, arguant de son souci de « *baisse des prix pour le consommateur* », mais au fond, désireuse de faire entrer totalement le secteur de la santé dans le marché dérégulé, a jugé incompatible avec les règles de la concurrence les avantages fiscaux envisagés par la France et consistant en un régime d'exonération d'impôts sur les sociétés pour les mutuelles et autres acteurs de l'assurance santé[280].

*La Tribune* du 6 avril 2011 nous rapporte que « *le prix Nobel Muhammad Yunus perd définitivement sa célèbre "banque des pauvres"*[281] » pour de mesquins problèmes de formalisme.

Alors, il faut toujours discuter, « *même à temps et à contretemps* » comme dit l'apôtre Paul, non sans rappeler toutefois que l'idée même d'être le thuriféraire stipendié d'un mouvement, si noble soit-il, comme cela se produit parfois, ne correspond pas à cet ouvrage.

Nous avons essayé de garder notre regard de scrutateur, comme celui d'un entomologiste pour le règne animal qui lui aussi connaît la solidarité.Ainsi que l'écrivait Charles Gide : « *La solidarité est un fait, d'une importance capitale dans les sciences naturelles, puisqu'il caractérise la vie* » ! Les scientifiques de la nature écrivent en effet, que « *parmi ces interactions mutualistes, l'association entre les figuiers et leurs pollinisateurs a depuis longtemps été étudiée comme un modèle classique de mutualisme spécifique et obligatoire de pollinisation impliquant très généralement une espèce de*

280. Source : Jacques Valès, « Les pouvoirs publics veulent-ils la mort des mutuelles ? », *L'indépendant mutualiste*, n° 25, janvier-février 2011, page 1.

281. Source : La Tribune.fr – 06/04/2011. Copyright Reuters. *Le pionnier de la microfinance avait omis d'obtenir une autorisation en bonne et due forme lors de sa reconduction en 1999 à la direction générale de la Grameen Bank. La Cour suprême du Bangladesh a rejeté le dernier recours du prix Nobel de la paix Muhammad Yunus, « inventeur » du microcrédit avec sa fameuse « banque des pauvres ». Ce dernier contestait la décision de la banque centrale de le limoger de la Grameen Bank, la banque qu'il avait fondée en 1983 et dans laquelle l'État détient 25 % du capital. Cette sentence avait été prise par l'institut monétaire alors que le pionnier de la microfinance avait omis d'obtenir une autorisation en bonne et due forme lors de sa reconduction en 1999 à la direction générale de la Grameen Bank.*

*pollinisateur à une espèce de figuier*[282] ». Il n'y a donc réellement pas de vie sans mutualisme[283] !

Le sujet du prix de l'Académie des sciences morales et politiques, en 1859, a ainsi conservé toute son actualité :

« *Les institutions de crédit. Des moyens de crédit dans leurs rapports avec le travail et le bien-être des classes peu aisées. Retracer et faire connaître l'histoire des institutions destinées à faciliter l'application de ces moyens de crédit, notamment des monts-de-piété, des banques d'Écosse, et des banques d'avances de Prusse (Vorschüssbanken).* »

Il y a certainement bien un modèle allemand. Nous pensons qu'il est autre que celui qu'on nous présente aujourd'hui !

Tel est, avec modestie, notre propos.

282. Actes des colloques Insectes sociaux, vol. 16 (2004) ; « Les fourmis capturant les parasites protègent le mutualisme figuiers-pollinisateurs », par Bertrand Schatz et Martine Hossaert-McKey ; Centre d'écologie fonctionnelle et évolutive – CNRS 1919; schats@cefe.cnrc-mop.fr ou hossaert@cefc.cnrs-mop.fr.

283. Philippe, Naszályi, *La nouvelle mutualité », utopie ou refondation, Essai d'analyse de la gouvernance de la Fnim*, Éditions universitaires européennes, 2011, 540 pages, p. 22-23.

# Première partie
# Les financements alternatifs : une idée neuve ?

Les quatre articles de ce chapitre rappellent la portée, mais aussi parfois les limites de la microfinance et des banques mutualistes. Ils montrent les blocages institutionnels, mais ouvrent également des perspectives pour refonder les modes de financement de l'économie.

Dans son article « Le développement de la microfinance en Europe : une réelle alternative aux banques capitalistes ? » Philippe Guichandut souligne que le secteur de la microfinance en Europe a suivi historiquement un développement inégal. Les pays de l'Europe de l'Est appuyés par les États-Unis ont adopté une approche néo-libérale avec une microfinance plus entrepreneuriale, tandis que les pays de l'Europe de l'Ouest ont vu naître plus récemment une microfinance d'inclusion sociale, visant des publics financièrement et socialement exclus. Une grande diversité d'acteurs, allant des ONG aux banques classiques, ont mis en place des approches très différentes, s'adaptant au contexte local mais ne permettant pas l'émergence d'un modèle unique de développement européen pérenne, sauf dans certains pays de l'Europe de l'Est. Les résultats modestes obtenus à ce jour montrent que la microfinance a du sens. Il reste néanmoins de nombreux défis à relever pour consolider les acquis : clarification du concept, renforcement des acteurs et de leur transparence, adaptation des cadres réglementaires et augmentation de la visibilité. Sans être encore une véritable alternative aux banques capitalistes, l'auteur rappelle que la microfinance européenne reste néanmoins un espace innovant d'alliances entre secteurs public, bancaire et privé.

Dans son article « Quelles nouvelles finalités institutionnelles pour les banques et pour les entreprises ? » Daniel Bachet montre comment il serait possible de refonder les règles du jeu économique et social en vue de combiner efficacité économique et justice sociale. Selon lui, les banques mutualistes ou la microfinance sont des expériences difficilement généralisables tant que le cœur du système économique et financier reste marqué par la recherche de la seule rentabilité financière. Il souligne en particulier que la crise financière qui débute en 2007 et qui débouche sur l'actuelle récession est le produit direct de la violente contraction du crédit. Or les dépôts, les épargnes et les possibilités de crédit devraient être considérés comme des biens publics vitaux pour la société. À la suite de Frédéric Lordon, l'auteur propose de construire un « système socialisé du crédit » qui éviterait les inconvénients du modèle privé fractionné (déflation, mauvaises dettes), mais aussi du pôle centralisé ou étatique avec ses risques de surémission, de surendettement et d'inflation. La redéfinition des missions et des finalités des banques pourrait être aussi le moment choisi pour les inciter à réviser leurs critères d'investissement et de financement en fonction des nouvelles finalités institutionnelles assignées aux entreprises. En effet, dès lors que la « valeur ajoutée » devient l'objectif premier de l'entreprise, la logique qui est privilégiée est celle de l'entrepreneur au service des parties prenantes (*stakeholder*) et non l'intérêt financier des seuls détenteurs de capitaux (*shareholder*). Or, la logique des parties prenantes est aussi celle de l'économie sociale et des banques solidaires.

Sandrine Ansart et Virginie Monvoisin sont très critiques à l'égard de la banque du capitalisme actionnarial dont le fonctionnement soulève bon nombre de questions, comme elles le montrent dans leur article « L'altération du métier de banquier : vers un abandon de l'accompagnement de l'activité économique ». Ce type de banque s'est adapté, comme toute entreprise, au changement de régime économique. Néanmoins, cette mutation a profondément altéré son action au sein de l'économie. Alors que le banquier a toujours été présent pour accompagner la production, la période récente a vu ce dernier se détourner de cette fonction au profit d'activités jugées plus rentables. La banque du capitalisme actionnarial consiste avant tout à rechercher des « effets de leviers » (L'effet de levier désigne toute augmentation de l'endettement qui a pour effet de faire monter la rentabilité des fonds propres investis). Néanmoins, des établissements de crédit pratiquent encore le métier du banquier tel qu'il a existé pendant des siècles. C'est le cas des banques coopératives et des institutions de la microfinance (IMF). Les premières grâce à leurs statuts et les secondes en raison de leurs objectifs qui échappent à la logique du capitalisme actionnarial, voire à celle du capitalisme au sens large. Seraient-elles devenues pour autant des alternatives à la banque capitaliste ? Malheureusement, selon les auteurs, les unes comme les autres connaissent un fort mouvement de convergence vers la finance classique. Mimétisme stratégique ou viabilité financière, les raisons sont nombreuses et le mouvement semble inéluctable. Ainsi, la question pour l'avenir consistera à savoir qui va accompagner le crédit et la production ? Les banques capitalistes ne souhaitent plus s'impliquer et les alternatives tendent à se dissiper. Si le système financier ne finance plus l'économie, qui le fera ? demandent Sandrine Ansart et Virginie Monvoisin. Il ne s'agit pas de nier la nécessité de processus d'adaptation des institutions bancaires, mais de s'interroger sur le point de rupture qui peut être atteint, ce qui serait significatif d'une dénaturation du métier de banquier. Or, ce métier est indispensable au fonctionnement de l'économie et de la société et il n'est pas possible de laisser les banques s'en détacher.

Laurence Attuel-Mendès, dans la poursuite des rappels des fondements doctrinaux qu'a exposés Philippe Naszályi, souligne enfin dans son article « Microcrédit et religion : complémentarité ou incompatibilité ? » que la microfinance a connu un développement très important depuis quelques années. Les différentes religions monothéistes font référence à des principes analogues pour protéger les populations faibles contre elles-mêmes et contre les puissants. Dans la lignée des travaux de Max Weber, l'auteure souhaite rediscuter et approfondir la relation qui unit les sphères religieuses (judaïsme, chrétienté, islam) et économiques. En effet, en raison de la crise mondiale, le microcrédit est devenu parmi d'autres phénomènes, une possibilité de sortir de nombreuses populations de la pauvreté. Cela suppose d'éviter d'avoir recours à la charité dès lors que le crédit devient créateur de sa propre richesse. Néanmoins, l'auteure constate que des taux d'intérêts élevés sont encore exigés. Parallèlement, la crise alimente la montée des communautarismes et du religieux et, partant, la crainte d'un frein au microcrédit, même si leurs buts sont similaires. Laurence Attuel-Mendès se propose de déterminer si la religion comme phénomène institutionnel est compatible avec le microcrédit. Cet article est le premier à étudier les principales religions et leur articulation avec le microcrédit. L'objectif « charitable » reste prédominant, ce qui permet de conclure à l'absence d'incompatibilité entre religion et microcrédit. Un obstacle qui aurait pu apparaître comme un frein au développement disparaît donc et laisse entrevoir le caractère pérenne du microcrédit.

# Le développement de la microfinance en Europe : une réelle alternative aux banques capitalistes ?

PHILIPPE GUICHANDUT
Ancien directeur du Réseau européen de la microfinance, directeur du développement et de l'assistance technique de la Fondation Grameen Crédit Agricole

On a longtemps pensé que la microfinance ne se limitait qu'aux pays en développement et nombreux sont ceux, même parmi les spécialistes, qui continuent de penser qu'elle n'a de raison d'être que dans ces pays. Or, force est de constater que depuis quelques années on voit apparaître en Europe de plus en plus de programmes de lutte contre l'exclusion sociale et de promotion de la micro-entreprise et de l'auto emploi mettant en place des activités de microcrédit [1]. Même les États européens, comme la France dans son plan de cohésion sociale et dans les nouvelles lois de modernisation de l'économie, l'Allemagne avec des fonds du Fonds social européen alloués pour la microfinance ou l'Union européenne avec les programmes JEREMIE, JASMINE [2] et la nouvelle initiative votée récemment par le

1. D'après « l'Initiative européenne pour le développement du microcrédit en faveur de la croissance et de l'emploi » de la Commission européenne, le microcrédit en Europe est défini comme un prêt inférieur à 25000 euros, destiné aux micro-entreprises, aux chômeurs ou aux personnes inactives qui souhaitent se lancer dans l'auto-emploi mais qui n'ont pas accès aux services bancaires traditionnels. Cette définition ne tient pas compte du microcrédit « personnel », qui se rapproche plus du crédit à la consommation, qui vise l'accès aux services financiers pour l'achat de biens surtout liés à la mobilité et le retour à l'emploi. Ce type de microcrédits s'est fortement développé récemment dans une logique plus forte d'inclusion sociale.

2. JEREMIE = Joint European Resources for Micro to Medium Enterprises. JASMINE = Joint Action to support microfinance institutions in Europe.

Parlement européen « Initiative européenne pour la microfinance pour l'emploi et l'inclusion sociale (PROGRESS) » y font non seulement référence, mais commencent à y investir des moyens financiers, certes modestes mais non négligeables.

La contribution se propose donc d'essayer de comprendre comment la microfinance s'est développée en Europe, avec quels objectifs, à travers quels acteurs, sous quels modèles, pour quels résultats, et quels sont les principaux défis auxquels est confronté ce jeune secteur. Ceci va nous permettre de voir dans quelle mesure la microfinance européenne peut ou non se poser en alternative aux banques « capitalistes » dans l'accès au financement des Européens exclus du système bancaire traditionnel.

## Un secteur récent aux objectifs variés

### Un jeune secteur qui a suivi un développement inégal au sein de l'Union européenne

Si certains exemples en Europe de l'Ouest au XIX^e siècle, comme la « Raiffeisen Bank » en Allemagne, les « *Lending Charities* » en Angleterre ou les coopératives sur le modèle de la « Casse Rurali » en Italie portent en eux les valeurs et les fondements de la microfinance telle qu'elle naît dans les années soixante-dix/quatre-vingt en Asie ou Amérique latine, ce n'est vraiment que dans les années quatre-vingt-dix qu'apparaissent les premiers programmes de microcrédit en Europe.

Ces programmes font leur apparition en Europe de l'Est après la chute du mur de Berlin et sous l'impulsion de capitaux américains. L'objectif de ces programmes principalement en Pologne, Roumanie, Bulgarie, Hongrie, Slovaquie était avant tout d'appuyer le développement d'une nouvelle économie basée davantage sur l'initiative personnelle, le secteur privé, s'inscrivant dans une mouvance néolibérale postcommuniste (Dayson K., Jayo B., Kickul J., Lacalle M., Rico S., 2010). La priorité a été très rapidement de toucher non pas une population pauvre ou exclue socialement, mais davantage la classe moyenne des nouveaux entrepreneurs, qui n'avaient pas accès à une offre de prêts quasi inexistante par les banques classiques. L'enjeu était aussi de mettre en place, dans les mêmes logiques que dans les pays en développement, des organisations financières (des institutions de microfinance) viables et pérennes financièrement, insistant dès lors sur des logiques de professionnalisation et de rentabilité.

Le développement en Europe de l'Ouest se fait quant à lui principalement au début des années 2000. Quelques pionniers à la fin des années quatre-vingt ont commencé à tester des approches s'inspirant des modèles des pays en développement, notamment comme en France avec la création de l'Adie (Association pour le droit à l'initiative économique) en 1989. Dans sa dernière étude sur le secteur, le Réseau européen de la microfinance (REM) montre que sur 170 programmes de microcrédit 61 % ont été créés depuis 2000[3]. La création de nouveaux programmes ne cesse de se développer, puisque l'étude révèle que 18 nouvelles organisations ont été créées depuis 2008. On est donc en Europe de l'Ouest face à un secteur très jeune, qui à quelques exceptions près, n'a pas la maturité des institutions de microfinance internationales les plus connues.

### Un développement dans un contexte spécifique pour des objectifs variés

La microfinance se développe dans un contexte européen bien spécifique : dans l'UE des 27, 91,5 % des entreprises, soit plus de 20 millions d'entreprises, sont des micro-entreprises (1 à 9 employés). Les micro-entreprises emploient près de 38 millions d'individus (30 % de l'emploi total) et créent 1 100 milliards de valeur ajoutée (21 % de la valeur ajoutée totale). Les micro-entreprises jouent ainsi un rôle majeur dans l'économie européenne en termes de création d'emploi et de croissance économique, rôle qui dans le contexte actuel ne peut que se développer.

3. À l'Est plus de 50 % des IMF ont été créées entre 1980 et 1996, alors qu'à l'Ouest 15 % seulement peuvent revendiquer cette ancienneté.

En 2004, le taux moyen de personnes en risque de pauvreté dans l'UE était de 16 %, alors que les chiffres nationaux allaient de 9 % à 21 %. Dans la plupart des pays, le taux de personnes en risque de pauvreté (parmi les personnes âgées de plus de 16 ans) était plus élevé parmi les femmes. Suite à la crise, on estime que plus de 80 millions de personnes sont à risque de pauvreté après transferts sociaux[4]. Les jeunes ont le taux le plus élevé de risque de pauvreté avec un taux de 18 % pour les 18-24 ans. Les foyers unipersonnels et ceux qui comptent des enfants à charge ont tendance à avoir des taux de risque de pauvreté plus important, les familles monoparentales enregistrant le taux le plus élevé (33 % dans l'ensemble de l'UE).

Le chômage de longue durée est l'un des principaux indicateurs de l'exclusion. Les chiffres les plus récents d'Eurostat montrent que dans l'Europe des 27, le chômage de longue durée est de 3,7 % avec une grande diversité qui va de 0,8 % au Danemark à 10,2 % en Slovaquie. De plus, suite à la crise économique, on estime qu'il y aura au sein de l'UE 8,5 millions de chômeurs supplémentaires.

Les études nationales et régionales, sur l'exclusion financière et la pauvreté, montrent que plusieurs facteurs doivent être pris en compte pour étudier les individus exclus financièrement, leurs âges, leurs revenus, leurs statuts, les revenus du ménage, la position géographique et une série d'attitudes. On estime que l'exclusion financière touche 7 % des personnes au sein de l'UE 15, et jusqu'à 34 % au sein des nouveaux pays de l'UE 10.

C'est dans ce contexte que la microfinance s'est développée comme un outil potentiel de croissance économique par l'appui à la création de micro-entreprises et l'auto-emploi, de réduction du chômage, d'inclusion sociale et financière et de cohésion sociale (SEEP Network, 2000; Lacalle M., 2008). En effet la capacité du système bancaire à atteindre et servir de telles entités est cruciale pour l'augmentation du

4. Part des personnes avec un revenu disponible équivalent inférieur au seuil de pauvreté qui correspond à 60 % du revenu disponible équivalent national médian après transferts sociaux.

bien-être socio-économique général. En fait, l'exclusion des services bancaires constitue un obstacle au démarrage de nouvelles activités génératrices de revenus. Le développement des services microfinanciers est de nature à combler les manquements du marché. Le microcrédit peut aider à développer l'esprit d'entreprise en favorisant le lancement des nouvelles structures. Donner des prêts aux chômeurs et aux marginalisés permet à ces derniers de devenir des agents économiquement indépendants qui favorisent ainsi la cohésion sociale. Ainsi, le microcrédit peut contribuer à la stratégie de Lisbonne pour la croissance, l'emploi et la cohésion sociale, telle que définie par l'Union européenne.

Mais au-delà de ces objectifs généraux en Europe, il est certain que, dans la pratique, la microfinance peut revêtir des formes diverses, avec des objectifs différents. Il est dès lors nécessaire de procéder à une segmentation du secteur pour mieux comprendre de quoi on parle. La segmentation la plus pertinente à ce jour est celle qui consiste à faire la différence entre une microfinance « entrepreneuriale » et une « microfinance inclusive ». La première viserait avant tout le développement de l'entreprise, défini comme du « microenterprise lending », s'adressant davantage au financement des PME avec des montants plus élevés et à travers des organisations principalement bancaires, qui feraient du « downscaling ». La deuxième se situe plus dans une logique d'inclusion sociale, visant en priorité un public exclu socialement (minorités ethniques, migrants, chômeurs, femmes, jeunes, etc.), définie comme du « inclusive lending », avec des montants moins élevés et principalement à travers des organisations non gouvernementales, des coopératives (Lahn S., Jung M., Unterberg M.). L'étude du montant du prêt moyen sur le PNB moyen national[5] permet assez clairement de voir où se situent les acteurs qui pratiquent une microfinance plus inclusive ou

5. Cette mesure est utilisée en microfinance pour calculer le taux de pénétration. En effet, il est supposé que plus le montant du prêt est faible, plus l'organisation sert une population défavorisée. En se basant sur le PNG moyen national, il est possible d'effectuer des comparaisons internationales entre institutions.

plus entrepreneuriale. C'est en Europe de l'Est que l'on trouve des taux supérieurs à 100 % (Hongrie, Bulgarie, Roumanie), alors qu'en France, Norvège, Italie, les taux sont les plus faibles, et la microfinance y est donc plus inclusive et sociale.

Une autre possibilité de segmentation consiste à faire la différence entre un public dit « bancable », correspondant aux microentreprises existantes, et les start-up classiques, que les banques peuvent servir, car évaluées comme moins risquées. L'autre segment correspond à un public dit « non bancable », créateurs d'entreprises et personnes socialement exclues. Ce segment est alors servi davantage par des organisations non gouvernementales. Dans la dernière enquête du REM 40,3 %, des prêts ont été accordés en 2009 à une clientèle dite « bancable ».

## Des acteurs très divers pour des approches non homogènes

### Une diversité des acteurs où les ONG côtoient les banques classiques

Les types d'acteurs de la microfinance sont variés : en Europe de l'Ouest on trouve principalement des ONG, des associations mais aussi des banques. En Europe de l'Est, où les institutions de microfinance peuvent également accepter des dépôts, il y a davantage d'organismes à but lucratif (notamment en Bulgarie et en Roumanie), des coopératives, puis des institutions financières non bancaires. Globalement en Europe, 60 % des IMF sont des organismes à but non lucratif, 17 % de moins que lors de la précédente enquête du REM. Ceci confirme la tendance de voir les banques et le secteur privé au sens large de plus en plus impliqués. Les banques représentent actuellement 12 % de l'enquête du REM, 40 % de la valeur totale du microcrédit européen et 7 % des clients. Ces données ne sont pas négligeables[6] et

6. Il reste encore difficile d'obtenir de la part des banques commerciales des informations précises sur le nombre de microcrédits qu'elles peuvent faire dans le cadre de la définition générale de l'Union européenne. Les données recueillies par le REM restent donc partielles.

soulignent le rôle grandissant des banques depuis quelques années. C'est le cas par exemple de l'Espagne où le secteur a réussi à se développer principalement grâce à la forte implication des Caisses d'Épargne (les « Cajas »), qui ont fourni le capital prêté par les organismes sociaux. Force est de constater que pour l'instant ce sont en majorité les banques issues de l'économie sociale (banques coopératives, caisses d'épargne, banques populaires, etc.) qui sont impliquées.

Beaucoup d'organismes ont une implantation très locale et fournissent moins de 50 prêts par an. Cette proximité est une caractéristique de la microfinance, qui vise à être proche de ses bénéficiaires, mais représente en même temps une difficulté en termes de potentiel de croissance, car une approche trop locale ne permet pas un développement significatif et risque de confiner les acteurs dans un rôle marginal. À l'inverse, 13 % d'entre eux ont accordé plus de 400 microcrédits en 2009. Ces dernières institutions sont plutôt implantées en Europe de l'Ouest, ce qui marque un renversement de tendance par rapport aux années précédentes, et s'explique principalement par les effets de la crise financière et économique, qui semblent avoir davantage affecté les organisations en Europe de l'Est, plus exposées aux investissements étrangers.

Une autre caractéristique importante est le fait que, pour seulement 24 % des institutions, l'activité est exclusivement le microcrédit. La plupart des organisations qui ne se consacrent qu'au microcrédit se trouvent principalement en Europe de l'Est. La majorité des acteurs, surtout en Europe de l'Ouest, n'ont pas la microfinance comme principale mission. Le microcrédit vient se rajouter à leurs autres activités, qui sont le plus souvent des actions d'appui aux microentreprises, de développement territorial, de soutien à des groupes spécifiques ou des activités bancaires classiques pour les banques. Ceci explique en partie un développement moins homogène et moins important, si on le compare aux pratiques internationales. Cette caractéristique influence ainsi fortement les ambitions du secteur; seuls une minorité des acteurs affichent aujourd'hui une volonté forte de croissance et de développement. La majorité ne voient dans le microcrédit qu'un moyen supplémentaire pour atteindre d'autres objectifs et, dans le cas plus spécifique des banques, l'activité est avant tout liée aux politiques de responsabilité sociale des entreprises et de communication.

Enfin, la plupart des IMF fournissent des services d'accompagnement à leurs clients (27% seulement n'offrent pas ce type de services). Cet accompagnement, principalement sous forme de conseils, de formations, de coaching est absolument nécessaire dans un contexte général où la création d'entreprise reste complexe et difficile. C'est une forte caractéristique de la pratique européenne, puisqu'à l'international les organisations sont dans une approche dite « minimaliste » (essentiellement offre de services financiers). Cet appui supplémentaire n'est pas sans poser la question du recouvrement de tels coûts, qui se font majoritairement grâce à des subventions publiques.

### L'absence d'un modèle de développement européen

La diversité des acteurs, des publics cibles, des cadres réglementaires, des cultures et donc des approches, n'a pas permis la mise en place d'un secteur homogène avec des pratiques similaires en Europe (Dayson K., Jayo B., Kickul J., Lacalle M., Rico S., 2010). Cette diversité peut être analysée comme une force, car elle démontre comment la microfinance en Europe a réussi à s'adapter à des contextes différents et à répondre de fait à des besoins spécifiques.

L'analyse de quelques éléments permet d'appréhender la grande diversité des pratiques :

Le montant des microcrédits accordés varie de 220 à 37 000 euros. Ce montant évolue de manière significative selon les bénéficiaires, c'est-à-dire s'il s'agit d'entreprises ou de personnes ayant sollicité un microcrédit personnel. On observe que les montants ont tendance à être plus élevés en Europe de l'Est, où les institutions de microfinance ciblent davantage les microentreprises qu'en Europe de l'Ouest. Les banques ont aussi tendance à octroyer des prêts d'un montant moyen relativement élevé. Le montant moyen des microcrédits en 2009 était de 9 641 euros, contre 11 002 euros en 2007.

Le taux d'intérêt moyen appliqué est de 9 %, mais il varie selon les pays entre 3 % et près de 30 %. De telles variations s'expliquent principalement par la législation, puisque dans beaucoup de pays il existe une réglementation limitant les taux d'intérêts. Mais la pratique est aussi très liée à l'approche et les objectifs des organisations, suscitant parfois dans certains pays des débats virulents.

Les populations cibles peuvent être très diverses et différentes. Dans certains cas, les organisations auront pour objectif de ne travailler que pour les femmes, les migrants, les jeunes ou les populations rurales. Ces choix stratégiques entraînent des approches et pratiques différentes. Ainsi en Norvège et en Espagne par exemple, on observe que les immigrés sont surreprésentés parmi les bénéficiaires de microcrédits, si on compare le pourcentage de ces clients à leur proportion dans la population globale.

Force est de constater néanmoins que ces diverses pratiques ne facilitent pas une compréhension précise de ce qui se passe et du rôle que peut avoir la microfinance dans le contexte européen.

## Des résultats modestes, qui ne pourront se développer sans une intervention publique soutenue

### Des données chiffrées relativement modestes

Les dernières données collectées par le REM montrent que 84 523 microcrédits ont été accordés en 2009, pour un montant total de 828 millions d'euros. L'Europe de l'Est a réalisé 40 % du nombre de prêts et 26 % du montant total, et l'Europe de l'Ouest respectivement 60 % et 74 %. Pour la première fois depuis le début des enquêtes, le nombre de prêts a baissé d'une année sur l'autre : -7% entre 2008 et 2009, alors qu'il avait augmenté de 14 % en 2006/2007, de 15 % en 2004/2005 et de 11 % en 2003/2004. Cependant, on constate que si le nombre de prêts a baissé en 2009, le montant total est en augmentation de 3 %. Si l'on se concentre sur l'éventail des organisations qui ont répondu aux enquêtes de 2008 et 2010, on constate une baisse dans le nombre et la valeur des prêts entre 2008 et 2009 : -20 % dans le nombre de prêts et -6 % dans la valeur des prêts, comparés à une croissance de +28 % en nombre de prêts et de 26 % en valeur de 2006 à 2008. Cette baisse est un des effets de la crise économique et financière qui touche l'Europe, les institutions de microfinance semblant privilégier la qualité des dossiers présentés. En Europe de l'Est les organisations ont dû faire face à des problèmes de liquidité.

Si ces données chiffrées montrent que le secteur est une réalité aujourd'hui pour des milliers de microentrepreneurs en Europe, on note de grandes différences entre les pays ; la France est le pays le plus avancé, suivi des pays de l'Europe de l'Est (Pologne, Hongrie) et de l'Allemagne, alors que des pays comme le Royaume-Uni, l'Italie ou les pays nordiques ont une activité réduite se limitant à quelques centaines de prêts par an, qui pèse donc encore très peu dans l'amélioration de l'accès à des services financiers pour les populations socialement et financièrement exclues.

### Un secteur non pérenne, dépendant d'aides extérieures

La pérennité des structures de microcrédit est un enjeu important pour le développement du secteur. Seules quelques organisations en Europe de l'Est ont réussi à être financièrement pérennes avec leurs activités de microcrédit, grâce notamment à des taux d'intérêt et des montants de prêts élevés, mais touchant un public finalement peu exclu socialement. À l'inverse, aucun programme en Europe de l'Ouest n'a réussi aujourd'hui à atteindre un tel objectif, tant les contraintes sont fortes. Le développement du secteur dépend donc encore fortement des subventions publiques nationales, régionales, voire européennes. Au Royaume-Uni, le secteur a pu se développer grâce à la mise en place par le gouvernement de Tony Blair d'un fonds spécial « the Phoenix Fund ». L'Allemagne est en train de développer un programme ambitieux grâce à la création d'un fonds « Mikrokreditfonds Deutschland », alimenté à 40 % par l'État et 60 % par le Fonds social européen en partenariat avec une banque privée éthique. Le modèle français s'est aussi développé avec une forte intervention de l'État et des financements apportés par les banques (historiquement du secteur de l'économie sociale et progressivement du secteur commercial), comme le montre la création du « Fonds de cohésion sociale » ; fonds de garantie de l'État, incitant les banques à prêter à travers des acteurs sociaux pour le contact avec les clients potentiels. La récente initiative pour le microcrédit, « Progress », de la Commission et du Parlement européens vise quant à elle à apporter un appui financier directement aux institutions de microcrédit, en espérant un effet de levier et en incitant les banques à davantage s'impliquer dans le secteur.

Il est certain qu'en Europe, surtout de l'Ouest, la microfinance ne pourra se développer sans des relations étroites avec à la fois les pouvoirs publics, qui ont un rôle essentiel à jouer dans l'amélioration du cadre réglementaire (Evers J., Lahn S., 2006), mais aussi dans la mise en place de mécanismes innovants d'appui au développement du secteur et le secteur bancaire, qui, disposant des fonds et des outils nécessaires pour appuyer directement les microentrepreneurs ou les programmes de microcrédit, est souvent seul habilité à faire des prêts (Allemagne, Espagne...).

## De nombreux défis à relever pour consolider les acquis

### Une clarification nécessaire du concept et de la définition de la microfinance en Europe

L'engouement récent pour la microfinance a entraîné l'apparition de nouveaux acteurs et l'appropriation du discours par des organisations qui, jusqu'à présent, ne se définissaient pas comme acteurs de la microfinance, mais qui soudain ont trouvé judicieux de se joindre à ce mouvement « à la mode ». La définition très large de la Commission européenne est loin de faire l'unanimité et nécessiterait d'être précisée. Les pratiques en fonction des pays sont très différentes et nécessitent aussi une réflexion locale, afin de mieux définir un cadre réglementaire approprié [7]. Une des premières recommandations du rapport par le ministère des Finances et de l'Économie français sur le microcrédit, précise qu'une définition doit être élaborée dans le contexte français. Le débat autour de la définition s'articule principalement autour de quatre sujets :

– le montant maximum du prêt, fixé à 25 000 € dans la définition européenne. Ce plafond est controversé par des structures qui estiment qu'il est trop faible (celles qui visent une microfinance plus entrepreneuriale), et d'autres qu'il est trop élevé (celles qui ont pour objectif une microfinance plus inclusive, plus sociale) ;

– le taux d'intérêt pratiqué ; certains étant pour des taux élevés afin de couvrir les coûts et tendre à l'autonomie financière, et d'autres privilégiant des faibles taux (voir des taux nuls) arguant d'un travail auprès de populations exclues ;

– le public cible, avec ceux qui visent davantage la création d'entreprise et l'appui à l'entrepreunariat en général, et ceux qui visent plutôt l'inclusion sociale et un public exclu socialement ;

– l'objet financé, entre ceux qui ne vont appuyer que le financement de la création ou du développement d'entreprise et ceux qui vont inclure d'autres types de services, notamment le microcrédit personnel ou la microassurance.

La question de la définition du secteur est essentielle pour comprendre de quoi on parle exactement, pour orienter la recherche, pour définir un cadre approprié.

### Un renforcement des compétences des acteurs et donc de leur professionnalisation

C'est un point essentiel dans la stratégie de croissance du secteur. La faible taille de la plupart des acteurs et leur

7. À ce jour, seules la France et la Roumanie possèdent une réglementation spécifique pour la microfinance.

faible portée nécessitent que les acteurs reçoivent un renforcement important de leurs compétences. Ce renforcement doit passer par des formations adaptées, mais aussi par des moyens nouveaux pour développer leurs actions (moyens humains et techniques). Cette conception large du renforcement des compétences (qui ne passe pas que par des formations) reste aujourd'hui un des principaux obstacles au développement du secteur. D'une part, les organisations ne consacrent pas assez de temps et d'énergie à la formation de leur personnel et à un accompagnement adapté à leurs besoins. D'autre part, les bailleurs n'arrivent pas à intégrer dans leur stratégie l'idée que les organisations doivent continuer d'être subventionnées dans leur fonctionnement un certain temps, avant de pouvoir être plus autonomes financièrement.

### La nécessité de renforcer la transparence et la mesure de la performance sociale

Une des difficultés rencontrées lors des études menées par le REM est la faible capacité d'une grande majorité des acteurs à communiquer sur leurs résultats, sur leurs performances. En général, moins de la moitié des organisations enquêtées sont en mesure de fournir de telles données. C'est lié à la fois à une difficulté structurelle, mais aussi dans certains cas à la volonté de ne pas communiquer.

### La capacité d'absorption de nouvelles formes de financement

Cette question reste liée aux enjeux de professionnalisation et de croissance. Les organisations doivent trouver de nouvelles sources de financement adaptées à leurs besoins, mais doivent être aussi en capacité d'absorber ces fonds. Paradoxalement, il existe de plus en plus de fonds disponibles, mais qui ne sont pas forcément adaptés aux organisations de microfinance européennes. Les dernières initiatives européennes en faveur du microcrédit ne sont que des instruments financiers (garanties, prêts, prise en capital, etc.) à l'exception de Jasmine, qui a un volet renforcement des compétences – mais qui ne concerne que des formations. Or, les montants envisagés sont le plus souvent trop élevés pour les petites organisations, qui n'ont pas la capacité d'absorber d'un seul coup de tels fonds.

### Une adaptation nationale du cadre réglementaire

Si la microfinance commence à faire partie des politiques européennes d'une manière de plus en plus forte et visible, il n'en reste pas moins qu'au niveau des États membres, c'est loin d'être le cas. Les études récentes sur les Plans d'action nationaux d'inclusion sociale ont montré que très peu d'États membres citent la microfinance comme un des outils de lutte contre l'exclusion sociale (Moyart, 2009). Or, il est certain que sans volonté politique forte au niveau national, le secteur ne pourra pas pleinement se développer et toucher le public attendu. Une des principales raisons est liée au manque de connaissance et de visibilité du secteur, notamment à cause du manque de structuration des acteurs au niveau national et de l'absence d'un plaidoyer fort.

### Un renforcement de la visibilité du secteur

Le secteur reste encore trop méconnu, à l'exception de quelques pays comme la France. On reste confronté à la méconnaissance du secteur par le grand public et par les politiques. C'est en partie lié à la fragilité institutionnelle des organisations, qui n'ont pas généralement les moyens de s'investir dans ces domaines, ni l'intérêt pour le faire. Pourtant, il est certain que plus le secteur sera visible plus il sera en capacité d'attirer de nouveaux clients et de recevoir l'appui des autorités publiques pour se développer.

## En conclusion...

Force est de constater qu'il reste encore beaucoup à faire pour que le secteur de la microfinance puisse se développer et toucher un nombre significatif de personnes en Europe. Il est certain qu'à l'inverse de ce qui se passe dans les pays en développement, où le nombre de bénéficiaires se chiffre en millions de personnes, la microfinance européenne vise, quant à elle, une niche de personnes exclues financièrement dans un contexte de forte bancarisation. Mais cette niche est une réalité pour des milliers de microentrepreneurs européens, pour qui la microfinance peut être réellement une unique opportunité de sortir d'une situation le plus souvent inextricable et de redevenir des agents économiques à part entière dans la société. Pour ce faire, le renforcement des acteurs impliqués, l'adaptation des cadres réglementaires sont essentiels pour assurer une croissance pérenne du secteur. Les défis restent néanmoins nombreux, surtout au niveau national de la plupart des États membres, pour que la microfinance européenne acquière réellement ses lettres de noblesse et réussisse à toucher un nombre significatif de personnes tout en mettant en place un modèle pérenne de fonctionnement.

Il est difficile de penser que ce modèle pérenne puisse se faire sans l'intervention des pouvoirs publics nationaux et/ou européens et sans l'implication des banques. Cela nécessite que les acteurs publics, sociaux, bancaires apprennent à travailler ensemble, à dépasser leurs a priori, afin de trouver des solutions innovantes pour répondre aux besoins des populations exclues. À ce stade de son développement, il est illusoire de penser que la microfinance européenne se positionne en tant qu'une réelle alternative aux banques capitalistes; en fait la collaboration avec les banques est nécessaire et elle est déjà une réalité dans beaucoup de pays. L'enjeu de la microfinance en Europe est d'être capable de créer des alliances nouvelles et innovantes, allant au-delà des idées reçues et s'adaptant au contexte de chaque pays, afin de proposer un large spectre de services financiers et non financiers à des populations exclues. Cela ne nécessite pas que des moyens financiers, mais le partage d'une vision commune basée sur une conception de l'économie qui place l'être humain au centre de ses préoccupations. Ceci est possible, même si nous ne sommes qu'au début du chemin.

## Bibliographie

Ghassen Bouslama, Nekhili Mehdi, Restructurations bancaires, changements organisationnels et relation Banque-PME, *La Revue des Sciences de Gestion, direction et gestion* n° 228, 2007), p. 85-91. DOI : 10.1051/larsg : 2007055.

Braban Magali, Dugos Pascale, Massou Florent, *Le microcrédit*, Inspection générale des impôts, Rapport 2009-M-085-03, 2009.

Conzett Casey, Jayo Bárbara, González Anabel, *Overview of the microcredit sector in the European Union 2008-2009*, European microfinance Network, Working Paper n° 5, 2010.

Committee on Economic and Monetary Affairs of the European Parliament : *Report with recommendations to the Commission on a European initiative for the development of microcredits in support of growth and employment*, (2008/2122 (INI)), 2009.

Dayson Karl, Jayo Barbara, Kickul Jill, Lacalle Maricruz, Rico Silvia, *Handbook of Microcredit in Europe. Social inclusion through microenterprise development*, Glos, Royaume-Uni, Edward Elgar Publishing Limited, 2010, 416 p.

European Commission (2007b) : *Communication from the Commission to the Council, the European Parliament, the Economic and Social Committee and the Committee of the Regions : A European initiative for the development of microcredit in support of growth and employment COM 708 final/2.*

Evers Jan, Jung Martin, Ramsden Peter, *Reaching the potential of microfinance for economic growth, social inclusion and regional development through a coherent European funding policy.* European microfinance Network Issue Paper 1. 2005.

Evers Jan, Lahn Stefanie, *Promoting microfinance: Policy measures needed*, Finance & Common Good n° 25, 2006.

Evers Jan, Lahn Stefanie, Jung Martin, *Status of microfinance in Western Europe – an academic review.* European microfinance Network Issue Paper 2. 2007.

Lacalle Maricruz, *Microcreditos y Pobreza*, Madrid, Éditions Turpial, 2008.

Lahn Stefanie, Martin Jung, Unterberg Michael, *Microfinance market study in the framework of Jeremie: Cross country studies on Western and Eastern Europe – Capacity building and policy recommendations*, European microfinance Network, 2009.

Moyart Manuel, *European National Action Plans for Social Inclusion and microfinance: Participation strategies, importance and challenges*, European microfinance Network, 2009.

Naszályi Philippe, « Le recours aux banques coopératives ne serait-il pas le seul moyen d'aider au développement local dans les pays de l'Europe centrale et orientale ? », *La Revue du financier*, n° 135, 2002.

SEEP Network, *Learning from Clients : Assessment Tools for microfinance Practitioners. Assessing the Impact of Microentreprise Services (AIMS)*, Washington, DC, SEEP Network, 2000.

Wanda Robert, « Risques, comportements bancaires et déterminants de la surliquidité », *La Revue des Sciences de Gestion, direction et gestion* n° 228, 2007, p. 93-102 DOI : 10.1051/larsg : 2007056.

# Quelles nouvelles finalités institutionnelles pour les banques et pour les entreprises ?

Daniel Bachet
Professeur à l'université d'Évry-Val-d'Essonne,
chercheur au Centre Pierre Naville

La crise qui débute en 2007 a montré la nécessité de faire reculer le financement de l'économie par le marché financier et de revenir à un financement bancaire plus équilibré à partir de l'épargne. Sur les marchés financiers, la monnaie s'échange non pas contre des biens et des services, mais contre des titres de créances ou de propriété représentant des actifs qui rapportent un revenu. La préférence des investisseurs s'oriente vers les titres qui comportent la plus grande probabilité de générer un profit important pour une mise de fonds initiale donnée. Ce qui compte avant tout c'est la différence de rendement entre chaque placement possible et les placements concurrents.

Pour un opérateur dans une salle de marchés, il s'agit de dégager en fin d'année le revenu le plus élevé possible pour le capital dont la gestion lui est confiée. Quel que soit l'employeur, que ce soit un fonds spéculatif, une banque, un groupe industriel, une maison de titres ou une compagnie d'assurance, la recherche du rendement maximal des fonds placés est la règle qui va structurer son comportement professionnel au quotidien.

On sait que l'instabilité croissante des marchés est liée aux pratiques destructrices de la valeur actionnariale et plus précisément à la norme financière qui s'est imposée à l'échelle de la planète. Cette norme financière n'a pas été seulement dictée par les marchés financiers. Elle émane également des groupes industriels eux-mêmes (G. Colletis et Y. Lung, 2006). Face aux institutions qui expriment dans toute leur pureté la recherche de cette norme, les banques peuvent-elles déroger à ces critères de rentabilité qui impriment partout leur marque ?

On imagine que les conséquences seront différentes selon que ces banques renforcent, par leur politique de crédit, la domination des marchés financiers dans la gestion des entreprises ou qu'elles contribuent au contraire à la prise en compte du financement de ces dernières en vue de créer des richesses (biens et services) accessibles à tous.

Une banque de l'économie sociale et solidaire comme la NEF consacre une part importante de son activité à financer des projets innovants aux plans social, démocratique ou écologique. Mais ce cas isolé n'est pas suffisamment significatif pour réorienter les règles du jeu en vigueur, sauf si de très nombreux salariés et citoyens responsables choisissaient massivement de faire confiance aux structures de la finance solidaire.

## Le financement des entreprises par les banques face à la crise

Les relations entre les entreprises et les banques ont considérablement évolué depuis l'émergence du capitalisme financier au cours des deux dernières décennies. Pendant les « Trente Glorieuses » (1945-1975), les banques constituaient les principaux apporteurs de ressources financières externes aux entreprises. Le développement rapide de la finance de marché depuis les années 1980 a entraîné d'importantes transformations des structures de financement des entreprises. Le 12 novembre 1999, le Congrès américain a adopté une importante loi de réforme : le *Gramm-Leach-Bliley Act* (GLBA), du nom de ses trois principaux initiateurs. Celle-ci a pour ambition de réformer et de moderniser le domaine des services financiers. À l'origine, l'objectif principal de cette loi était de créer une nouvelle organisation supprimant toutes les barrières entre les banques commerciales, les sociétés de placement et les compagnies d'assurances.

Désormais les entreprises des trois secteurs peuvent s'affilier librement et étendre leurs domaines d'activité. Ce faisant, la loi a annulé le *Glass-Steagall Act* de 1933 qui prévoyait la séparation des activités commerciales et d'investissement bancaire. Ses dispositions étaient nées de l'idée selon laquelle l'empiétement des banques sur le secteur de l'investissement avait provoqué le crash boursier de 1929 et la dépression économique qui avait suivi.

Cette déréglementation et ce décloisonnement des activités commerciales, de placement et d'assurance ont conduit à une accélération de la centralisation de l'argent qui cherche plus que jamais à se valoriser comme capital auprès des banques, ainsi que des fonds de pension et de placements financiers.

Le flux de valeur étant restreint par les limites du mouvement effectif de la production et de la commercialisation, la course vers de nouveaux mécanismes de valorisation fictive (les innovations financières) s'est intensifiée.

Au cours des années 2000, il s'est développé une accumulation encore plus fictive de sommes réputées comme étant du « capital » : la titrisation. Cette dernière représente une forme de valorisation spéculative déconnectée de l'économie réelle.

Il faut cependant rappeler que la déconnexion absolue économie financière/économie réelle est impossible, car les origines de la prospérité financière ne sont pas internes au monde de la finance. Elles se situent dans le monde de la production et du travail où la valeur est créée. Ce sont les institutions et les groupes sociaux détenteurs d'actifs financiers qui vont s'approprier ensuite cette valeur sur un mode rentier.

Aux États-Unis le montage financier complexe des prêts hypothécaires *subprime* avait pour support les bas salaires, la précarité des travailleurs les plus pauvres et les maisons bon marché qui ont été saisies par les banques sans possibilité de les revendre. La fuite en avant dans le crédit et la titrisation s'est effectuée avec pour conséquence l'envolée de l'endettement des sociétés financières dans lesquelles des dettes mutuelles et enchevêtrées ont fini par gripper le crédit interbancaire jusqu'à la chute de la banque Lehmann Brothers.

Si le financement bancaire continue de jouer un rôle certain, la part des financements de marché, par émission de titres, n'a cessé de se développer. Prises globalement, les grandes entreprises se financent de plus en plus en émettant des actions et des obligations. Ces financements de marché représentaient en 2005 plus de la moitié des nouveaux financements externes des entreprises. Ce qui revient à dire que la part des financements bancaires traditionnels, sous forme de crédits, n'a cessé de diminuer.

Il faut cependant rappeler que les marchés financiers ne sont pas un mode de financement privilégié des grandes entreprises dans la mesure où ce qu'ils prélèvent sur ces dernières est supérieur à ce qu'ils contribuent à financer via l'émission de nouveaux titres.

Toutefois, une distinction importante doit être faite entre les petites et moyennes entreprises (PME), d'une part, et les grandes entreprises (plusieurs centaines ou milliers de salariés), d'autre part. Dans la réalité, seules les grandes, et surtout les très grandes entreprises, ont directement accès au marché de titres pour se financer. Ce qui signifie que la plupart des PME continuent de trouver leurs financements externes auprès des banques.

En fait, les PME se retrouvent doublement pénalisées. Trop petites pour aller directement sur les marchés de capitaux, elles ne peuvent recourir qu'aux banques. Considérées comme plus risquées du fait de leurs petites tailles, elles se voient, de plus, discriminées du fait de la réglementation qui s'impose à ces dernières.

En revanche, les grands groupes sont moins touchés. Ils sont favorisés par la réglementation bancaire et, de plus, ont la taille critique pour aller directement chercher leur propre source de financement sur les marchés des capitaux.

Or, le comportement des entreprises est fortement influencé par leurs conditions de financement. C'est vrai des grands groupes multinationaux, surveillés en « temps réel » par leurs actionnaires et leurs bailleurs de fonds, mais c'est tout aussi vrai des PME. Les décisions les plus stratégiques de ces dernières (à commencer par celle de créer ou non l'entreprise !) sont presque toujours le résultat d'un entretien avec leur banquier. Aujourd'hui, ce qu'exigent les actionnaires de l'entreprise (et plus encore les actionnaires de la banque qui financent l'entreprise), ce n'est pas la satisfaction de l'intérêt général, mais un investissement qui rapporte un rendement maximal. Une banque peut préférer financer une OPA aux États-Unis en espérant en retirer un rendement bien supérieur aux 6 % ou 8 % que lui rapporte le crédit à l'entreprise.

Ainsi, les PME rencontrent d'importantes difficultés pour obtenir des crédits. Elles peuvent certes les obtenir mais à des taux d'intérêt beaucoup plus élevés que ceux accordés aux grandes entreprises.

Elles sont en effet considérées comme plus exposées au risque de faillite que les grandes firmes et ne présentent pas les garanties qu'exigent les banques pour accorder un crédit.

Après la crise majeure de ces trois dernières années, le consensus semble s'accorder autour d'une meilleure réglementation du secteur bancaire, voire d'une refondation du système du crédit.

Selon Patrick Artus, il faut donner aux banques de bonnes incitations. Il ne sert à rien de réglementer les banques lorsque l'excès de liquidité écrase les primes de risques sur les crédits et rend par conséquent non rentables l'activité d'intermédiation traditionnelle. S'il en est ainsi, les banques se porteront vers les activités risquées sous la pression des investisseurs. Les activités d'intermédiation des banques qui sont utiles doivent donc être rentables, et il serait irresponsable de demander aux banques de prêter à des PME (emprunteurs risqués) sans prendre les primes de risques correspondantes (P. Artus, 2010).

De son côté, André Orléan plaide pour un cloisonnement des activités financières par métiers en distinguant par exemple l'immobilier, le crédit à la consommation et le financement des entreprises, de façon à réintroduire de la logique professionnelle dans le comportement des agents. Ce sont ces nouvelles finalités ainsi mises en avant qui viendraient alors concurrencer la toute-puissance du rendement financier (A. Orléan, 2010).

Mais Frédéric Lordon va plus loin encore et propose que dorénavant, le métier de banquier devienne « terne » et « ennuyeux », et s'inscrive de nouveau dans la mission qui est la sienne : financer le crédit aux particuliers et aux entreprises avec des taux de rentabilité faibles et très encadrés (F. Lordon, 2009).

De fait, comme le montre justement Denis Durand, c'est le pilotage de l'ensemble du système monétaire et financier qui est ici en cause en raison des exigences de rentabilisation des portefeuilles de titres qui a détourné le crédit des projets créateurs de croissance réelle et d'emplois (D. Durand, 2005).

## Vers un système socialisé du crédit sous contrôle public

On a vu avec la dernière crise financière que la récession était bien le produit direct de la violente contraction du crédit et que les dépôts, les épargnes et les possibilités minimales de crédit devaient être considérés comme des biens publics vitaux pour la société. Il est donc extrêmement risqué et même inconséquent de confier l'épargne à des intérêts privés, surtout lorsqu'ils sont aussi peu éclairés que les banques engagées dans des activités de marchés financiers.

Michel Aglietta et André Orléan ont montré que tout système bancaire tentait de réaliser un compromis institutionnalisé entre les deux modèles polaires antagonistes que sont la centralisation et le fractionnement (M. Aglietta et A. Orléan, 1982). Dans le pôle fractionné le taux de change des monnaies est laissé à des mécanismes de marché. C'est un système instable menacé par la déflation. Les concessionnaires privés de l'émission monétaire peuvent surémettre du crédit en direction des opérateurs de la finance de marché avec le résultat que l'on a connu et la crise des mauvaises dettes.

Le pôle centralisé ou étatique est guetté quant à lui par le risque de la surémission du surendettement et de l'inflation. Un pôle étatique unifié de crédit peut céder à la tentation de substituer aux critères de la sélectivité économique de crédit des critères de sélectivité politique. Le robinet du crédit monétaire serait alors ouvert à de multiples demandes et tous les secteurs de la société convergeraient vers « l'État-monétaire » pour lui en demander toujours plus.

Frédéric Lordon propose de dépasser cette alternative, de reconnaître le principe même de la délégation-concession de l'émission monétaire et de la placer sous un principe de service public (F. Lordon, 2009, *op. cit.*). Les concessionnaires de l'émission monétaire ne sauraient être des sociétés privées par actions; ce sont des organisations à profitabilités encadrées. Il serait alors possible d'envisager pour les banques un contrôle public local par les parties prenantes que sont les salariés, les entreprises, les associations, les collectivités locales et les représentants locaux de l'État. Ces agents et institutions n'auraient pas le pouvoir direct sur le crédit, mais auraient un pouvoir de suivi, d'orientation, de validation et de recadrage de la stratégie bancaire. La multiplicité et l'autonomie opérationnelle des concessionnaires de l'émission monétaire inscriraient les parties prenantes dans des formes institutionnelles allongées, relevant non plus d'un pôle unifié du crédit, mais *d'un système socialisé du crédit.* Il s'agirait en fait de repolitiser dans l'univers économique ce qui avait été dépolitisé par les logiques capitalistes. Ce qui signifie clairement la remise en cause du suffrage censitaire qui a proportionné la possibilité d'intervention des agents à leur seule capacité patrimoniale.

Dès lors que l'État apporte sa garantie dans un système où les banques opèrent à distance de l'univers des marchés et dans le cadre d'une règle de profitabilité limitée, la question de l'insolvabilité ne risque plus de se poser de manière aussi violente et répétitive que dans le cas de la concurrence effrénée et de la recherche d'un profit toujours indéfiniment plus élevé.

La socialisation démocratique du secteur bancaire au niveau national, mais aussi au niveau européen devrait être imposée par les citoyens et par les peuples compte tenu de la crise économique et financière mais aussi de l'échec flagrant de la privatisation qui s'est limitée à socialiser les pertes.

Mais il faudrait pour cela remettre en cause les structures, les objectifs, les missions de la Banque centrale européenne et son organisation en vue de pratiquer une politique monétaire sélective. Les crédits sélectionnés bénéficieraient de taux d'intérêt fortement réduits, alors que les placements financiers devraient être au contraire pénalisés.

Les salariés et les citoyens pourraient participer à une sélection rigoureuse, aux niveaux local et régional, de projets favorables au développement et à l'emploi. Les crédits bancaires seraient alors mobilisés en vue d'un financement sélectif de ces projets, avec l'incitation de garanties ou de bonifications d'intérêt apportés par des fonds régionaux et par un Fonds national pour l'emploi et la formation (D. Durand, 2010).

La création d'un pôle bancaire socialisé et démocratisé serait ainsi de nature à réorienter l'économie européenne vers la reconversion écologique de l'économie et la satisfaction des besoins sociaux prioritaires. Pour cela il peut exister une pluralité de solutions : des banques privées encadrées par des politiques publiques, un pôle public de banques nationales spécialisées, un secteur coopératif et mutualiste, etc.

Quelles sont les conditions pour qu'une telle orientation puisse prévaloir sachant que le système économique actuel est porté par des intérêts puissants ? Ce système est cohérent à sa manière, sait résister et parvient même à promouvoir ses fins avec l'appui du politique. C'est donc le moment de montrer les impasses vers lesquelles il nous conduit en proposant de redéfinir les finalités de l'économie. Une économie humaine ne peut pas être fondée sur la recherche du profit et de la cupidité mais sur la construction sociale de la liberté individuelle et collective.

La redéfinition des missions et des finalités des banques pourrait être aussi le moment choisi pour inciter les entreprises à réviser leurs critères d'investissement et de financement. Ce qui pose encore le problème de la finalité de l'entreprise et de ses critères de gestion. Les entreprises n'ont jamais recherché à satisfaire l'intérêt général mais leur objectif de compétitivité a pu créer les conditions d'un lien avec les besoins sociaux durant des périodes historiques données (les Trente Glorieuses). Depuis les années 1980-1990, le basculement vers une logique exclusive de profitabilité a rompu ce lien (G. Colletis et B. Paulré, 2008).

## Finalité institutionnelle de l'entreprise et nouveaux critères de gestion

Nous l'avons dit, depuis plusieurs décennies la distribution généreuse de crédits bancaires a nourri la hausse des prix des actifs financiers et immobiliers et a conduit à une succession de bulles spéculatives. Simultanément les banques se montraient plus restrictives dans leur financement pour soutenir des projets porteurs de développement et d'emploi.

Or, l'octroi de crédits n'a de sens que s'il s'inscrit dans une nouvelle logique de développement qui n'est pas exclusivement celle portée par les représentants des seuls détenteurs de capitaux.

La logique des détenteurs de capitaux (propriétaires, associés, actionnaires) peut se décliner précisément à travers une façon de compter qui assigne à l'entreprise une finalité institutionnelle précise, le profit, sans pour autant identifier la source de ce profit c'est-à-dire l'« entreprise ».

Quels sont les fondements de cette logique ?

Les associés ou actionnaires ont investi de l'argent dans leur société afin que celle-ci dispose d'une indispensable ressource financière, les capitaux propres. Les actifs de la société sont financés par les capitaux propres et les dettes. Les achats, les salaires, les intérêts des emprunts, les amortissements, les impôts, ont pour somme les coûts d'exploitation. Le profit – dans ce contexte le résultat – est « ce qui reste » après avoir déduit les coûts d'exploitation du chiffre d'affaires ; il fait l'objet d'une répartition entre dividendes et résultat réinvesti, celui-ci augmentant les capitaux propres.

On peut ajouter que le résultat est aussi considéré comme provenant des « marges » des produits, d'où l'importance accordée à la détermination des « coûts de revient ». Il apparaît néanmoins que dans cette logique une entité reste absente : l'entreprise.

Le fait de prendre acte de son existence conduit pourtant à modifier radicalement la façon de voir et de compter. La façon de voir, parce que la fonction « physique », produire des biens et des services, s'impose comme la raison d'être de l'entreprise. La façon de compter, parce qu'une grandeur économique clé, la « valeur ajoutée », prend une importance prépondérante.

Rappelons que la valeur ajoutée est la valeur monétaire de la richesse créée par l'entreprise.

D'où la définition :

Valeur ajoutée = Production – Consommation intermédiaire

Le terme « Production » représente la valeur monétaire des biens et services produits (marchandises incluses), et « consommation intermédiaire » celle des biens et services consommés. La valeur ajoutée fait l'objet d'une répartition entre cinq revenus, ceux des parties prenantes qui procurent les ressources structurelles de l'entreprise :

- intérêts financiers pour les prêts consentis par les banques ;
- impôts pour les services rendus par l'État ;
- salaires pour le travail fourni par le dirigeant et le personnel ;
- dividendes pour les capitaux investis par les actionnaires ;
- autofinancement pour la société elle-même.

La valeur ajoutée réalisée par l'entreprise doit être suffisante pour satisfaire les attentes de toutes les parties prenantes. Cette grandeur économique devrait donc occuper une place centrale dans la façon de compter et les préoccupations de gestion, ce qui n'est traditionnellement pas le cas. Elle est en effet au mieux considérée comme un « solde intermédiaire de gestion », car d'une part la façon de compter usuelle est focalisée sur le résultat et d'autre part la notion de valeur ajoutée a été forgée pour les seuls besoins de la Comptabilité nationale. Elle a servi à fonder la notion de PIB (Produit intérieur brut), lequel est défini à la fois comme la valeur de la richesse créée par la nation et comme la somme des valeurs ajoutées des entreprises.

Dès lors que la valeur ajoutée devient l'objectif premier de l'entreprise, la logique qui sera privilégiée sera celle de l'« entrepreneur » au service des parties prenantes (*stakeholder*) et non l'intérêt financier des seuls détenteurs de capitaux (*shareholder*).

Le dirigeant, avec les compétences dont il s'entoure, détermine la nature et l'importance des ressources dont l'entreprise doit disposer pour réaliser la production voulue. La rémunération des différentes parties prenantes résulte de la répartition de la valeur ajoutée réalisée par l'entreprise, cette répartition étant pour partie imposée (intérêts bancaires, impôts), pour partie fonction des règles du jeu et des décisions prises par le dirigeant (salaires, dividendes, autofinancement). L'autofinancement (somme du résultat réinvesti et des amortissements et des provisions de la période) doit assurer le développement de l'entreprise et l'indépendance financière de la société, dont il alimente les ressources propres (sommes des capitaux propres et des amortissements et provisions cumulés). Dans cette perspective, l'équilibre économique devient l'objectif premier assigné à l'entreprise. C'est cet équilibre qui est décisif pour le développement et la pérennité de l'entreprise et non l'obtention d'un profit élevé.

L'énoncé du critère selon lequel la « valeur ajoutée » est le véritable revenu de l'entreprise ramène naturellement à la politique du crédit des banques. Au pilotage du crédit par la recherche de la rentabilité, il est possible de proposer une alternative en vue d'orienter les investissements les plus favorables à l'élévation du potentiel de création de valeur ajoutée dans l'entreprise.

L'orientation « valeur ajoutée » devrait donner de nouvelles possibilités pour favoriser la création de richesses et construire les ponts entre le niveau microéconomique de l'entreprise et le niveau plus large du système productif. Il en va du rythme, du contenu qualitatif de la croissance et de sa répartition si l'on veut promouvoir un autre mode de développement, plus soutenable écologiquement et plus respectueux de la justice sociale pour les hommes et les femmes, sans pour autant sacrifier l'efficacité. Car c'est bien le régime financiarisé actuel qui sacrifie l'efficacité économique, la justice sociale et la planète.

## Bibliographie

Artus Patrick, « Politiques publiques vis-à-vis des banques : réglementation ou incitations », in *Le monde a-t-il encore besoin de la finance* ? (Sous la direction de Benoît Cœuré), Paris, PUF, 2010.

Aglietta Michel, Orléan André, *La violence de la monnaie*, Paris, PUF, 1982.

Bachet Daniel, *Les fondements de l'entreprise, Construire une alternative à la domination financière*, Ivry-sur-Seine, Les éditions de l'Atelier, 2007.

Boutiller Sophie et Allemand Sylvain (sous la direction de), *Économie sociale et solidaire, Nouvelles trajectoires d'innovations*, Paris, L'Harmattan, 2010.

Brodier Paul-Louis, *La VAD, la Valeur Ajoutée Directe – Une approche de la gestion fondée sur la distinction entre société et entreprise*, Montpellier, AddiVal, 2001.

Colletis Gabriel, Paulré Bernard, *Les nouveaux horizons du capitalisme – Pouvoirs, valeurs, temps*, Paris, Economica, 2008.

Colletis Gabriel, Lung Yannick, *La France industrielle en question, analyses sectorielles*, Paris, La documentation française, 2006.

Durand Denis, *Un autre crédit est possible*, ESPERE, Paris, Le Temps des Cerises, 2005.

Durand Denis, « Parigi e Berlino non sono una coppia (la France et la crise de l'euro après le cas grec) », revue *Limes, Rivista Italiana di Geopolitica* cahier spécial *Euro senza europa*, mai 2010.

Lordon Frédéric, *La crise de trop, Reconstruction d'un monde failli*, Paris, Fayard, 2009.

Lordon Frédéric, *Jusqu'à quand ? Pour en finir avec les crises financières*, Paris, Éditions Raisons d'agir, 2008.

Naszályi Philippe, « Crédit coopératif, histoire et actualité. L'héritage de Raiffeisen (1818-1888) et Schultze-Delitzsch (1808-1885) » in Boutiller S. et Allemand S. (dir.) *Économie sociale et solidaire, Nouvelles trajectoires d'innovations*, Paris, L'Harmattan, 2010.

Naszályi Philippe, *« La nouvelle mutualité », utopie ou refondation, Essai d'analyse de la gouvernance de la Fnim*, Éditions universitaires européennes, 540 pages, 2011.

Orléan André, « De l'euphorie à la panique : penser la crise financière », Paris, Éditions rue d'Ulm, collection du CEPREMAP, 2009.

Orléan André, « Le G 20 passe à côté de l'essentiel » (entretien avec Philippe Frémeaux), *Alternatives économiques*, La crise, hors-série poche, n° 43 bis, avril 2010.

# L'altération du métier du banquier

## Vers un abandon de l'accompagnement de l'activité économique

Sandrine Ansart
Professeur, Grenoble École de Management

Virginie Monvoisin
Professeur, Grenoble École de Management

Trois ans après le déclenchement de la crise dite des subprimes, le système financier qui s'est trouvé profondément touché par des difficultés financières majeures semble avoir retrouvé une activité – voire une santé – équivalente à celle d'avant la crise.

Une étude plus attentive des événements montre que le système bancaire français a été relativement épargné et que les établissements de crédit ont été diversement touchés par la crise. Si la BNP, banque privée classique, a affiché des résultats record, les banques considérées généralement comme non capitalistes, c'est-à-dire les banques mutuelles et coopératives semblaient plus atteintes. En réalité, le Crédit Agricole, les Banques Populaires ou la Caisse d'Épargne – qui représentent les plus grands réseaux bancaires français et donc qui en incarnent la spécificité – s'en seraient bien sorties si leurs filiales cotées en Bourse et exerçant des activités sur titres n'avaient pas lourdement souffert des soubresauts boursiers et d'investissements financiers hasardeux ! De même, un autre secteur ne semble pas avoir connu de difficultés particulières pendant cette période : la microfinance. Cette dernière est devenue un secteur particulièrement attractif par sa rentabilité et ses grandes performances. Et une fois encore, ce sont là des

Institutions qui ne fonctionnent pas selon les règles actuelles du capitalisme et de l'actionnariat.

Le système financier tel que nous le connaissons en Occident – que nous désignerons indifféremment « classique », « traditionnel » ou « capitaliste » – a connu de profonds bouleversements ces dernières années à l'image de l'économie dans son ensemble. En effet, si par définition, sa vocation consiste à financer l'économie et à ce titre tient une place particulière, le système financier est un secteur économique comme un autre. Son organisation, ses objectifs, son fonctionnement en interne et ses relations avec les diverses parties prenantes demeurent le reflet des pratiques observées dans l'économie dans son ensemble. La banque capitaliste est une banque qui fonctionne selon les mêmes principes qu'une autre entreprise dans un régime capitaliste. Or, ce dernier a connu une mutation dans la période récente, passant du capitaliste managérial au capitalisme actionnarial ou financier. Si jusqu'ici les banques s'étaient toujours adaptées aux changements de système, le dernier en date a déstabilisé et transformé le système bancaire, qui a progressivement abandonné son activité principale, l'accompagnement de la production, au profit d'une recherche de rentabilité effrénée.

Le présent chapitre s'attachera ainsi à proposer une analyse des établissements de crédit supposés échapper à cette logique financière afin de montrer s'il existe une autre banque que la banque du capitalisme actionnarial. Pour être plus précis, il s'agira de revenir sur le métier de banquier à travers les âges, afin de montrer combien cette fonction s'est altérée depuis 30 ans. Ensuite, nous tenterons de repérer en quoi un banquier « moins capitaliste » est envisageable et ce à travers un modèle juridique particulier – les banques mutualistes et coopératives – et un secteur financier émergent aux objectifs très particuliers – la microfinance. Nous verrons que, dans les deux cas, ces secteurs renouent avec le métier du banquier tel qu'il s'est pratiqué pendant des siècles. Enfin, nous constaterons que malheureusement, ces initiatives tendent à adopter le modèle financier actuel et que la convergence des systèmes semble compromettre ces vocations alternatives.

## Macrofinance et accompagnement de la production : une tradition oubliée

Le système bancaire traditionnel – que nous nommerons macrofinance au regard de la microfinance – a connu des bouleversements sans précédent depuis une vingtaine d'années. La rupture est d'autant plus nette qu'elle est récente et opère une cassure dans des pratiques quasi millénaires. En effet, l'apparition du métier du banquier s'est justifiée dans l'accompagnement de la production – qu'il s'agisse du support au commerce ou à des activités industrielles – et ce dernier s'est adapté à tous les systèmes économiques avec plus ou moins de bonheur [1].

Si la banque a connu un fort essor pendant la période du capitalisme industriel aux XVIII^e^ et XIX^e^ siècles et surtout un âge d'or pendant la période du capitalisme managérial au XX^e^ siècle, elle n'a fait qu'asseoir son rôle, et s'est affirmée en tant que support de la production. En revanche, depuis les années quatre-vingt, la mutation du capitalisme vers le capitalisme financier ou actionnarial a fait éclater les schémas traditionnels et a profondément altéré le métier du banquier et son rôle économique et social. La banque du capitalisme actionnarial n'a plus rien de commun avec la banque du capitalisme managérial ou industriel.

### L'accompagnement de l'activité de production [2]

L'accompagnement de l'activité de production par les banques s'effectue essentiellement jusqu'au XVII^e^ siècle par la gestion de moyens de paiement, et peu par les crédits à proprement parler. Les fonctions de la monnaie – unité de compte, moyen de paiement et réserve de valeur – expliquent tout à la fois son usage et son lien direct avec le développement du commerce. Durant cette période, les services proposés par les banquiers relèvent de la gestion de moyens de paiement : la diversité des monnaies, tant du

1. Rappelons qu'au Moyen Âge les restrictions autour du métier même et du taux d'intérêt rendaient l'activité bancaire difficile.

2. Cette section repose largement sur des éléments de Ansart et Monvoisin (2012).

point de vue des multiples cités émettrices que du point de vue des caractéristiques physiques de chacune d'entre elles, les projette dans la posture de « changeur ». Elle est centrale du fait de son importance pour la bonne marche du commerce ; elle est risquée du fait de la manipulation et du stockage des métaux précieux.

Par la suite, durant toute la période du Moyen Âge, le commerce au travers des foires se développe, louvoyant au travers des lieux et des périodes plus ou moins stables, mais aussi en fonction des croisades. Le métier de banquier reste ainsi intimement attaché au commerce, qu'il soit national ou international : « *La lettre de foire, puis la lettre de change, constituent un moyen d'effectuer des paiements à distance, sans déplacement physique d'argent.* » (C. Descamps et J. Soichot, 2002, p. 25). « Le prélèvement d'un intérêt étant interdit [3], la rémunération des banquiers marchands est fondée sur ces opérations de change au comptant et à terme qui masquent de véritables crédits » (C. Descamps et J. Soichot, 2002, p. 26).

Le banquier gère ainsi les moyens de paiement et, en proposant des avances sur les règlements futurs, il supporte l'activité de production en fournissant un service qui gère à la fois le risque dans l'espace et dans le temps des paiements des ventes réalisées, et ainsi des productions déjà engagées.

À compter du XVIIIe siècle, à côté des opérations de gestion de paiement qui évidemment gagnent en complexité, les activités de crédit au sens large connaissent un développement certain, à l'instar du métier de banquier. Rappelons que le contexte est celui de l'essor industriel et du capitalisme fondé tout d'abord sur la première révolution industrielle, puis sur la seconde. Se développent en premier lieu les maisons dites de « haute banque », qui préfigureront des « banques d'affaires ». Toutes deux sont largement dédiées au financement des entreprises. À la fin du XIXe siècle, apparaîtront à côté des banques d'affaires, les grandes banques de dépôts à long terme. Ainsi, le métier de

3. Si cela est nécessaire, rappelons l'interdiction de l'Église sur la pratique des intérêts.

banquier, avec sa composante d'octroi de crédits, se développe initialement vers les entreprises. Il n'est pas question à l'époque d'octroyer des crédits aux ménages. C'est bien la production que l'on finance. Ce financement s'effectue par deux canaux essentiels :

- les crédits de « campagne » ou « saisonniers », (crédits de court et moyen terme pour les écarts de trésorerie des entreprises) ;
- des crédits de plus long terme à travers la souscription d'importantes masses de titres par ces banques, qu'il s'agisse au début de la Haute Banque, ou plus tard des banques d'affaires constituées souvent sous forme de syndicat. On parle à l'époque d'« opérations capitalistiques » dans lesquelles les banques sont des acteurs clés : elles sont à la fois celles qui organisent l'émission des titres et leurs souscriptions, et celles qui géreront ensuite les enregistrements d'écritures colossaux que cela suppose.

Pour le second canal, plusieurs périodes se distinguent. Dans les premiers temps, ces opérations de financement *via* les titres représentent des volumes très conséquents et témoignent de la nécessité pour l'industrie naissante de trouver des financements complémentaires à leurs propres capacités – elles se financent pour l'essentiel par autofinancement. Au XVIII^e^ siècle, cet appel à l'épargne sollicitera tout d'abord les milieux d'affaires et les grandes fortunes pour ensuite s'étendre au cours du XIX^e^ siècle à la petite et moyenne bourgeoisie : l'objectif est « d'attirer le numéraire flottant qui reste dans les caisses au titre des besoins journaliers de l'industrie et du commerce ». En revanche, à la fin du XIX^e^ siècle, l'ensemble de la population est sollicitée à travers l'émergence des « grandes banques de dépôts ».

À la fin du XIX^e^ siècle, grâce à cette émergence[4], la part des émissions de titres d'États devient également conséquente à côté des titres émis par les entreprises ; eux aussi

4. Concernant la France, les cinq premières banques de dépôts sont fondées entre 1848 et 1894 : le Comptoir national d'escompte (devenu plus tard la BNP), le Crédit industriel et commercial, la Société Générale, le Crédit Lyonnais et le Crédit Commercial de France.

permettent de financer l'activité productive puisqu'ils correspondent à des investissements dans l'équipement urbain, au financement des déficits, mais aussi des guerres ! (H. Bonin, 1992, p 109).

Ainsi, l'inventaire des opérations réalisées par les banquiers sur plusieurs siècles nous amène à souligner que leurs activités sont intimement liées à la production, que ce soit dans les premiers temps, au titre des moyens de paiement soutenant la commercialisation de ce qui a été produit – et donc la production –, ou plus tard, au titre du financement indirect et même direct de la production, *via* les achats de titres et, ponctuellement, leur revente. Les banques financent des activités privées comme publiques, dont certaines, dans le dernier cas, peuvent être aussi des guerres. À l'instar de ce que spécifient certaines approches théoriques, les banques remplissent à côté de leur activité de création monétaire – ce qui les distingue des autres institutions financières – une fonction d'intermédiaire financier. Elles permettent ainsi de satisfaire les besoins des agents à nécessité de financement.

## La question de la constance du métier de banquier et de sa dénaturation

À la lumière de ce détour historique, les pratiques actuelles des banquiers peuvent laisser perplexes et l'on peut s'interroger sur leur accompagnement de l'activité productive. Si nous revenons sur les pratiques du métier de banquier au travers des âges, et plus spécifiquement aux XVIIIe et XIXe siècles, période de l'essor de l'activité bancaire liée à l'essor économique, il apparaît qu'un critère majeur vient influencer le comportement du banquier : l'implication du banquier pour son propre compte dans une bonne part de ses activités.

Rappelons que les banques ont une clientèle de déposants assez limitée jusqu'au XIXe siècle, et que par la suite, celle-ci sera constituée avant tout de grandes fortunes qui souvent se sont bâties sur le développement de l'activité économique, comme ce sera le cas de la petite et moyenne bourgeoisie dont on souhaite attirer le numéraire issu des activités quotidiennes. Le banquier s'investit à titre personnel dans diverses activités. On peut citer notamment :

– au Moyen Âge, les prises de risques personnels liées au « commerce des épices » dans les activités de commerce international et de développement dans des contrées étrangères : commerce de métaux précieux, de monnaies, d'épices, de tapis et de fourrures, armement des navires, développement de contrées lointaines, de l'artisanat local et financement d'activités nouvelles (M. de Mourgues, 1988, p 111) ;

– au XIXe siècle, les banques d'affaires notamment ont une part importante de leur activité constituée de prises de risques personnels importants dans la création de nouvelles entreprises, avec en échange une participation à la prise de décision dans les entreprises (M. de Mourgues, 1988, p. 118) ;

– au XIXe siècle, les maisons de Haute Banque, puis les Banques d'affaires appuyées par les Banques de dépôts – afin de placer une masse croissante de titres – vont largement participer à des syndicats d'émission de titres pour lesquels elles sont mandatées et où, là encore, elles prendront des risques personnels importants, puisqu'elles s'engageront à acheter pour leur propre compte les titres non placés (H. Bonin, 1992, p. 109-110).

Cette forte composante des deniers du banquier ou de proches dans la masse de capitaux gérés par un intermédiaire financier relève typiquement du capitalisme managérial et laisse supposer une implication forte du banquier dans des projets relevant de la production de biens et de services où il revêt les habits de l'entrepreneur : le banquier « est investi » plutôt qu'« il investit ». Les pratiques des banquiers de ces époques se fondent soit sur une implication directe dans les activités de production, soit sur une intense proximité de ces mêmes banquiers avec les entreprises financées.

Pour corroborer cette nécessaire proximité, citons :

- la nécessité pour le banquier – du fait de la place prépondérante du crédit de court et moyen terme qui se concrétise avant tout par des autorisations de découverts (H. Bonin, 1992, p 94) – d'être particulièrement proche de l'entreprise qu'il finance afin de saisir les raisons de cette fluctuation d'activités et de déterminer le risque auquel il s'expose ;

- le fait que le banquier peut lui-même être issu de l'activité commerciale ou industrielle [5]. Non seulement le banquier peut être initialement entrepreneur dans l'activité industrielle, mais il maintient à titre personnel des participations fortes dans la conduite des entreprises (H. Bonin, 1992, p 94).

Il est acquis que le métier de banquier a évolué avec le processus de déréglementation financière initié dans les années 1980 et a ainsi basculé dans le capitalisme actionnarial. Les 3D (Déréglementation, Décloisonnement, Désintermédiation) parachèvent un paysage bancaire nouveau dont les principales caractéristiques sont :

- le détachement personnel du banquier vis-à-vis de sa propre activité : les introductions en Bourse des banques supposent que le directeur de la banque n'en est plus propriétaire ; son implication est donc autre et il est redevable d'un niveau élevé de rentabilité aux actionnaires ;
- l'accentuation de la concurrence au sein du milieu bancaire mais aussi avec d'autres secteurs ;
- l'accroissement des activités sur titres et produits dérivés tant du point de l'actif que du passif (montée de l'intermédiation de marché et de la marchéïsation des bilans bancaires).

En effet, et ce afin d'assurer une rentabilité pérenne et élevée, les banques se lancent dans des opérations de titrisations – qui permettent de sortir du bilan des créances risquées –, dans des transactions de CDS – qui permettent de se défaire du risque de défaut des créances et d'en éviter les

5. Certains ont d'abord été à la tête de sociétés de négoce, le cas le plus probant étant Worms, qui passera du négoce de charbon à la banque (Bonin 1992, p. 61). D'autres souhaitaient construire leur propre outil bancaire – le Crédit Lyonnais est fondé en 1863 par des hommes d'affaires de la région lyonnaise, issus surtout de la métallurgie de la Loire, des sociétés gazières et soyeuses de Lyon.

pertes – et dans la bancassurance – qui permet de diversifier leur activité et d'accélérer la collecte d'épargne.

La forte proximité du banquier avec l'activité de production telle qu'elle a existé pendant les siècles précédents n'a plus ou peu de raisons d'être. Les banques se détachent de l'activité de production, tant pour leur propre compte que pour le compte de tiers, et une part accrue de leur produit net bancaire provient des activités et arbitrages sur titres et produits dérivés.

## Les alternatives aux banques traditionnelles/capitalistes. Quelle problématique pour les banques coopératives et les IMF ?

Deux grandes catégories de banques semblent maintenir une vision de leur métier dans sa conception traditionnelle : à savoir une activité bancaire centrée sur l'accompagnement de la production. Une première catégorie s'est constituée à la même époque que les grandes banques occidentales : à savoir au cours de la seconde moitié du XIX^e^ siècle. Il s'agit des banques coopératives. Loin d'être anecdotiques, elles représentent en Europe un peu moins de 20 % des dépôts. Pour la France, ce même ratio s'élève à 60 % puisque le haut du classement des banques françaises est tenu aux premier et deuxième rangs par deux banques coopératives : le Crédit Agricole et le groupe Caisse d'Épargne-Banques Populaires. La seconde catégorie d'institutions bancaires qui semblent préserver une approche du métier centrée sur l'accompagnement de la production a émergé plus récemment : il s'agit des institutions de microfinance.

Cette présente partie s'attache à identifier successivement les caractéristiques qui chez les unes comme chez les autres favorisent la préservation d'une conception traditionnelle du métier de banquier. Malheureusement, elles paraissent toutes deux confrontées à des évolutions pouvant mettre à mal ces caractéristiques ; ceci essentiellement sous l'influence de la concurrence et des normes comptables et réglementaires.

## Les banques coopératives et l'accompagnement de la production : la tradition maintenue

La crise de 2008 met non seulement à mal le monde bancaire, mais engendre également une critique forte à son encontre. Dans ce paysage, les banques coopératives semblent être moins impliquées dans les mécanismes de crise, et moins exposées. Dans tous les cas, elles profitent dans ce contexte d'un afflux d'épargne et d'adhérents importants motivés par les valeurs affichées par leurs réseaux. Si les banques coopératives ne sont pas exemptes de certaines critiques, elles se présentent ainsi comme des alternatives intéressantes pour contrebalancer la logique financière dominante. En effet, cette crise incite à s'interroger sur la notion de responsabilité sociale, voire sociétale de l'entreprise dans le domaine du crédit (S. Ansart et V. Monvoisin, 2011) et peut se révéler un argument fort pour légitimer la pertinence d'un modèle d'organisation coopératif dans le domaine bancaire.

### *Historique et principes des coopératives bancaires*

Les banques coopératives émergent dans le paysage bancaire en deuxième partie – voire dernier quart – du XIXe siècle. Les raisons à l'origine de leur émergence résident dans la volonté de rendre accessibles les services bancaires et le crédit aux franges de population qui en étaient exclues – notamment paysanne, petite bourgeoisie et ouvrière – dont le seul recours possible était l'usure. Elles s'avèrent d'autant plus essentielles qu'à l'époque de leur émergence, les banques en place se dédient avant tout au financement de la grande industrie et à la souscription aux émissions de dettes nationales ou étrangères. Se constituent ainsi en France successivement les Banques Populaires (1878), le Crédit Agricole (1894) et le Crédit Mutuel (1899).

Les banques coopératives s'inscrivent ainsi dans le mouvement coopératif qui émerge d'abord en Allemagne au cours du XIXe siècle et se développe par la suite ; beaucoup de coopératives sont initialement agricoles et intègrent des systèmes de financement, nombre de premières coopératives sont des structures de crédit (Ph. Naszályi, 2010). Pour appréhender les banques coopératives, il est indispensable de définir la coopérative. Cette dernière se caractérise par une organisation associée à un collectif, une communauté, un cercle. Elle a pour objet de mobiliser des ressources visant à satisfaire les besoins économiques et sociaux de ce même collectif, souvent d'ailleurs à l'origine de sa création.

Les différents membres du collectif sont à la fois à l'origine de la mise en œuvre de production de biens et de services destinés au collectif, mais sont aussi eux-mêmes les bénéficiaires de cette production. Ils sont propriétaires et bénéficiaires, ils sont sociétaires et usagers. Ainsi, l'objectif n'est pas la rémunération du capital, mais l'amélioration du sort d'une collectivité par la mise en commun de ressources. La rentabilité à long terme et la pérennité de l'entreprise sont des priorités. L'actionnaire n'a normalement pas sa place dans ce modèle. La création de valeur n'est pas destinée à l'actionnaire mais au collectif. Les résultats sont ainsi généralement réinvestis dans la coopérative. Face à cette structure, à cette implication des individus, à leur statut de sociétaires, la coopérative ne renvoie pas seulement à un objectif particulier, mais en conséquence aussi à une démarche spécifique. Cette démarche spécifique trouve son expression la plus perceptible dans le principe démocratique qui gouverne la gestion de ces organisations : les coopératives sont détenues et contrôlées par leurs sociétaires, qui élisent démocratiquement leurs représentants dans les instances statutaires.

Cela suppose donc un certain niveau d'implication dans la conduite de la coopérative et de fait l'existence de canaux d'expression des besoins et des orientations considérées comme légitimes et pertinentes pour la structure. Les sociétaires disposent généralement du même droit de vote, selon le principe coopératif d'« une personne, une voix ». La coopérative est considérée comme l'une des organisations essentielles de l'économie sociale et solidaire. Ces qualificatifs semblent en effet essentiels pour appréhender l'objectif et la démarche des coopératives en général et des banques coopératives en particulier. Elles renvoient à des valeurs qui sont présentées comme incontournables pour définir l'*Identité coopérative internationale* retenue par l'Alliance internationale coopérative : la prise en charge et la responsabilité personnelles et mutuelles, la démocratie, l'égalité, l'équité et la solidarité. Fidèles à l'esprit des fondateurs, les membres des coopératives adhèrent à une éthique fondée sur l'honnêteté, la transparence, la responsabilité sociale et l'altruisme.

Cette place des valeurs est aussi clairement rappelée dans la définition des banques coopératives retenue par l'Association internationale des banques coopératives (AIBC), qui donne la définition suivante des banques coopératives : « Une banque coopérative est une entité bancaire qui appartient à ses sociétaires. Ces derniers ont la double qualité d'associés et d'usagers, de propriétaires et de clients de leur banque. Les banques coopératives sont généralement créées par des personnes appartenant à une communauté locale ou professionnelle ou partageant des intérêts communs. [...]. Les banques coopératives se différencient des autres banques par leur organisation, leurs buts, leurs valeurs et leur gouvernance. »

### *Caractérisation au regard de la banque capitaliste et incidence sur la mission d'accompagnement de la production*

Ces principes posés, il s'agit maintenant de synthétiser les divergences perceptibles entre ces banques coopératives et les banques capitalistes[6]. Elles se révèlent assez fortes sur chacune des dimensions qui définissent le capitalisme, que nous avons reprises pour définir l'entreprise de ce système en général, et de sa banque en particulier.

(1) La première des divergences reconnues et dont témoigne l'afflux de capitaux et d'adhérents vers les banques coopératives durant la crise de 2008 déjà cité est une recherche du profit moins exacerbée que pour les banques capitalistes. Le principe étant que l'objectif de l'organisation n'est pas de réaliser du profit et de proposer une rétribution opti-

6. Voir tableau n° 1.

misée du capital à l'actionnaire (puisqu'il n'y en a pas – ce sont des sociétaires et usagers –, mais d'améliorer le service rendu à la collectivité. La rentabilité de court terme n'est pas instituée. Il reste qu'il y a bien rémunération du capital mais que celle-ci est limitée. L'objectif est la pérennité de l'organisation et de sa rentabilité à long terme.

(2) Ce comportement s'explique par la structure du capital et sa double caractéristique : une propriété collective certes, mais surtout où les sociétaires sont les usagers. Le comportement observé s'explique non seulement par la structure du capital, mais aussi par le principe démocratique en vigueur dans ce type d'institution.

(3) La concurrence à laquelle sont soumises les banques coopératives est censée être limitée. D'une part, elles œuvrent sur des champs que les banques traditionnelles ne souhaitent pas investir ou pleinement investir, et d'autre part, attachées à leur collectif ou communauté respectifs, elles ne sont théoriquement pas destinées à une concurrence forte entre elles.

(4) Dans le paysage bancaire, de manière générale, l'action de l'État n'est jamais totalement absente. Néanmoins, concernant le secteur bancaire coopératif, la place de l'État a toujours été particulièrement forte. Ceci est patent dans le fait que les banques coopératives ont souvent été utilisées comme des relais – en tant que canaux de financement[7] – de la politique ou des actions de l'État – vers le secteur agricole, vers des classes défavorisées, vers des acteurs de l'économie sociale et solidaire, pour soutenir des politiques spécifiques attachées à des grands thèmes, . Au-delà, dans la première moitié du XXe siècle, l'État a souvent instauré un cadre réglementaire spécifique, et souvent plus rigide pour les banques coopératives que pour les banques traditionnelles. Enfin, dans le cas français, l'État s'est clairement appuyé sur les

7. « *Les banques coopératives se voient alors progressivement dotées d'organes centraux qui sont placés sous une tutelle étatique, et par lesquels transitent les financements publics, principalement sous la forme de prêts bonifiés* », (Richez-Battesti et Gianfaldoni, 2006, p. 25).

banques coopératives pour redessiner le paysage bancaire à compter des années 1990 – ce que nous verrons un peu plus en détail dans la 3e partie.

(5) Enfin, concernant la dernière caractéristique traditionnellement avancée pour définir le capitalisme – à savoir la rémunération du travail par les salaires –, une distinction est là encore à faire entre les banques classiques et les banques coopératives. L'implication des sociétaires dans les organisations relève en général du bénévolat.

En s'appuyant sur les travaux de N. Richez-Battesti et P. Gianfaldoni (2008), il peut être déclaré en reprenant les termes de G. Caire et S. Nivoix (2010) que « *la gouvernance sociétariale aurait quatre avantages comparatifs sur la gouvernance actionnariale : une juste conciliation entre l'efficacité du marché et la satisfaction de besoins sociaux de ses membres et de la collectivité ; une meilleure maîtrise des risques (moins d'anti-sélection et de risque moral) du fait d'une réduction des asymétries d'information ; un ancrage fort permettant une meilleure connaissance du terrain et le développement des relations de confiance ; une stabilité institutionnelle notamment par l'impossibilité des OPA et des délocalisations* ».

Les divergences qu'il est possible de noter entre banques classiques et banques coopératives à partir de la typologie du capitalisme sont assez importantes. Il reste que ces institutions cohabitent et réalisent leur activité dans un même système, le système capitaliste. Pourtant, comme nous l'avions souligné en première partie, les banques classiques ont connu un certain délitement dans leur mission principale qu'est l'accompagnement de la production. En quoi les banques coopératives semblent plus aptes à réaliser et maintenir cette mission d'accompagnement de la production ?

Pour souligner la mission d'accompagnement de l'activité de production réalisée par les banques, nous avons mis en évidence deux points majeurs [8] :

8. Voir partie 1.

– l'orientation de l'activité bancaire vers le financement de la commercialisation et de la production d'une part ;

– et l'implication du banquier soit par une implication directe dans les activités de production, soit/et une intense proximité de ces mêmes banquiers avec les entreprises financées.

Or, ces caractéristiques entrent en forte résonance avec les objectifs, missions et organisations des banques coopératives. La place du collectif et de la proximité dans les pratiques censées être usuelles des banques coopératives constitue des arguments forts pour soutenir cette position. Ces dimensions ont été soulignées dans différents travaux en recourant notamment à la grille de lecture théorique des proximités (P. Pecqueur et J.-B. Zimmerman, 2004 et R. Boschma, 2005). La place de la communauté, le développement d'une territorialité renforcent les liens, la fréquence des contacts, des échanges d'informations, la compréhension des activités, une vision partenariale de la relation, l'établissement d'une confiance réciproque fondée a priori sur des principes communs.

### La microfinance et l'accompagnement de la production : la tradition retrouvée

Si le système financier traditionnel a connu des bouleversements majeurs depuis une vingtaine d'années, ils s'inscrivent dans la transformation profonde du paysage financier international. Outre les changements qui lui sont propres, la finance classique a vu apparaître de nouveaux produits, organisations ou institutions – comme par exemple les fonds souverains – largement extérieurs à son mode de fonctionnement usuel. Et la microfinance représente en la matière la plus grande nouveauté depuis la fin des années quatre-vingt-dix. En effet, le grand public prend connaissance de ce concept lors du premier sommet mondial du microcrédit, organisé à Washington sous la tutelle de la présidence américaine. Dès lors, sa diffusion n'a cessé de s'accroître, que ce soit dans les usages ou dans les médias.

L'histoire semble bien connue. En 1976, Mohammed Yunus signe l'acte de naissance du microcrédit en créant une institution financière d'un nouveau type, la Grameen Bank. Les crédits accordés reposent sur la notion de caution solidaire, c'est-à-dire que tout emprunt individuel bénéficie d'une garantie collective. En réalité, la microfinance impose deux idées nouvelles, les pauvres sont capables de rembourser leurs dettes si les crédits sont adaptés, et une institution financière consacrée aux pauvres est viable si les taux d'intérêt compensent l'ensemble de ses coûts (S. Boyé, J. Hajdenberg et C. Poursat, 2009, p. 52 ; CGAP [9]).

Concrètement, la microfinance revêt maintenant bien des formes. Avec le temps, les IMF proposent des gammes de produits financiers de plus en plus larges mais toujours complémentaires. Elles peuvent effectivement être relatives au crédit solidaire, au crédit individuel qui repose sur un système de garanties de différents ordres – matériel et moral –, banques communautaires et *self help groups* dont le crédit est destiné à un projet commun, caisses villageoises autogérées, à l'épargne et/ou coopérative d'épargne, à la micro-assurance, au crédit-habitat, aux services de transferts des fonds des migrants .

Si le microcrédit implique nécessairement l'octroi de petites sommes, la totalité des sommes octroyées peut s'avérer considérable à l'échelle d'un pays. En outre, le microcrédit ne repose plus exclusivement sur le crédit individuel et la caution solidaire ; le crédit peut être commun à un groupe, sous forme de tontine ou non, la caution peut être individuelle (M. Lelart, 2006)... La définition de la microfinance est délicate à établir.

Ainsi, le Groupe de recherche et d'échanges technologiques – GRET – décrit la microfinance comme « [...] l'offre de services financiers viables à une clientèle pauvre (composée notamment de petits travailleurs indépendants ou « microentrepreneurs »), qui n'a pas accès au système bancaire formel ». L'affirmation de cet objectif n'est ni anodine

9. http://www.lamicrofinance.org

ni sans conséquence ; elle suppose l'affirmation de principes et d'objectifs précis. Tout d'abord, des principes reposant sur des réalités économiques, institutionnelles et sociales :

« – La microfinance est un moyen de mettre des systèmes financiers au service des pauvres.
– Les pauvres ont besoin de toute une gamme de services financiers et non seulement de prêts.
– La microfinance implique la mise en place d'institutions financières locales permanentes [10]. »

Les objectifs sont alors à la fois ambitieux et réalistes :

« La microfinance est un instrument puissant de lutte contre la pauvreté, Le microcrédit n'est pas toujours la solution. »

En réalité, à partir de ces principes, le *Consultative Group to Assist the Poor* – CGAP – pose essentiellement des questions relatives à la bonne gouvernance et à la gestion des microcrédits, des IMF et des bailleurs de fonds. L'idée simple de la microfinance suppose un mode de fonctionnement complexe afin d'être viable, comme la transparence des activités financières, l'implication des pouvoirs publics, etc.

En outre, cette idée d'apparence simple soulève bon nombre de questions relatives cette fois aux principes du système financier tel que nous le connaissons aujourd'hui, voire aux principes même du capitalisme, qu'il soit managérial ou actionnarial. Ici, contrairement à toute entreprise capitaliste, il est avant tout question pour les IMF de viabilité et non de recherche du profit. Comme nous venons de le voir, la microfinance s'attache à poser clairement les éléments nécessaires à sa viabilité ; nulle part, il n'est fait référence à un profit. Plus largement, son objectif premier, répétons-le, est de fournir des financements aux plus pauvres. La question de la rentabilité des institutions est donc très éloignée des principes fondamentaux.

Théoriquement, les IMF fonctionnent comme des institutions financières classiques. Leurs organisations sont comparables, puisqu'elles se structurent autour d'un siège,

10. CGAP, Principes clés de la microfinance, http://www.lamicrofinance.org

d'une direction régionale ou locale et d'agences faisant office de chargés de clientèle. Ceci dit, là encore, les organismes de microfinance recouvrent des réalités juridiques diverses. Les IMF ont tout d'abord été des mutuelles, soit calquées sur le fonctionnement de celles des pays du Nord soit, plus récemment, sous forme de caisses autogérées [11] ; de fait, les premières collectent davantage l'épargne qu'elles n'octroient de crédit, alors que les secondes pratiquent l'inverse (M. Lelart, 2006). Ensuite, la microfinance peut être pratiquée par des banques classiques bien que cela reste encore marginal [12]. Et enfin, les IMF prennent le plus souvent la forme d'associations, d'ONG nationales ou internationales qui font alors office d'initiateurs de projets/programmes et d'intermédiaires financiers.

(1) Ainsi, les IMF sont majoritairement des organismes soit à but non lucratif, soit mutualistes ou coopératifs, c'est-à-dire essentiellement tournés vers les objectifs économiques et sociaux. Non seulement les IMF échappent donc par définition à la recherche effrénée de la rentabilité financière, caractéristique du capitalisme actionnarial, mais elles échappent également à la définition classique du capitalisme au sens large.

(2) Ici, les moyens de production ne reposent pas sur la propriété privée ; les IMF sont le plus souvent des organismes publics ou collectifs avec une démarche spécifique [13].

(3) Il en est de même pour la notion de concurrence qui n'est pas pertinente dans le cadre des IMF. Comme décrit plus haut, les IMF sont souvent attachées à un petit groupe ou à un projet spécifique et bien que nombreuses, il leur est alors difficile de se faire concurrence.

(4) et (5) Concernant la rémunération du travail par les salaires, les IMF présentent encore une fois une grande

11. Les villageois sont entièrement responsables du fonctionnement de ces caisses qui sont circonscrites à un groupe. Cela suppose une forte adhésion, mais également l'absence de mise en réseau.

12. Ou même d'institutions financières non bancaires de crédit ou d'assurance.

13. Voir section précédente sur les banques mutualistes...

diversité de situations. Néanmoins, généralement, les rémunérations des acteurs n'ont pas de lien direct avec l'activité de microfinance. Ce sont soit des agents publics ou rattachés à une institution internationale, soit des personnes bénévoles. La microfinance interroge plus spécifiquement le capitalisme actionnarial en restant fortement ancrée dans le capitalisme managérial. Les revenus des acteurs de microfinance sans rattachement à des intéressements financiers, le capital conçu dans sa dimension productive – et non financière – et l'implication importante des pouvoirs publics restent des caractéristiques essentielles de ce dernier.

Plus encore, la microfinance renoue avec une tradition délaissée avec l'avènement du capitalisme actionnarial : l'accompagnement de la production par les établissements de crédit. Car c'est avant tout dans la proximité avec l'emprunteur que le microcrédit s'est construit. Concrètement, la microfinance se définit comme une « [...] finance de proximité qui s'adapte aux besoins et qui s'inscrit dans une logique de fourniture de services financiers à une population qui n'a pas accès à la banque » (M. Lelart, 2006, p. 27) ou comme une « [...] finance de proximité largement basée sur la confiance » (M. Lelart, 2006, p. 44).

Les pays en développement présentent des systèmes financiers embryonnaires, incapables de répondre à la demande de crédit, sauf pour la classe la plus aisée et les plus grandes entreprises. Les conditions géographiques – zones rurales souvent peu accessibles – et les coûts de transaction – prêts de petits montants peu rentables – ont conduit à laisser de côté une grande partie de la population. La convergence dans les années soixante-dix de plusieurs facteurs [14] a contribué à l'émergence du microcrédit, précisément dans le but de toucher cette clientèle, en allant à sa rencontre physique et économique. Cette proximité

14. Lelart (2006, p. 23-24) repère cinq facteurs : l'explosion de l'endettement des États et la nécessité de mobiliser l'épargne privée, l'intervention du secteur public, l'inadéquation de l'affectation de l'épargne, la lutte contre la pauvreté et la capacité d'innovation du secteur informel.

se renforce de fait par le nécessaire suivi des prêts et des garanties, afin d'assurer la pérennité des projets et de l'IMF qui suppose des contacts fréquents et un accompagnement parfois logistique[15]. La microfinance s'impose dans les pays en développement comme un secteur intermédiaire entre les banques traditionnelles et la clientèle rurale ou populaire qui faisait auparavant appel à la finance informelle. Dominique Gentil et Jean-Michel Servet (2002) précisent ainsi que les besoins de financement satisfaits par la microfinance dépassent les simples besoins des pauvres.

Finalement, le comportement des IMF et l'ampleur du public touché ne sont pas sans rappeler le comportement des banquiers traditionnels observé jusqu'à très récemment. Même si les IMF ne sont pas des banques – elles ne reçoivent pas de dépôts à vue par exemple – leur conception du crédit et de sa gestion ressemble fortement à ce qui s'est pratiqué jusqu'à la fin du XX^e^ siècle en Occident. Les raisons en demeurent fondamentalement différentes : les banquiers s'appliquaient à la proximité pour assurer leurs propres deniers et une certaine rentabilité, et les IMF pour garantir la pérennité des projets et pour lutter contre la pauvreté. Ceci dit, la proximité constitue, pour tous, le meilleur moyen pour maintenir la viabilité de leur établissement et réduire les risques. Les IMF semblent marcher dans les pas des « anciens » banquiers en assurant l'accompagnement de la production.

Finalement, cela semble raisonnable au vu de ce que nécessitent l'octroi et le suivi du crédit. Néanmoins, alors que des observateurs s'enthousiasment de la réussite de la microfinance et des taux de remboursement exceptionnels des organismes de microcrédit, cela met précisément en perspective la trajectoire des banquiers occidentaux et combien leurs pratiques actuelles sont inadaptées à leur métier. Non seulement l'histoire nous l'apprend, mais également les innovations financières de l'économie informelle

15. La proximité est encore plus grande avec le crédit individuel où la relation entre le client et l'institut est directe, quand les clients sont à l'initiative du projet ou quand l'IMF (ou ONG) est impliquée dans le projet.

des pays en développement, la microfinance (Voir tableau 1, ci-dessous).

## La convergence des modèles alternatifs bancaires vers la finance classique : la fin d'une tradition ?

Les alternatives aux banques capitalistes présentent des caractéristiques à la fois très différentes – géographiques, juridiques, historiques – et très proches. En effet, banques coopératives créées au XIX^e^ siècle ou IMF du Bengladesh entendent poursuivre des objectifs relatifs à un collectif. Elles ont ceci de commun que sans être complètement extérieures au système capitaliste, ces institutions ont été épargnées par les dérives récentes du système financier et exercent le métier du banquier en accompagnant des activités économiques.

Pourtant, les évolutions récentes tendent à montrer que tous les acteurs de la finance, y compris ceux qui nous intéressent ici, semblent adopter les mêmes comportements que les institutions financières classiques. La frontière entre la banque capitaliste et ses alternatives devient alors de plus en plus ténue.

### La convergence des banques coopératives : d'une tendance à la démutualisation au risque d'une dénaturation du modèle ?

Alors qu'au cours des années 1980 et 1990, les banques coopératives anglo-saxonnes ont périclité, leurs consœurs européennes ont souvent connu une santé florissante qui, pour certaines, les ont amenées aux premiers rangs des classements des banques du vieux continent – *cf.* Crédit Agricole, Banques Populaires... Ceci a alimenté une littérature assez abondante sur le mode de fonctionnement du modèle coopératif bancaire – notamment à la française –, sa pertinence face au modèle des entreprises capitalistes, et sa viabilité. La croissance de ces banques et la relative résistance de leur modèle à leur propre croissance comme à la crise interpellent l'intérêt de ce modèle pour construire

**Tableau n° 1 : Système capitaliste et les organismes de crédit**

| | | |
|---|---|---|
| Système capitaliste | Banques capitalistes | |
| Propriété privée des moyens de production | Propriété privée du capital | |
| Recherche du profit et sa justification | Recherche du profit pour l'actionnaire | |
| Liberté des échanges économiques et de la concurrence économique | Concurrence | |
| État | Désengagé | |
| L'importance du capital, les possibilités de l'échanger (spécialement en Bourse), de l'accumuler et de spéculer | Banques comme soutien au système capitaliste (place du capital, enjeu de l'accumuler, et de contribuer à la spéculation !) | |
| La rémunération du travail par le salaire | Forte place des primes dans la rémunération des salariés des banques capitalistes | |

| | | |
|---|---|---|
| | Banques coopératives (solidarité au sein d'un groupe) | Institutions de MicroFinance (solidarité au sein d'un groupe ou d'un groupe vers un autre ) |
| | Propriété collective du capital | Pas pertinent<br>Fonction du produit |
| | Amélioration du sort d'une collectivité /<br>Traduction du profit en service « en nature », au profit des adhérents et/ou bénéficiaires | Amélioration du sort d'une collectivité |
| | Concurrence qui devrait être limitée, mais de moins en moins vrai (*cf.* processus de consolidation du secteur, et incidences des normes) | Concurrence limitée mais... |
| | Souvent relais de politiques ou de projets publics | Souvent initiateur de projets ou relais |
| | Banques comme soutien à une économie solidaire (reconnaissance de l'enjeu du capital, pour l'accumuler,) | Banques comme soutien à une économie solidaire (reconnaissance de l'enjeu du capital pour subvenir à ses besoins,) |
| | La gratuité ou la rémunération de la participation à la gestion du capital social, à travers la rémunération ou non des administrateurs | Gratuité |

le paysage bancaire de demain, avec pour enjeu de limiter les risques d'une crise identique à celle de 2008.

Néanmoins, il reste que ce même modèle des banques coopératives a connu lui aussi des évolutions assez notables et pouvant amener selon certains une crise identitaire. Quelles sont ces évolutions ? Sont généralement avancées : l'internationalisation des banques, l'entrée en Bourse du groupe ou de leur filiale, le développement de la croissance externe (*cf.* notamment J. Batac, V. Maymo et V. Pallas-Saltiel, 2008). Ces évolutions semblent toutes entrer en rupture avec des caractéristiques majeures du modèle coopératif bancaire. Revenons sur chacune d'elles.

L'internationalisation des banques remet en cause la place et le sens du collectif, de la communauté, du cercle auquel est traditionnellement attachée la banque coopérative. Ce détachement à certains égards du collectif initial s'accentue avec l'internationalisation des groupes, donc de manière assez récente. Toutefois, ce détachement s'est engagé depuis déjà plusieurs décennies : (i) les usagers ne sont plus uniquement des sociétaires, ou le deviennent, mais sans en intégrer les dimensions du modèle coopératif, (ii) de même les évolutions réglementaires ont permis aux banques coopératives d'investir les mêmes opérations que les banques traditionnelles et notamment dans le cadre français de se présenter comme des banques universelles. L'internationalisation ne serait-elle qu'une étape supplémentaire pour laquelle il ne faudrait pas craindre forcément d'incidences négatives majeures quant aux caractéristiques de proximité avec la clientèle et d'accompagnement de la production, permise en cela par la gestion décentralisée à trois niveaux (local, régional, national) qu'ont déjà mis en place les banques coopératives ? (*cf.* ci-après).

L'entrée en Bourse des groupes ou de leurs filiales introduit de fait une composante actionnariale. Comme exemple, citons l'introduction en Bourse du Crédit Agricole en 2001 ou la création de Natixis, filiale des Banques Populaires cotée en Bourse. Cette tendance déstabilise le modèle coopératif, puisqu'à l'origine l'organisation mise en place n'est pas une société anonyme et ne compte pas d'actionnaires parmi les agents en présence dans l'organisation. Cette absence d'actionnaires réduit grandement les exigences liées à la rémunération du capital, à la prédominance d'une logique financière et d'une vision court-termiste. Deux arguments essentiels sont avancés pour limiter l'incidence de cette évolution sur le modèle coopératif :

– le mode de gestion à trois niveaux – local, régional, et national – a été institué dès le début du XXe siècle : tout d'abord, afin d'équilibrer les ressources et prêts des caisses locales entre elles, un organe régional est constitué, puis rapidement l'État estime nécessaire d'avoir un seul interlocuteur : l'organe, et donc le niveau national, est constitué. La proximité serait ainsi conservée et l'organe central gère les différentes composantes du groupe avec leur logique respective ;

– d'un tout autre ordre, la croissance des banques coopératives rend de plus en plus délicate l'expression des sociétaires à l'occasion des assemblées générales, et en conséquence dans les choix et orientations stratégiques des entreprises. Leur pouvoir se dilue – du fait du principe une personne, une voix. Les dirigeants, et notamment le Directoire, ont un pouvoir de décision important. Toutefois, dans ce contexte, les coûts d'agence augmenteraient pour réduire l'asymétrie d'informations entre les sociétaires et les dirigeants (J.-N. Ory, M. Jaeger, et E. Gurtner, 2006). L'effectivité du projet démocratique dans les structures coopératives de grande taille est donc interpellée (G. Caire et S. Nivoix, 2010).

La troisième et dernière évolution retenue est l'accroissement du recours à la croissance externe par les banques coopératives. Citons l'achat du Crédit Lyonnais par le Crédit Agricole en 2004 notamment. Cet exemple permet de noter que les banques coopératives se sont avérées un vecteur fort de la redéfinition du paysage bancaire français sous l'égide de l'État. En cela, persiste à cette occasion le fait que les banques coopératives peuvent se révéler – et ce, encore tout récemment – un instrument associé à une politique de l'État. La forte rentabilité des banques coopératives, dont l'origine se situe essentiellement dans sa clientèle de proximité et de fait fidèle, a pu être mise au service de fusions permettant de restabiliser des banques classiques en situation délicate. Toutefois, cette réorganisation du paysage bancaire a poussé les banques coopératives sur des tailles dont l'adéquation avec le modèle coopératif fait débat, en les confrontant à une mixité de cultures a priori assez contradictoires – en termes d'organisation, d'approche du client, du portefeuille de produits proposés, et de valeurs.

Cette tendance de la croissance externe couplée à l'introduction en Bourse nous amène à signaler enfin – et peut-être surtout ? – la question de l'évolution de la constitution des fonds propres des banques coopératives. Les normes réglementaires et les nouveaux accords de Bâle III n'intègrent pas toutes les spécificités des banques coopératives et risquent de les plonger d'autant plus dans des exigences et des comportements similaires aux banques capitalistes.

En dépit de ces difficultés dont les banques coopératives et leurs associations représentatives ont conscience, elles souhaitent véritablement dans le contexte actuel défendre leur modèle, et surtout l'intérêt de celui-ci pour la construction d'un système bancaire plus stable. Elles développent une communication en ce sens et reprennent ce que l'EACB avait déjà avancé en 2004 : les banques coopératives : (i) contribuent à l'efficacité du système bancaire et par là de l'économie, (ii) offrent un service accessible et de haute qualité, (iii) interviennent activement au niveau local, (iv) et renforcent la stabilité des systèmes financiers (EACB, 2004).

### La convergence de la microfinance : d'une tendance à l'institutionnalisation à la dénaturation du modèle

Avec près de 10 000 IMF dans le monde et près de 150 millions de clients (A.-C. Creusot et C. Poursat, 2009, p. 18), le secteur de la microfinance entame une nouvelle ère, celle de la maturité. Et s'ouvrent également de nombreux chantiers. Le succès incontestable de ce secteur l'amène à se poser des questions avant tout en termes d'objectifs et d'impacts qui induisent des questions en termes institutionnels et juridiques, en termes d'organisation et de structure et en termes financiers. Autrement dit, le besoin de financement reste considérable et ouvre des perspectives d'expansion énormes. Néanmoins, comment concevoir cette expansion ?

La réglementation actuelle des IMF demeure problématique par la diversité des statuts, rendant difficiles une clarification institutionnelle et une régulation financière. Si les formes associatives, publiques et mutuelles sont dominantes, elles présentent de grands inconvénients de gouvernance quand l'organisme gagne en taille. La formation des élus et leur implication se diluent avec l'expansion et semblent compromettre partiellement le respect des objectifs de départ.

Le problème se pose de façon identique quant à la pérennité de l'organisation de l'IMF et de sa structure. Cette dernière nécessite une maîtrise des opérations de terrain – octroi et suivi de crédits –, un engagement de tous ses membres, des procédures et des systèmes d'information clairs et efficaces (S. Boyé, J. Hajdenberg et C. Poursat, 2009) ; autant d'éléments susceptibles d'être entamés par une taille trop importante de l'organisme.

Enfin, la viabilité financière est en soi une source de questionnement pour la microfinance depuis sa constitution ; peu d'institutions sont actuellement excédentaires et beaucoup comptent sur des subventions. Les IMF doivent assurer leur stabilisation, voire leur consolidation, dans la mesure où leurs bailleurs de fonds peuvent se repositionner à tout moment. Or, c'est précisément le cas des bailleurs publics qui tendent à se désengager individuellement auprès des institutions afin de se concentrer sur l'organisation du secteur dans son ensemble.

Le secteur de la microfinance a longtemps coexisté pacifiquement au côté de la finance traditionnelle. Mais, d'une part son succès fait des IMF des concurrents plus ou moins directs aux banques classiques ou, à l'inverse, une source attractive d'investissements. D'autre part, puisqu'en tant qu'IMF, ces dernières connaissent des difficultés institutionnelles, organisationnelles et financières, elles tendent à délaisser leur propre modèle de fonctionnement au profit d'un modèle plus classique de fonctionnement, le modèle bancaire. Cette convergence, cette intégration au système financier leur permettent alors de résoudre les difficultés évoquées plus haut, mais également d'ouvrir des dépôts à vue, d'octroyer des crédits par création monétaire et de se financer par le marché. Il s'agit bien alors de se conformer au capitalisme actionnarial. D'ailleurs, le rapport de l'ONU de 2006 en appelle à passer de la microfinance d'IMF isolées à la finance pour tous, un système financier institutionnalisé, accessible au plus grand nombre et dont la microfinance ne serait qu'une composante.

Il va sans dire que se rapprocher du modèle bancaire classique éloigne les IMF de leurs pratiques relatives à l'accompagnement de la production puisque, nous l'avons vu, les banques classiques s'en sont éloignées. Les derniers garde-fous que sont les statuts juridiques – souvent associatifs, publics ou mutualistes –, comme les objectifs – procurer des financements aux plus pauvres ou réduire la pauvreté – paraissent des remparts bien faibles face à l'altération du métier de l'IMF qui semble inéluctable. En effet, malheureusement, la trajectoire des banques mutualistes dans les pays du Nord, qui pourtant ont à la fois des statuts et des objectifs particuliers, montre qu'elles ont fini par adopter les pratiques des banquiers classiques, des pratiques caractéristiques du capitalisme actuel.

## Conclusion

La banque du capitalisme actionnarial est une banque dont le fonctionnement soulève bon nombre de questions. Elle s'est adaptée, comme toute entreprise au changement de régime économique. Néanmoins, cette mutation a profondément altéré son action au sein de l'économie : alors que le banquier a toujours été là pour accompagner la production, la période récente a vu ce dernier se détourner de cette fonction au profit d'activités jugées plus rentables. La banque du capitalisme actionnarial consiste avant tout à rechercher des effets de levier.

Néanmoins, des établissements de crédit pratiquent encore le métier du banquier tel qu'il a existé pendant des siècles : les banques coopératives et les IMF. Les premières compte tenu de leurs statuts et les secondes en raison de leurs objectifs échappent à la logique du capitalisme actionnarial, voire à celle du capitalisme au sens large. Seraient-elles donc des alternatives à la banque capitaliste ? Malheureusement, les unes comme les autres connaissent un fort mouvement de convergence vers la finance classique. Mimétisme stratégique, viabilité financière, les raisons sont nombreuses et le mouvement semble inéluctable.

Ainsi, la question pour l'avenir sera : Qui pour accompagner le crédit et la production ? Les banques capitalistes ne veulent plus s'impliquer et les alternatives tendent à se désengager. Si le système financier ne finance plus l'économie, qui le fera ? Il ne s'agit pas de nier la nécessité de processus d'adaptation des institutions bancaires, mais de s'interroger sur le point de rupture qui peut être atteint et se révéler significatif d'une dénaturation du métier de banquier. Or, ce métier est indispensable au fonctionnement de l'économie et de la société. Est-il possible de laisser les banques s'en détacher ?

## Bibliographie

Ansart Sandrine et Monvoisin Virginie (2011), The Banker's Ethics: its Economic and Societal Role, *in* Patrick O'Sullivan (dir), *Business Ethics: Integrating Ethics*, Oxford, Routledge, à paraître.

Batac Julien, Maymo Vincent et Palas-Saltiel Valérie (2008), « Entre mutualisme et capitalisme : le modèle de gouvernance hybride du groupe Crédit Agricole », *Revue internationale de l'économie sociale*, n° 308, p. 23-34.

Boyé Sébatien, Hajdenberg Jérémy et Poursat, Christine (2009), *Le guide de la microfinance*, Paris, Eyrolles.

Bonin Henry (1992), *La banque et les banquiers en France du Moyen Âge à nos jours*, Paris, Larousse, coll. « Références Larousse Histoire ».

Boschma Ron (2006), Does Geographical Proximity Favour Innovation ?, *Économie & Institutions*, n° 6-7, p. 111-127.

Caire Gilles et Nivoix Sophie (2010), « Réalités de la démocratie sociétariale : ce que révèlent les assemblées générales des banques coopératives françaises », *ISFAM-10th World Conference/Justice and Sustainability in the Global Economy*, Paris, 8-10 juillet.

Creusot Anne-Claude et Poursat Christine (2009), « Pour une meilleure inclusion financière : renforcer les institutions intermédiaires », Revue *Tiers-Monde*, n° 197, p. 17-36.

Descamps Christian et Soichot Jacques (2002), *Économie et Gestion de la* Banque, Colombelles, Éditions EMS, coll. « Management & Société ».

EACB – European Association of Cooperative Banks (2004), *Cooperative banks in Europe: values and practices to promote development*, Bruxelles.

Gentil Dominique et Servet Jean-Michel (2002), « Microfinance : petites sommes, grands effets ? », Revue *Tiers-Monde*, tome LXLIII, n° 172, p. 729-735.

Lelart Michel (2006), *De la finance informelle à la microfinance*, Paris, Édition des Archives contemporaines et Agence universitaire de la francophonie, coll. « Économie et gestion ».

Mourgues Michèle de (1988), *La monnaie. Système financier et théorie monétaire*, Paris, Economica.

Naszályi Philippe (2010), « Crédit coopératif, histoire et actualité. L'héritage de Raiffeisen (1818-1888) et Schultze-Delitzsch (1808-1885) » *in* Boutiller S. et Allemand S. (sous la direction de), *Économie sociale et solidaire, Nouvelles trajectoires d'innovations*, Paris, L'Harmattan.

Ory Jean-Noël, Jaeger Mireille et Gurtner Emmanuelle (2006), « La banque à forme coopérative peut-elle soutenir durablement la compétition avec la banque SA ? », *Finance, Contrôle et Stratégie*, vol. 9, n° 2, juin.

Pecqueur Bernard et Zimmermann Jean-Benoît (2004), *Économie de proximités*, Paris, Hermès-Lavoisier.

Rapport de l'ONU (2006), *Construire des secteurs financiers accessibles à tous*, New York, Nations Unies.

Richez Battesti Nadine et Gianfaldoni Patrick (dir.) (2008), « La gouvernance partenariale des banques coopératives françaises », Rapport à la DIIESES, Paris.

Richez-Battesti Nadine et Gianfaldoni Patrick (dir.) (2007), *Les banques coopératives en France : Le défi de la performance et de la solidarité*, Paris, L'Harmattan.

Toucas Patricia et Dreyfus Michel (dir) (2005), *Les coopérateurs. Deux siècles de pratiques coopératives*, Paris, Les Éditions de L'atelier, coll. « Jean Maitron ».

http://www.lamicrofinance.org

# Microcrédit et religion : complémentarité ou incompatibilité ?

LAURENCE ATTUEL-MENDÈS
Professeur associé, groupe ESC Dijon-Bourgogne,
Ceren (Centre de recherche sur les entreprises)

En 2006, presque deux milliards d'individus dans le monde ont été considérés comme vivant en dessous du seuil de pauvreté absolue, devant survivre avec moins de deux dollars par jour (G. Cazabat, 2007). Trois milliards d'individus sont pauvres selon un rapport de la Banque Mondiale datant de 2005. Parallèlement, ce rapport chiffre à 500 millions le nombre de bénéficiaires de la microfinance, alors que 80 % de la population n'a pas accès au crédit et aux services financiers (Rapport de Planet Finance, 2006).

Avec la mondialisation, la crise économique et financière s'est amplifiée et a entraîné une augmentation du nombre de chômeurs dans le monde, ce qui augmente mécaniquement le nombre de personnes qui choisissent la création d'activité (F. Bacin *et al.*, 2009). Le microcrédit devrait ainsi jouer un rôle d'amortisseur pour le chômage (M.-B. Baudet *et al.*, 2009). À l'opposé, néanmoins, Emmanuel de Lutzel (2009) constate une stabilisation du marché de la microfinance, alors que le marché affichait ces dernières années une croissance de 30 % annuelle.

La microfinance a en effet connu un développement vertigineux depuis quelques années. 2005 a été l'année mondiale de la microfinance pour l'ONU. En 2006, Mohammad Yunus et la Grameen Bank ont reçu le prix Nobel de la Paix. La microfinance s'est développée de manière considérable en Asie, en Afrique et en Amérique latine, on estime aujourd'hui que 150 à 200 millions de personnes en bénéficient dans le monde et que le phénomène représente

25 milliards de dollars d'encours (E. Brack, 2009). Les institutions de microfinance (IMF) les plus actives ne sont pas localisées en Europe, mais plutôt dans le sous-continent indien, en Amérique latine et en Afrique. Certes, la dimension agraire peut très certainement être un facteur explicatif, néanmoins notre recherche se focalisera sur la dimension religieuse, et plus précisément sur l'éventuelle puissance des obstacles spirituels de type religieux qui viennent s'immiscer dans la sphère économique selon Max Weber. En effet, si l'on compare ces localisations avec les religions dominantes, cette recherche devient légitime dans la mesure où des connexions avec l'hindouisme, l'islam et la chrétienté peuvent être trouvées.

Actuellement, une montée du religieux et des communautarismes se fait jour sur le terreau fertile de la crise, de l'insécurité et de la mondialisation. Pascal Glémain (2009) souligne la corrélation entre l'accroissement de l'internationalisation des économies et la prise d'importance des proximités (sociales et géographiques). André Martens[1] (2001) évoque également le regain de vitalité de la religion musulmane, comme en témoigne l'observance grandissante, ces 50 dernières années, d'obligations islamiques telles que le jeûne du mois de ramadan et le pèlerinage à La Mecque. La crise stigmatise la disparition de l'individu au profit du virtuel. Dans le contexte actuel de crise mondiale et de globalisation où l'individu est noyé dans la masse, les finances solidaires lui redonnent son existence (A. Fulconis-Tielens, 2009). Même s'il a été démontré que la religion n'est pas une clé du succès des IMF dans les pays du Maghreb (V. Allaire *et al.*, 2009), dans la mesure où ils sont tous très majoritairement musulmans, des règles religieuses pourraient constituer une limite au développement du microcrédit.

En effet, l'un des points souvent critiqué du microcrédit réside dans les forts taux d'intérêts pratiqués, environ 25 % en moyenne pour une institution rentable (E. Brack, 2009).

1. V. Dans le même ordre d'idées, Reinhard Leopold Klarmann, 2003, *Islamic Project Finance, A legal study with particular reference to the laws of Switzerland and the United Arab Emirates*, université de Lausanne, Schulthess.

Pour exemple, Compartamos[2], célèbre IMF mexicaine, pratique des taux d'intérêts annualisés supérieurs à 85 % (sans compter une taxe de 15 %)[3]. Or cette institution a été créée par les légionnaires du Christ, mouvement proche de l'Opus Dei, dans deux des États les plus pauvres du Mexique. La forte connexion du religieux et de la microfinance se trouve soulignée dans les actions simultanées en faveur du microcrédit et de la religion, par la distribution de flyers relatifs à la vie sexuelle du catholique par les personnels de cette IMF. Dans le même ordre d'idées, Zakoura, une IMF marocaine, pratique un taux effectif global (t.e.g.) à 45 % selon Planet Finance. En revanche, les projets financés par la Banque islamique de développement se font sans intérêt, conformément à la charia. Y aurait-il des principes religieux éventuellement inhibiteurs ? La religion constitue-t-elle un frein ou au contraire un catalyseur du microcrédit ? Cette cohabitation n'est pas nouvelle, elle existait déjà dans les temps anciens, au Moyen Âge notamment. Le lien entre le religieux et l'économie est toujours d'actualité, comme le démontre la dernière encyclique du pape Benoît XVI (*Caritas in veritate*, 2009), qui constitue une synthèse de la réflexion de l'Église catholique sur la société et l'économie contemporaine (P.-Y. Gomez, 2009). Afin de pouvoir déterminer comment il est possible d'allier l'objectif de justice sociale commun aux IMF et aux religions et les taux d'intérêts élevés, il nous faudra procéder à une recherche relative aux origines des IMF et de la pratique des taux d'intérêts (1), puis s'interroger sur les fondements et l'évolution de la prohibition des taux d'intérêts usuraires (2).

2. Mohammad Yunus considère même que « Compartamos, ce n'est pas du microcrédit, c'est amasser des gains sur des pauvres prêts à tout pour de l'argent » (*Business Week*), cité par François Doligez, « Analyses bibliographiques microfinance » à propos du livre de M. Yunus *Vers un nouveau capitalisme*, J.-C. Lattes, 2008, Revue *Tiers Monde*, n° 197, janvier-mars 2009, p. 204-207.

3. R. Rosenberg (2007), « CGAP Reflections on the Compartamos Initial Public Offering: A Case Study on microfinance Interest Rates and Profits », Focus Note 42. Washington, D.C. : CGAP, juin.

## À l'origine des institutions de microfinance actuelles, des précurseurs religieux pratiquant des taux d'intérêts élevés justifiés

### L'origine des institutions de microfinance

Le microcrédit n'est pas une invention contemporaine (L. Fontaine, 2008) même si son développement s'est relancé depuis les années 1970 sous l'impulsion de M. Yunus. Le microcrédit permet aux plus démunis d'avoir accès au crédit et de démarrer une activité économique, permettant à 50 % de ses bénéficiaires de sortir de la pauvreté au bout de trois ans, selon une étude menée par la Grameen Bank.

Des institutions charitables sont nées de l'initiative religieuse dès l'ère préindustrielle. Aux Pays-Bas, par exemple, chaque religion (ou nuance au sein d'une même confession) a son propre système d'assistance aux pauvres : les protestants en ont huit, les catholiques un et les juifs un également (L. Fontaine, 2008).

Dès la fin du Moyen Âge, certains moines récollets et franciscains s'inquiétèrent de l'usure omniprésente dans la société, et qui consiste, dans leur acception, à tout surplus excédant le capital versé par l'emprunteur au prêteur en raison du prêt (A. Lapidus, 1987). Sous leur inspiration, les initiatives se sont multipliées pour créer des institutions capables de libérer les pauvres des usuriers juifs et chrétiens. Ces moines ont cherché à faire accepter des formes honnêtes de crédit qui soient distinctes du don. Ils soulignent déjà qu'un prêt peut aider à se préserver et à se relever de la pauvreté, alors qu'une fois tombé en pauvreté, il est beaucoup plus difficile de se réinsérer. Ce qui est exactement la même idée que la microfinance actuelle. Ils sont les premiers à distinguer, dans la condamnation générale du crédit, prononcée par l'Église, un crédit vertueux destiné aux pauvres, comme ils sont les premiers à chercher à promouvoir une forme d'assistance autre que la charité. Les premiers monts-de-piété sont créés dès le XV^e^ siècle en Italie et en Espagne. Pour autant, leur volonté de charité est inscrite dans les statuts de ces établissements. La principale différence avec les IMF actuelles est qu'au départ il s'agissait d'un crédit gratuit, financé par le don et adossé sur le gage. Mais dès que leur succès a grandi, les frais de fonctionnement ont augmenté et les dépenses sont devenues insurmontables : dès 1515 avec la bulle *Inter Multiplices*, le pape Léon X autorise la perception d'un intérêt modeste pour les couvrir. On verra plus tard qu'on retrouve une justification similaire de la perception d'un intérêt dans la finance islamique. En général, cependant, les monts-de-piété en Europe conservent un financement fondé sur le don et prêtent sans intérêt. Comme presque tous les monts, celui de Barcelone est lié aux institutions de charité auxquelles il reverse ses bénéfices. Il est régi par la congrégation pieuse de Notre Seigneur de l'Espérance et il finance ainsi en partie une institution d'assistance, la Casa del Retir de Barcelona, qui accueille les prostituées repenties et les femmes désemparées. La proximité avec Compartamos est aujourd'hui saisissante. Leur adossement à des institutions charitables les empêche néanmoins de faire baisser les taux – lorsqu'ils en pratiquent – puisqu'ils reversent leurs bénéfices aux hospices.

Les membres de la Fédération européenne de la finance et des banques éthiques et alternatives (FEBEA) démontrent une nouvelle fois l'absence de nouveauté des mécanismes de microcrédit. L'APS Bank est une société anonyme maltaise qui appartient aux deux diocèses de Malte. Elle a été créée en 1910 pour prêter de l'argent à la population autochtone ; BBK, la 4e caisse d'épargne d'Espagne, a aussi été créée par l'Église, en 1907. L'évêque de Bilbao avait chargé un vicaire d'organiser des crédits quotidiens pour les femmes, afin qu'elles puissent acheter du poisson au port et le vendre sur les marchés de la ville ; les Caisses rurales de Trentine, en Italie, ont également été créées par un prêtre.

Les monts-de-piété sont plus tard devenus des crédits municipaux. Ils ont développé au XXe siècle leurs activités bancaires, sans pour autant arrêter totalement le prêt sur gage (L. Fontaine, 2008). Là encore, un parallèle est possible avec la microfinance actuelle et le développement constant de la Grameen Bank qui vient d'ouvrir des succursales aux États-Unis, et avec Compartamos qui a été introduit en Bourse. La mission première de ces institutions est de soutenir les exclus du système bancaire, mais l'obligation de pérenniser son action implique des choix de rentabilité conduisant irrémédiablement à des évolutions.

En 1963 est créée en Égypte la Mit Ghamr Saving Bank, qui est une première forme de microfinance islamique. Cette institution est née de la méfiance à l'égard des banques fonctionnant selon le système occidental. Cette contrainte a poussé la population rurale locale, très croyante, à favoriser un esprit d'entraide et de partage dans une sorte de système tontinier de type islamique. Cette caisse d'épargne ne facturait ni ne distribuait des intérêts, conformément à la charia. Elle investissait dans des petits projets commerciaux et industriels directement et en partenariat. Elle redistribuait ensuite les profits. Vraisemblablement pour des raisons politiques, l'expérience n'a duré que quatre ans. Néanmoins, elle a ouvert la voie à d'autres initiatives étatiques de nature sociale, mais conventionnelle, telles que la Nasser Social Bank en 1972, qui est destinée aux classes à bas revenus visant à lutter contre la pauvreté et le chômage (D. Saïdane, 2009).

L'encyclique *Caritas in veritate* de Benoît XVI (2009) propose de faire le lien entre le travail, l'attention aux pauvres, la mondialisation ou l'usage juste de la technologie selon la logique simple de l'humanisme chrétien. Elle insiste sur l'importance de généraliser la possibilité d'entreprendre. Elle rejoint également l'objectif des IMF contemporaines qui doit être l'éradication de la pauvreté si l'on suit le but annoncé dès 1998 par l'ONU de marquer l'importance du microcrédit pour éradiquer la pauvreté, avec pour objectif ultime de réduire de moitié les populations pauvres vivant sous le seuil de pauvreté d'ici 2015 (Objectifs de développement pour le millénaire). Un des postulats à la base du programme des Nations unies est que le microcrédit offre aux plus pauvres de meilleures perspectives et assure un impact durable sur la réduction de la pauvreté et sur le processus de développement social et humain.

De nos jours, deux approches de la microfinance cohabitent. Une première vision, qui prévalait dans les années 1980, conçoit la microfinance comme faisant partie d'un programme intégré de lutte contre la pauvreté et la vulnérabilité et d'amélioration du bien-être des populations pauvres (L. Mayoux, 1998). Cette approche fut qualifiée de « bien-être » par G.M. Woller, C. Dunford et W. Woodworth (1999). Elle est très proche de la philosophie des religions, qui repose sur l'accroissement de la cohésion sociale et les échanges entre individus en plus de la lutte contre la pauvreté. Une seconde vision, qualifiée d'approche « institutionnaliste », repose sur une volonté de massification du crédit ainsi qu'une volonté de pérennisation des institutions. À cette fin, des taux d'intérêts parfois fort élevés sont exigés des clients, partant de l'hypothèse que ce qui compte avant tout pour ceux-ci, c'est l'accès au crédit et non le coût de celui-ci. L'objectif recherché n'est pas tant l'amélioration du bien-être en général des pauvres, mais l'amélioration de l'accès aux services financiers pour les exclus du système bancaire traditionnel (V. De Briey, 2005). On voit très nettement un changement d'objectif qui s'éloigne du fondement des religions et qui propose une justification des taux d'intérêts élevés.

### La justification des taux d'intérêts élevés

Deux séries d'arguments peuvent être avancées pour justifier la pratique des taux d'intérêts élevés, un argument financier et un argument pragmatique.

Les coûts sont plus élevés pour des prêts de très petit montant que pour des prêts bancaires classiques. En effet, ce taux usuraire, se justifie en raison des coûts de main-d'œuvre très importants (coûts d'exploitation, dépenses de recouvrement plus élevées) et nécessaires pour la sélection et le suivi de clients vivant dans des zones parfois éloignées, auxquels on ajoute le coût de refinancement des institutions, renforcés par des taux d'inflation importants, plus les coûts de fonctionnement gonflés par la nécessité de l'importation des matériels informatiques et autres, plus enfin l'accompagnement psychologique, social et technique. Finalement, ces taux, si on les compare aux taux des prêts à la consommation et aux taux des crédits informels, ne sont pas si scandaleux que ça dans la mesure où seulement 7 pays sur 36 pratiquent des taux supérieurs au crédit à la consommation et où, dans 34 pays, les taux du microcrédit sont globalement très inférieurs aux taux des prêts informels (R. Rosenberg *et al.*, 2009).

Jean-Michel Servet (2003) voit une morale religieuse archaïque vis-à-vis de l'argent dans le fait de s'offusquer du coût du prêt dans le cadre du microcrédit, et par conséquent du profit réalisé par la banque. L'idée d'inclusion sociale doit par conséquent être confrontée au coût apparent du prêt. En pratique, elle est bien supérieure et justifie les taux pratiqués. En outre, le taux de remboursement de ces prêts est très élevé, de l'ordre de 95 % pour la Grameen Bank par exemple[4]. Ceci prouve bien qu'en pratique les micro-emprunteurs trouvent un intérêt indéniable dans ce procédé. Turgot, dans son *Mémoire sur les prêts d'argent*, expliquait déjà que les prêteurs à la petite semaine, qui sont surtout actifs dans le petit commerce alimentaire, rendaient service à leur clientèle, malgré les hauts taux d'intérêts qu'ils demandaient, car ils leur permettaient de gagner leur vie. Cette dernière remarque souligne que le transfert d'argent est recherché dans un objectif d'inclusion et de lutte contre la pauvreté commun au microcrédit et aux religions. Il convient désormais d'analyser plus en profondeur les prohibitions possibles et leurs fondements posés par ces dernières.

## Les fondements théologiques de la prohibition de l'usure et leur évolution

Pour des raisons de concision et de comparaison entre systèmes monothéistes, notre article traitera des religions du Livre et délaissera la question de l'hindouisme et du

4. A. Gonzales (2007) montre que les prêts non remboursés représentent 2,3 % du total en moyenne mondiale en 2006.

bouddhisme; des développements spécifiques leur seront consacrés dans un prochain travail. On peut simplement avancer pour le moment qu'il n'existe pas de condamnation du prêt à intérêt chez les hindouistes, ni de prise de position des mouvements hindouistes en faveur ou en défaveur de la microfinance. On ne retrouve pas, en effet, en Inde l'opposition courante (mais superficielle) en Occident entre sacré et argent (J.-M. Servet, 2003).

Avant même l'apparition des religions actuellement dominantes[5] dans le monde, le prêt à intérêt était une pratique largement répandue dans l'Antiquité. Elle était pourtant condamnée par les philosophes tels qu'Aristote (les politiques) en raison de sa finalité propre qui est l'échange, et non pas la multiplication qui est contre-nature.

Cette prohibition se retrouve dans les textes fondateurs des trois religions monothéistes. Elles seront étudiées dans l'ordre chronologique de leur apparition sur terre.

### Le judaïsme

Dans le Pentateuque de l'Ancien Testament, qui est la Torah des Juifs, et en particulier dans l'Exode (chapitre 22, verset 25), le Deutéronome (chapitre 23, verset 19)[6] et le Lévitique (chapitre 25, versets 34 à 46)[7], la pratique de l'usure est condamnée, amenant l'interdiction du *tarbit,* mot hébreu qui signifie, comme *riba* en langue arabe, à la fois usure et intérêt. Les juifs, dans leur interdiction du

5. D'après la CIA, (https :/www.cia.gov./library/publications/the-world-factbook/geos/xx.htmlla) en juillet 2008, sur une population mondiale de 6,7 milliards d'individus, il y avait 33,32 % de chrétiens, 21,01 % de musulmans, 13,26 % d'hindous, 5,84 % de bouddhistes, 0,35 % de sikhs, 0,23 % de juifs, 11,9 % d'autres religions, 11,77 % sans religion et 2,32 % d'athées.

6. *« Tu n'exigeras de ton frère aucun intérêt ni pour argent, ni pour vivres, ni pour rien de ce qui se prête à intérêt. Tu ne pourras tirer un intérêt de l'étranger, mais tu n'en tireras point de ton frère, afin que l'Éternel, ton Dieu, te bénisse dans tout ce que tu entreprendras au pays dont tu vas entrer en possession. »*

7. *« Et si ton frère est devenu pauvre, et que sa main devienne tremblante à côté de toi, tu le soutiendras, étranger ou hôte, afin qu'il vive à côté de toi. Tu ne prendras de lui ni intérêt ni usure ; et tu ne craindras ton Dieu, afin que ton frère vive à côté de toi. Tu ne lui donneras pas ton argent à intérêt, et tu ne lui donneras pas tes vivres à usure. »*

*tarbit*, furent cependant plus sélectifs que les musulmans : le *tarbit* était interdit entre juifs, mais permis entre juifs et non-juifs. Il est même prescrit vis-à-vis des très pauvres juifs de pratiquer des prêts à intérêt négatif. La sélection est par conséquent très raffinée. L'objectif de la législation sociale juive est la lutte contre la pauvreté, avec comme objectif ultime sa suppression (L. Reboud, 2005), ce qui est très largement rejoint par l'objectif de la plupart des IMF actuelles.

Néanmoins, cette interdiction de l'intérêt pour les coreligionnaires fut régulièrement violée et la prohibition du *tarbit* juif tomba rapidement en désuétude, avec la multiplication de clauses échappatoires (J. Carr, 1983).

## La chrétienté

### *Les catholiques*

Les chrétiens eux-mêmes avaient condamné l'usure, et dans sa foulée, le prêt à intérêt, se basant sur la tradition aristotélicienne et le Nouveau Testament, dont l'évangile selon saint Luc (chapitre 6, versets 34 et 35 : prêtez-vous les uns les autres sans rien en attendre[8]) et l'Évangile selon Saint Mathieu (chapitre 6, verset 24)[9]. Le fondement principal réside dans le refus de l'oppression et dans la crainte de l'abus de position dominante, en mémoire des excès des époques anciennes où les débiteurs insolvables étaient réduits en esclavage. Ce qui est refusé dans l'intérêt, quelle que soit sa forme, c'est le mécanisme de formation d'un revenu opérant au sein d'une transaction bilatérale – revenu au demeurant parfaitement distingué du surplus résultant d'une activité industrielle ou commerciale. L'argent est stérile. En 1312, les évêques de France, réunis en concile, menacèrent même d'excommunication ceux qui prêtaient à intérêt et aussi les seigneurs qui le leur permettaient.

8. « *Mutuum date, nihil inde sperantes.* »

9. « *Nul ne peut servir deux maîtres ; car, ou il haïra l'un et aimera l'autre, ou il s'attachera à l'un et méprisera l'autre : vous ne pouvez servir Dieu et Mammon.* »

La distinction dans la prohibition du prêt entre coreligionnaires a été éliminée par l'Église catholique bien que l'Ancien Testament la garde en usage.

L'interdiction fut régulièrement violée. Alors que le crédit et la dette sont omniprésents dans la vie des individus de l'Europe moderne, les Églises et les États ne cessent de développer une intense activité intellectuelle qui en condamne globalement l'usage (L. Fontaine, 2008). Dès la fin du Moyen Âge le débat s'instaure non seulement sur comment fonder le devoir d'aumône mais aussi sur comment envisager le crédit à côté du don dans la lutte contre la pauvreté. On retrouvera une interrogation similaire à propos de l'islam. Ces débats médiévaux s'inscrivent dans une tradition fondée sur l'Ancien Testament et sur quelques préceptes du Nouveau. L'usure est alors définie comme tout intérêt demandé en plus du capital. Le sens est donc bien différent de celui d'aujourd'hui, où seuls les intérêts excessifs sont considérés comme usure. Dans la définition ancienne, toutes les formes de crédit avec intérêt sont de l'usure. C'est saint Thomas d'Aquin (1225-1274), au Moyen Âge, qui fixe cette interprétation par analogie avec le prêt de nourriture. Il assimile l'intérêt à l'usure. C'est à la fois un péché et une menace contre l'ordre civil, puis même une faute logique (A. Lapidus, 1987). La légitimité du prêt ne se conçoit que si le prêteur partage le risque avec l'emprunteur, comme pour le prêt maritime (Thomas d'Aquin, Somme théologique). Seules deux circonstances permettent de demander plus que le principal : le cas du *damnum emergens* et celui du *lucrum cessans* (L. Fontaine, 2008). Une fois encore, cette limitation est très proche de celle du droit islamique. Le prêt à intérêt est interdit et les exceptions clairement définies, même s'il reste des discussions autour des thèmes comme prêter à intérêt pour soutenir des activités charitables, ce qui fut autorisé par le concile de Latran en 1515.

Dans la chrétienté, des polémiques interminables tournèrent autour de la pratique de l'intérêt et de la sévérité avec laquelle il fallait appliquer son interdiction : entre, d'une part, les thomistes et les jésuites, de tendance rigoriste, et, d'autre part, les jansénistes, aux vues plus modérées (J. Melitz, 1971); entre les catholiques romains, dans l'ensemble favorables à l'interdiction de l'intérêt, et les protestants, en général ouverts à sa pratique (Max Weber, 1904).

*Les protestants*

On constate également une diversité des positions au sein du protestantisme car les théologiens protestants sont partagés selon les mêmes lignes que les catholiques : certains refusent toute forme de prêt; les autres questionnent la rigidité de l'interdit, sauf en ce qui concerne les nécessiteux. Ainsi, début 1520, un des fidèles disciples de Luther, Jakob Strauss (1420-1534) lance campagne contre l'usure avec ses 51 thèses fondées sur le Deutéronome. Luther rejette cette adhésion stricte à la loi juive tout en ne faisant pas mystère de ses positions conservatrices : il refuse toute forme de prêt à intérêt, à l'exception de ceux faits pour faire vivre l'Église, les prêtres, les étudiants, les vieux, les veuves et les orphelins. Calvin (1509-1564) est crédité d'avoir une théorie moderne de l'intérêt. Il opère un partage entre don et prêt fondé sur les circonstances et la situation de l'emprunteur : il faut prêter gratuitement aux pauvres et à ceux qui sont temporairement dans le besoin, mais avec intérêt au riche, puisqu'il fera de l'argent avec ce prêt (L. Fontaine, 2008). Calvin légitime le prêt à la production, destiné à permettre à celui qui emprunte d'en tirer profit comme le prêteur tire profit de l'argent prêté (L. Reboud, 2005). Sous l'impulsion des Puritains, l'usure devient un péché confiné à la sphère privée de la conscience et détache la question économique de la question religieuse. Selon Calvin, la loi divine n'interdit pas l'usure et la loi naturelle le permet. Le calvinisme lié à la place marchande de Genève, puis du méthodisme, développé aux États-Unis par le pasteur John Wesley, préfère se référer à la parole du Christ : « Seigneur, tu m'as confié cinq talents : voici cinq autres que j'ai gagnés » (Matthieu 25, 20). Par le travail, l'homme valorise la matière dont l'argent. Dès lors, l'enrichissement est la marque de la bénédiction divine. En revanche, la thésaurisation est illicite (D. Saïdane, 2009). Les calvinistes ne maintiennent que la condamnation de l'usurier tirant parti de la misère d'autrui. En définitive, sous l'impulsion de Calvin, une dispense fut donnée aux protestants, et par la suite la pratique se répandit à l'ensemble de la communauté chrétienne, ne maintenant de la prohibition qu'une limite éthique aux taux d'intérêts (M.F. Ould-Bah, 2007).

L'interdiction du prêt à intérêt fut finalement abolie du droit canon en 1830. En réalité, en raison de textes d'application jamais pris, il faut attendre 1991 pour que le pape Jean-Paul II accepte officiellement les principes de l'économie de marché. En définitive, cette prohibition a même disparu dans le droit religieux. Il faut néanmoins bien faire une différence entre le principe religieux qui conserve cette idée et le système économique actuel. La question se pose encore, non par rapport aux États, sauf ceux islamiques tels que l'Iran, mais par rapport aux institutions de microfinance qui sont parfois gérées par des communautés religieuses.

La querelle n'a pas survécu au Moyen Âge, et depuis, l'économique et le religieux sont séparés, ce qui n'est pas le cas pour les musulmans avec le développement actuel de la finance islamique et donc du retour aux préceptes prohibant les taux usuraires.

### L'islam

Notre analyse se cantonnera au rite sunnite dans la mesure où il est prédominant dans l'islam moderne. L'islam est la seule religion à avoir gardé l'interdiction de l'usure et à continuer à régir les activités économiques de certains pays. Le champ économique est exploré dans le Coran, alors qu'en général, les religions ont peu d'influence sur la sphère financière, n'agissant indirectement que sur les comportements des individus (G. Causse, 2007). On y retrouve l'expression de l'interdiction du *ribâ* dans plusieurs passages, dans la sourate 30 au verset 39 [10], qui veut mettre un terme à l'usage du *ribâ* en faisant intervenir dans le domaine du commerce et des échanges une dimension sociale et morale donc religieuse ; dans la sourate 4 au verset 161 [11], qui rappelle que cette prohibition n'est pas le fait de l'islam puisque les prophètes antérieurs [12] l'ont déjà interdit ; dans la sourate 3 aux versets 125 à 130 [13], qui précise le but de l'interdiction, à savoir l'annulation du profit engendré par un besoin momentané, source d'appauvrissement et d'aliénation d'un sujet – le but de cette prescription rejoint la finalité globale de la mission prophétique, la création d'une vie spirituelle et communautaire nouvelle ; dans la sourate 2 aux versets 275 à 280 [14], ce passage s'attache à confirmer l'interdiction de façon définitive en évoquant toujours le nouveau caractère moral et social de cette prescription. Un parallèle est dressé entre *ribâ* (usure) et *zakat* (aumône) pour mieux souligner les deux termes d'une antithèse.

Pour le texte coranique, il y a crime d'usure quand on tire parti de l'exploitation de l'inexpérience, du besoin, ou

10. *El Roum*, les Grecs : « *Ce que vous prêtez à l'usure pour accroître vos biens au détriment du prochain ne vous sera de nul profit auprès de Dieu. Ce que vous donnez, par contre, en aumône, quêtant la face de Dieu, voilà qui vous sera porté à plusieurs fois sa valeur.* »

11. *El Nissa*, les femmes : «*De même que nous sévîmes contre leur pratique de l'usure, qui leur était pourtant interdite, et leur avidité à s'enrichir au détriment de leurs semblables » « à ceux d'entre eux demeurés incrédules seront réservés les pires tourments.* »

12. André Martens (2001) va jusqu'à suggérer qu'il n'est peut-être pas abusif de croire que l'interdiction du *ribâ* ne fut que le résultat de l'adoption par les musulmans d'un principe judaïque, voire judéo-chrétien.

13. *Al Imran*, la famille d'Imran : « *Croyants, ne pratiquez pas l'usure, multipliant abusivement vos profits. Craignez Dieu : vous n'en serez que plus heureux !* »

14. *El baqarah*, la Vache : « *Ceux qui se repaissent d'usure se verront, pour le jugement dernier, ressuscités en convulsionnaires possédés par le Démon, pour ce qu'ils ont affirmé. « L'usure est une forme de vente », quand Dieu a permis la vente et interdit l'usure Dieu réduira en poudre l'usure et fera croître l'aumône. Fuyez désormais tout profit usuraire si vous êtes vraiment croyants. Si vous ne le faites, Dieu et son Prophète vous déclareront la guerre. Si vous revenez repentants au Seigneur il vous restera le principal de votre principal de votre bien ne lésant personne et n'étant point lésés.* »

de la faiblesse mentale du débiteur. On peut trouver ce cas de figure à propos de l'exploitation du besoin dans le cadre du microcrédit. La finalité sociale de cette prohibition apparaît dans le sens d'une solidarité et d'une coopération accrue. En définitive, la prohibition du *ribâ* dans l'islam vient de ce qu'il y a lésion économique et sociale. L'usurier pompe le travail d'autrui et le réduit à une rémunération abusive du capital (H. Ennaïfer). Techniquement, l'islam interdit l'intérêt et les contrats aléatoires et commande une égale distribution des revenus et de la richesse aussi bien que la promotion du développement économique. Cela rend, en théorie, les prêts avec intérêt impossibles en finance islamique (R.L. Klarmann, 2003). Les prêts sans contrepartie (*qard hassan*) constituent le principe.

Néanmoins, la définition du *ribâ* est encore largement discutée de nos jours, une totale assimilation de l'intérêt, de l'usure et du *ribâ* n'est pas recevable. Pour les musulmans, l'usure est le prêt d'argent à un taux d'intérêt exorbitant. Le *ribâ* est un peu différent et peut être défini comme un avantage illicite par excès ou report. L'intérêt n'est pas prohibé, dans le cadre de la vente à crédit où est tolérée la reconnaissance du coût de l'argent. Dans un sens technique, le *ribâ* est un vice contractuel, rendant le contrat nul [15]. C'est par ailleurs l'un des péchés capitaux de l'islam.

Mahmoud A. El-Gamal (2007) explique cette prohibition par le risque d'addiction qu'il faut éviter, la volonté de protection du faible et par l'incitation à partager les risques par l'intermédiaire du *mudaraba* [16] (N.A. Saleh, 1992). Geneviève Causse (2007) penche pour la non-conformité à la justice sociale, la question de l'inflation et l'idée d'une mauvaise allocation des ressources. F. E. Vogel et S. L. Hayes (1998), quant à eux, donnent cinq explications : l'équivalence mathématique (dans un souci d'équité selon Averroes,

15. Néanmoins, dans le cas où une présomption de genèse d'intérêt est détectée, des dispositifs de « purification » sont organisés sous la forme de donation aux pauvres.

16. Le montage de *mudaraba* permet d'impliquer le prêteur dans le projet. Le financier investit uniquement de l'argent et l'entrepreneur son travail.

membre de l'école Maliki); éviter l'exploitation commerciale, comme le suggère l'opposition très nette entre le *ribâ* et le *zakat* (l'aumône) selon un membre éminent de l'école Hanbali – auquel s'ajoute l'idée de partage des risques qui permet d'éviter l'enlisement des pauvres dans la pauvreté, ce qui est parfaitement cohérent avec la problématique du microcrédit qui a pour principal objectif l'inclusion sociale et l'éradication de la pauvreté ; minimiser le commerce des devises ; relier la licéité du gain et la prise de risque, ce qui est très proche des principes thomistes du droit canon ; utiliser l'argent et les marchés pour modérer les risques.

En définitive, le principe de base est que l'argent ne doit pas produire de l'argent, l'islam rejette le commerce de l'argent qui doit garder son rôle d'unité de valeur et de monnaie d'échange. La traduction de cet engagement est simple : tout crédit doit être associé aux principes de partage des pertes et profits (la rémunération est fonction du résultat économique du placement) et de connexion à un actif réel (le prêt ou l'investissement doit servir à créer de l'activité et de la richesse) (P. Chibani-Jacquot, 2009). Le rendement d'un placement n'est alors pas le fait du simple temps qui passe – qui n'appartient qu'à Allah – mais correspond à la rémunération du service d'intermédiaire bancaire associée à une activité économique réelle dont le risque est partagé entre le prêteur et l'emprunteur. Donc, la stipulation d'intérêt est totalement possible, le seul problème qui subsiste est l'intérêt fixe élevé, qui anticipe en quelque sorte l'œuvre divine, ce qui est prohibé.

Pour autant, le prêt à intérêt est admis dans la totalité du monde musulman sunnite. La loi l'approuve implicitement ou explicitement. Cette affirmation impose une distinction entre le religieux et l'économie réelle. L'interprétation téléologique est utilisée dans les faits quand, malgré l'interdiction de principe, le contrat finalement passé produit un plus grand bien. Le contrat est par conséquent permis malgré les facteurs corrupteurs (M.A. El-Gamal, 2007).

Un juriste égyptien, Saïd Achmaoui, propose même de différencier l'intérêt et le *ribâ* en retenant une interprétation plus moderne des textes pour répondre aux nouvelles pratiques économiques et monétaires qui étaient totalement inconnues de ceux qui ont interprété les textes et établi le système juridique traditionnel. En 1930, un savant religieux syrien, du nom de Marouf Al-Doualibi, recommanda également de limiter l'interdiction de l'intérêt aux prêts à la consommation, excluant de cette interdiction les prêts à l'investissement, ce qui n'est pas sans rappeler une distinction que firent les juifs pendant longtemps. Néanmoins, le 2e congrès islamique de l'académie de recherches islamiques réuni en 1965 a considéré que le *ribâ* est prohibé pour toutes les opérations bancaires, pour tout type de crédit quel que soit le niveau du crédit et quelle que soit la nécessité. Vers la fin des années 1990 cependant, des fatwas ont atténué cette prohibition, en acceptant par exemple [17] l'accord des parties au préalable sur le paiement d'une contrepartie pour le placement de leurs avoirs par une banque, le *ribâ* n'étant alors qu'un taux d'intérêt excessif (D. Saïdane, 2009), ce qui a été largement critiqué toutefois. Dans cet ordre d'idées pragmatiques, les Émirats Arabes Unis autorisent la pratique des intérêts en matière commerciale, ce que ne permettrait pas l'application pure et simple de la charia (R.L. Klarmann, 2003).

Beaucoup d'éléments de la microfinance sont compatibles avec les principaux objectifs de la finance islamique [18] et avec les modèles proposés (*mudaraba* (partage du profit), *musharaka* (investissement partagé) [19] et *murabaha* (achat-revente) [20]). Les enjeux ne sont pas négligeables dans la mesure où l'on compte 1,4 milliard de musulmans dans le monde, dont 400 millions sous le seuil de pauvreté selon la

17. Fatwa de Sayed Tantaoui, mufti d'Égypte et Imam al-Azhar en 2002.

18. Même si elle ne met pas en jeu des sommes similaires à celles de la microfinance.

19. Le microentrepreneur est récompensé pour son travail et partage le profit. Les proportions de partage de profit sont prédéterminées, mais le profit est inconnu (R. Dhumale et A. Sapcanin, 1999).

20. Plus de 70 % des produits de microfinance islamiques sont constitués par les *murabaha* selon la Banque Mondiale (WSBI, 2009).

Banque islamique de développement. Les deux systèmes (microfinance et finance islamique) plaident pour l'entrepreneuriat et le partage des risques et croient que les pauvres devraient prendre part à ce type d'activité (R. Dhumale et A. Sapcanin, 1999), contrairement aux objectifs des législateurs qui ne prohibent l'usure que pour protéger le système financier et non les individus (M.A. El-Gamal, 2007).

Les règles islamiques ne sont donc pas un frein au développement de l'entrepreneuriat et du microcrédit, dans la mesure où si une certaine forme d'intérêt est prohibée le prêt ne l'est pas, il suffit de partager les risques pour valider l'ensemble de l'opération. Il faudrait donc que l'IMF prenne part au projet de création d'entreprise de l'emprunteur pour éviter tout problème religieux.

## Conclusion

Au final, la prohibition posée par les différentes religions repose sur des principes similaires de protection des populations faibles contre elles-mêmes et contre les puissants. Elles divergent principalement quant à leur évolution et leurs interprétations. La prohibition des taux d'intérêts élevés est devenue une pratique plus religieuse, voire politique[21], qu'économique, avec le maintien de la prédominance de la volonté charitable qui ne constitue donc pas une incompatibilité en pratique. Le rapprochement revient même à l'ordre du jour, si l'on en croit le très officiel quotidien du Vatican qui vante les avantages d'un système fondé sur les principes de la religion musulmane dans un article du 4 mars 2009 intitulé « Dalla finanza islamica proposte et idee per l'Occidente in crisi » (idées et propositions de la finance islamique pour l'Occident en crise) (A. Fall, 2009).

Les principes des religions monothéistes ne constituent au final pas un obstacle absolu au microcrédit, même si pour l'islam certains ajustements peuvent devoir s'impo-

21. La question ne se pose plus relativement aux États, sauf ceux islamiques tels que l'Iran, mais par rapport aux IMF qui sont parfois gérées par des communautés religieuses.

ser. Une nouvelle question se pose alors, celle de la place des femmes dans la religion par rapport à celle dans le microcrédit [22]. En effet, on peut constater une ambivalence de l'Église, toujours écartelée entre un désir d'équivalence des sexes et une volonté d'assujettir les femmes (R. Metz, 1962). Le débat religieux n'est donc toujours pas clos.

## Bibliographie


Allaire Virginie, Ashta Arvind, Attuel-Mendes Laurence, Krishnaswami Karuna, The success of Moroccan microfinance institutions: more than just culture?, *Euro-Mediterranean Economics And Finance Review*, Third Quarter 2009, vol. 4, n° 3, Special Issue for IFC 5, p. 53-74.

Bacin Florence, Moulin Jean-François, Villa Christophe, « Finance solidaire, forte demande potentielle de microcrédits en France », revue *Banque*, juillet-août 2009, n° 715, p. 52-53.

Baudet Marie-Béatrice, Michel Anne, Delcas Marie, « La crise accentue l'intérêt pour le microcrédit », *Le Monde*, 7 février 2009.

Brack Estelle, « Microcrédit, taux d'intérêt et pauvreté », revue *Banque*, juin 2009, n° 714, p. 42-43.

Briey Valérie de, « Plein feu sur la microfinance en 2005 ! », *Regards économiques*, mars 2005, n° 28, p. 1-14.

Carr Jack, *The Economics of Usury Laws*, Law and Economics Workshop Series, document de travail, 1983, n° WSV-5, Faculty of Law, University of Toronto, Toronto, p. 15-23.

Causse Geneviève, « Pourquoi s'intéresser à la finance islamique : le point de vue d'un enseignant-chercheur », *Entreprendre et diriger*, octobre 2007, n° 3, p. 84-91.

Cazabat Gérard, « Est-il possible de concilier profit et social? Recherche d'un indicateur de profit pour les institutions de microfinance (IMF) », *Entreprendre et diriger*, octobre 2007, n° 3, p. 6-17.

Chibani-Jacquot Philippe, *L'éthique de la finance islamique*, Novethic, 2009.

Dhumale Rahul, Sapcanin Amela, *An application of Islamic Banking Principles to microfinance*, Programme des Nations


22. Les femmes sont les premières à recourir au microcrédit dans le monde : plus de 75 % selon www.planetfinance.org.

Unies pour le développement, World Bank, Technical Note, New York, N.Y., *circa* 1999.

Doligez François, *Analyses bibliographiques microfinance à propos du livre de M. Yunus. Vers un nouveau capitalisme, JC Lattes 2008*, Revue *Tiers Monde*, janvier-mars 2009, n° 197, p. 204-207.

El-Gamal Mahmoud A., *Islamic Finance, Law, Economics, and Practice*, Cambridge, 2007.

Ennaïfer H'mida, *Le Ribâ (l'usure) en Islam, Historique et actualité*, http://stehly.chez-alice.fr/ennaifer.htm, consulté le 21/8/2009.

Fall Amadou, *Sénégal : Ecovision – La finance islamique solution de sortie de crise*, http://fr.allafrica.com/stories/printable/200906230412.html, 23 juin 2009, consulté le 25 juin 2009.

Fontaine Laurence, *L'économie morale, pauvreté, crédit et confiance dans l'Europe préindustrielle*, Gallimard, coll. « nrf essais », 2008.

Fulconis-Tielens Andréane, « Finances solidaires, Bienvenue dans la nouvelle ère du social banking », *Revue Banque*, juin 2009, n° 714, p. 26-27.

Glémain Pascal, *Les effets de la crise : de la pertinence d'une autre finance*, Revue Banque, juin 2009, n° 714, p. 28-29.

Gomez Pierre-Yves, « Le pape et le gestionnaire. Pourquoi il faut lire l'encyclique "Caritas in veritate" », *La Revue des Sciences de Gestion*, Direction et Gestion, mai-août 2009, n° 237-238, éditorial, p. 1-4.

Gonzalez Adrian, *Resilience of microfinance to Local Macroeconomic Events : An Econometric Analysis of MFIs Asset Quality*, MIX Discussion Paper n° 1, juillet 2007.

Klarmann Reinhard Leopold, *Islamic Project Finance, A legal study with particular reference to the laws of Switzerland and the United Arab Emirates*, université de Lausanne, Schulthess, 2003.

Lapidus André, *La propriété de la monnaie : doctrine de l'usure et théorie de l'intérêt*, Revue économique, 1987, vol. 38, n° 6, p. 1095-1110.

Lutzel Emmanuel de, *Les banques, médiateurs de la microfinance internationale*, Revue Banque, juin 2009, n° 714, p. 44-46.

Maier Hans, *L'Église et la Démocratie, une histoire de l'Europe Politique*, (trad. Isabelle Schlobinger von Schowingen, Philippe Naszályi et Jean-Etienne Grenier), Paris, Criterion, 1992, 417 p.

Martens André, (2001), « La finance islamique : fondements, théorie et réalité », *L'actualité économique*, vol. 77, n° 4, p. 475-498.

Mayoux Linda, *L'empowerment des femmes contre la viabilité ? versus un nouveau paradigme dans les programmes de microcrédit*, in *Les silences pudiques de l'économie, Économie et rapports sociaux entre hommes et femmes*, 1998, p. 73-97.

Melitz Jacques, *Some further reassessment of the scholastic doctrine of usury*, Kyklos, 1971, 24.

Metz René, *Le statut de la femme en droit canonique médiéval*, Recueil de la Société jean Bodin pour l'histoire comparative des institutions, 1962, XII.

Naszályi Philippe *Crédit coopératif, histoire et actualité ; l'héritage de Raiffeisen (1818-1888) et Schultze-Delitzsch (1808-1885)*, (dir. Boutiller S. et Allemand S.,) collection Marché et Organisation, L'Harmattan, 2010, 236 p.

Ould-Bah Mohamed Fall, *L'argent de Dieu. Contribution à une anthropologie des systèmes financiers musulmans*, thèse, Metz, 2007.

Planet Finance, *Rapport*, 2006.

Ramelet Denis, *La prohibition de l'usure au Moyen Âge*, Finance and the common good/Bien commun, winter 2003/2004, p. 18-27.

Reboud Louis, *Économie et religions : un dialogue difficile*, Informations et Commentaires, juillet-septembre et octobre-décembre 2005, n° 132-133, p. 97-112.

Rosenberg Richard, *CGAP Reflections on the Compartamos Initial Public Offering : A Case Study on microfinance Interest Rates and Profits*, CGAP, Focus Note 42, Juin 2007.

Rosenberg Richard, Gonzalez Adrian et Narain Sushma, *The New Moneylenders : Are the Poor Being Exploited by High Microcredit Interest Rates ?*, CGAP, Occasionnal Paper 15, février 2009.

Saïdane Dhaïfer, *La finance islamique à l'heure de la mondialisation*, Revue Banque édition, 2009.

Saleh Nabil A., *Unlawful Gain and legitimate profit in Islamic law : Riba, Gharar and Islamic Banking*, 2nd ed., London, 1992.

Servet Jean-Michel, *propos recueillis pour CERISE* par D. Deprat et J. Prades le 17 février 2003.

Thomas d'Aquin, *Somme Théologique*, 1269.

Turgot, *Mémoire sur les prêts d'argent*, 1770.

Vogel Franck E., Hayes Samuel L., *Islamic Law and Finance, Religion, Risk, and Return*, Kluwer Law International, 1998.

Weber Max, *L'éthique protestante et l'esprit du capitalisme*, 1904.
Woller Garry M., Dunford Christopher, Woodworth Warner, *Where to microfinance?*, draft paper, 1999, 25 p.
WSBI, *Islamic banking and finance, insight on possibilities for Europe*, octobre 2009.

# Seconde partie

# Les financements alternatifs : des organisations innovantes ?

Les deux premiers articles présentés dans ce chapitre tentent de montrer les avancées significatives des banques coopératives à travers la mise en avant de deux cas bien identifiés : la Nef et le crédit mutuel. Le troisième indique tout l'intérêt de structures adaptées aux modes de production et de consommation en Afrique, comme les coopératives d'épargne et de crédit (coopec).

Dans son article « De la Société financière de la Nef à la Banque éthique européenne : la croissance d'une structure coopérative », Victor Grange montre que La Nef a eu une longue phase de maturation qui lui a permis de poser des bases solides pour son développement. La structure a connu une croissance très importante sur les cinq dernières années et doit continuer à être gérée sans perdre ses valeurs. La Nef a trouvé des partenaires qui vont lui permettre d'accomplir ses missions dans des conditions qui semblent favorables. Ce pari est pourtant difficile, car elle doit se professionnaliser et optimiser son activité économique tout en répondant à la volonté des sociétaires sans pour autant transformer le projet initial. À travers les partenariats pour créer la nouvelle banque européenne, certaines décisions font l'objet de concessions. Chaque structure a dû faire des choix et des propositions pour la construction commune, choix qui ont des conséquences différentes en fonction du contexte. Le montant des parts de capital et la distinction entre clients et sociétaires sont deux orientations issues de ce partenariat qui semblent préfigurer le retournement coopératif. Pour son évolution, la Nef a choisi de mener de front plusieurs projets, qui vont lui permettre de se positionner comme un acteur innovant dans le paysage de l'économie sociale et solidaire et sur des thématiques spécifiques telles que le foncier agricole, les énergies renouvelables et surtout la finance éthique. À travers ses projets, la structure est force de proposition en termes d'alternatives pour la société civile. L'auteur montre que c'est à la société civile de valider les choix de la Nef en se saisissant de ces nouvelles ouvertures.

L'objectif de l'article d'André Rousseau et Yann Regnard intitulé « La gouvernance d'une banque coopérative. Peut-on parler d'une différence ? » est de comprendre les spécificités du fonctionnement d'une banque coopérative. Un bref rappel des mécanismes de la gouvernance des entreprises actionnariales est proposé, ce qui permet aux auteurs de bien souligner les différences avec les structures de pouvoir dans le monde coopératif. En effet, des mécanismes de contrôle internes et externes sont présents dans les structures coopératives, mais ils s'écartent toutefois des standards habituels de l'entreprise actionnariale. L'ambiguïté de certaines pratiques et les dysfonctionnements repérés dans l'étude ne traduisent pas forcément l'échec du modèle. Ils apportent plutôt les nuances nécessaires à sa compréhension. Une illustration par une banque coopérative poursuit le raisonnement. Elle s'appuie sur l'expérience d'un des auteurs, cadre pendant 25 ans au Crédit Mutuel.

En Afrique de l'Ouest les coopératives d'épargne et de crédit (coopec) sont des acteurs importants du secteur de la microfinance. Ces coopératives fonctionnent sur la base de principes démocratiques, même si l'organisation se complexifie et fragilise par là même la gouvernance de ces institutions. Les coopératives d'épargne et de crédit devront donc être soumises à l'évaluation des organes de gouvernance (conseil d'administration, conseil de surveillance, assemblées générales) afin de garantir la prise en compte des intérêts de tous les membres. En s'appuyant sur l'expérience de l'Afrique de l'Ouest, l'article d'Anaïs Périlleux, « Gouvernance et croissance en microfinance. Le cas des coopératives d'épargne et de crédit en Afrique de l'Ouest » identifie les mécanismes sous-jacents à la gouvernance des coopec et étudie leur évolution liée à la croissance. Des études de terrain ont été conduites au Burkina Faso et au Sénégal. L'auteure conclut sur l'indispensable reconnaissance de la diversité de ces mécanismes pour définir adéquatement les politiques publiques et les stratégies de coopération. Elle souligne l'importance des politiques publiques pour soutenir les expériences en cours et en devenir tout en rappelant que l'accompagnement devra s'inscrire dans le respect de l'autodétermination du réseau et dans son appui à la logique démocratique. Une vision systémique de la gouvernance est effectivement fondamentale pour le succès de telles initiatives.

# De la Société financière de la Nef à la Banque éthique européenne, la croissance d'une structure coopérative

VICTOR GRANGE
Chargé de crédit à la Nef.

« Pour que l'argent relie les hommes », telle est la devise de la société financière de la Nef. Cette phrase nous rappelle que l'argent doit être un outil pour créer du lien entre les personnes et non pas une sorte de guerre. Cette phrase a d'autant plus de force dans un contexte de dérives du monde financier de perte de sens de celui-ci. Face aux conséquences que met en lumière la présente crise, on semble découvrir les banques alternatives ou coopératives, qui sont pourtant présentes, pour certaines, depuis bien longtemps. Si elles existent, c'est par la volonté d'une partie de la société civile d'avoir une alternative dans les domaines économiques et financiers.

Si leur proposition paraît exemplaire aujourd'hui, c'est que ces organisations sont encore en mesure d'écouter les besoins de la société et de proposer des solutions adaptées qui n'ont pas comme seul objectif la rentabilité. La société financière de la Nef est un exemple intéressant, car elle allie écoute des besoins, recherche de solutions et une capacité d'innovation dans les réponses qu'elle tente d'apporter. La Nef a choisi de s'affirmer et de créer une structure bancaire qui puisse permettre l'innovation tout en ayant les épaules suffisantes pour dépendre le moins possible des errements de la finance actuelle.

La société civile semble la suivre dans cette voie, l'augmentation du nombre de sociétaires et le développement rapide de sociétés financières de la Nef ces dernières années le montrent bien. Cette subite croissance d'activité a engendré des questions qui sont inhérentes aux structures coopératives : comment grandir, se développer, se professionnaliser et pérenniser son activité sans perdre les valeurs du projet initial ?

La structure se trouve donc tiraillée entre un nécessaire développement qui tend vers l'international, et le maintien de sa capacité à permettre le lien entre sociétaires épargnants, épargnants et sociétaires emprunteurs au niveau local.

La société financière de la Nef a bien conscience de ces questions et, à l'aube de la création de la banque éthique européenne, on peut se demander dans quelle mesure la Nef doit faire face au retournement coopératif ? Et quels moyens elle met en œuvre pour l'éviter ?

## Créée par des militants, l'association, puis la coopérative de la Nef tente de transformer la relation financière en vecteur de lien social

### (1978-1988) Création de l'association mue par un projet social de changement de la relation financière

*Les projets financés*

En 1978, un groupe de personnes expérimente un autre rapport à l'argent. Ils souhaitent que les personnes ayant un surplus d'épargne puissent le mettre à disposition des personnes qui en ont besoin pour financer des projets porteurs de plus-value sociale et environnementale. Le projet s'inspire de la pensée de Rudolf Steiner et de la tripartition sociale. Steiner propose que l'on applique la fraternité au domaine de l'économie, car la liberté (que l'on peut entendre comme le libéralisme) et l'égalité (qui pourrait être le communisme) ne peuvent fonctionner durablement dans ce domaine. Le projet va se concrétiser grâce à la rencontre des fondateurs et du directeur de la GLS [1]. Les fondateurs vont donc mettre de l'argent en commun pour expérimenter le financement de projets soutenus par des proches. Ils créent en 1978 l'association la Nouvelle économie fraternelle, la Nef. Le premier projet financé est un agriculteur en biodynamie qui avait besoin de matériel pour sa production. Les financements suivants seront des projets qui ne trouvaient pas de réponse de financement dans le circuit bancaire classique, car leur objet était trop alternatif, ou la banque traditionnelle même coopérative n'était pas adaptée pour répondre au besoin. On trouve par exemple des producteurs en agriculture biologique ou biodynamique, des écoles alternatives (Steiner, Warldorf, Montessori), des projets collectifs de type Ardelaine (coopérative visant à restaurer en Ardèche une filière de la laine et permettant le développement local de la vallée), ou encore des communautés de vie issues du mouvement de retour à la terre.

*Les adhérents et l'expérimentation du lien direct*

Les premiers membres de l'association expérimentent les décisions collectives, les projets sont alors financés plus sur des critères de confiance que des critères économiques traditionnels (rentabilité, endettement, etc.), les sociétaires adhérents prennent un risque supporté par l'ensemble de la communauté associative. Il faut souligner que les prêteurs étaient souvent liés directement à ceux qui avaient besoin de financement, les liens, les rencontres régulières permettant un mode de fonctionnement en totale transparence.

Les liens qui unissent épargnants et porteurs de projets sont aussi idéologiques et forment le socle de la Nef. Le plus important est l'anthroposophie, qui est le mouvement de pensée de Steiner et le deuxième est la coopération, plus particulièrement la coopération dans le milieu agricole.

L'anthroposophie va donner le sens du projet, car elle va guider les choix de financement, mais va aussi être un des vecteurs de rencontre du groupe initial (dont parents,

1. Banque éthique allemande.

professeurs d'une école Steiner). Elle va permettre de définir ce qui est son objet principal : impulser un changement de société en utilisant un outil pratique, le levier économique.

Les projets financés relèvent des domaines culturels, sociaux ou environnementaux, qui sont alors difficilement finançables par les circuits traditionnels. Enfin, le nom de Nouvelle économie fraternelle est révélateur du projet de créer du lien à travers l'argent.

La coopération va être le deuxième pilier, car il est important pour les personnes du groupe, que l'activité reflète la part de responsabilité de chacun dans ses actes, et donc que l'on ait la double qualité de propriétaire et usager de l'outil, que les membres soient égaux dans les décisions quel que soit le montant investi, qu'il y ait une démarche pédagogique dans le projet, que l'information soit égale entre les membres et que ce soit à but non lucratif.

## (1988-2005) Transformation en établissement financier, une contrainte qui devient une opportunité

### *Une redéfinition de la stratégie, une adaptation nécessaire*

La loi bancaire de 1984 va réglementer fortement la gestion de l'épargne, les associations ne peuvent plus collecter des fonds et les gérer. Pour continuer son activité, l'association la Nef doit se transformer en établissement financier, changer de forme juridique et pour cela elle va donc devoir se doter d'un capital de 7,5 millions de francs (1,3 million d'euros). Au terme de quatre années de présentation du projet de la Nef dans tout l'Hexagone et soutenue par la GLS, elle arrive à collecter la somme nécessaire pour continuer son activité et devient une Société anonyme coopérative à capital variable.

Cependant, pour avoir l'agrément de la Banque de France, elle doit trouver une banque qui veuille bien se porter garante de la bonne gestion de cette activité. C'est ainsi qu'après plusieurs rencontres, le Crédit coopératif (encore indépendant) va lui permettre de devenir une société financière agréée.

L'association continue d'exister en parallèle de la coopérative, elle va gérer l'argent issu du don d'intérêts fait par les épargnants.

Cette transformation en société financière de statut coopératif va induire une redéfinition du fonctionnement et de la stratégie. La Nef va trouver ses marques sur une période qui va de 1988 à 2005 : elle va se doter de salariés, qui vont d'abord être choisis parmi les personnes proches du noyau des créateurs puis chez des militants ou des gens intéressés par le projet. La coopérative va se professionnaliser progressivement et gagner en crédibilité auprès du monde bancaire. Des outils de gestion vont être créés et sans cesse améliorés en interne, ce qui permettra le bon pilotage financier de l'activité, notamment pour justifier de la bonne gestion des comptes aux organismes de contrôle.

Comme dans l'association, le bénévolat est très important et va permettre de trouver de nouveaux projets à financer, mais aussi de créer et garder un réseau de plus en plus solide. L'augmentation du capital au fur et à mesure du temps va lui permettre d'avoir des moyens plus importants pour se développer.

Cette période va être riche en partenariats et en rencontres, on notera la participation à la création de Finansol[2], la participation active à des groupements de la finance éthique tels que Febea[3] ou Sefea[4].

La Nef va créer des produits d'épargne et de dépôt en partenariat avec le Crédit Coopératif. Elle va développer une offre de prêts adaptés aux domaines sociaux, culturels et environnementaux en prenant en compte les spécificités des projets alternatifs.

2. Association qui fédère les organisations de la finance solidaire en France.

3. Fédération européenne des banques éthiques et alternatives.

4. Société européenne de fonds éthiques alternatifs.

On peut citer comme exemple son engagement précurseur auprès des structures travaillant dans le commerce équitable qui vont connaître un fort développement entre 2000 et 2008.

Cette spécialisation dans certains domaines et l'expérience accumulée vont s'avérer profitables et la structure fera ses premiers bénéfices en 2003.

La situation financière assainie et les réseaux constitués, la Nef va alors chercher à développer des projets qu'elle mûrit depuis longtemps. Elle va donc créer un service qui va s'occuper de développer et mettre en place divers projets, dont celui d'étudier la possibilité de devenir une banque de plein exercice. Le projet s'appelle Global Éthique. Il va voir le jour en 2006 avec l'aide d'une subvention européenne, l'idée est de créer un fonds d'investissement, le projet de banque et les comptoirs éthiques (groupements locaux d'initiatives de l'économie sociale et solidaire).

*Un sociétariat plus diffus, mais militant*

L'augmentation du capital va aller de pair avec une augmentation du nombre de sociétaires. La base militante va céder la place à des personnes venues d'horizons de plus en plus larges. Afin de cadrer l'objet de la Nef et redéfinir ses objectifs, les dirigeants vont créer la Charte de la Nef en 1998. Cette charte a précisé par écrit les orientations de la Nef et lui a permis de recadrer le type de projets financés, autour des financements de projets sociaux, culturels et environnementaux. Elle a ainsi permis de présenter synthétiquement le projet de la coopérative aux nouveaux sociétaires, et de leur transmettre les valeurs fondatrices du projet.

La coopérative a un fonctionnement démocratique, grâce à la mise en place d'un directoire et d'un conseil de surveillance élu par les sociétaires. L'assemblée générale réunit les sociétaires annuellement et leur permet de valider les orientations de la coopérative. Les sociétaires s'intéressent à la vie de la coopérative et chaque AG est l'occasion de se rencontrer et de partager, parfois avec passion, les points de vue sur l'avenir de la structure. Mais la croissance des sociétaires s'accompagne année après année d'une part moins importante de sociétaires impliqués (participant à l'AG, votant, discutant, etc.). De plus en plus, c'est le président du conseil de surveillance qui se voit confier un nombre important de pouvoirs. Ainsi, en 2004, le président rappellera, lors de l'AG, l'importance du vote car il représentait tellement de sociétaires qu'il avait la majorité à lui tout seul.

Dans le cercle des sociétaires bénévoles, deux réajustements de position successifs vont faire diminuer leur nombre. L'activité militante se voit recadrée par la structure qui se professionnalise. On perçoit ici le tiraillement commun à ce type de structure.

Les bénévoles, une centaine en 1998, se sont constitués par groupes dans divers endroits en France, et demandent alors à la coopérative d'avoir une certaine autonomie pour décider du financement des projets et pour le développement local du réseau. Mais la coopérative refuse, en partie parce que l'activité de prêt, extrêmement réglementée, impose une professionnalisation de l'activité de prêteur. Beaucoup de bénévoles parmi les plus militants vont quitter alors la coopérative, c'est cette situation de crise qui a contribué à la création de la charte. Puis, l'activité s'intensifiant, il est nécessaire pour la coopérative d'identifier les sociétaires actifs pour pouvoir les former et les informer, car la structure ne contrôle pas le discours délivré par les sociétaires, ce discours peut mettre la structure en difficulté et générer des tensions vis-à-vis des salariés. La Nef va alors créer un statut interne de « correspondant » pour les sociétaires actifs. Ce qui va permettre d'identifier une cinquantaine de personnes qui vont signer une convention de correspondant. Cela leur permet de bénéficier de formations, d'aide et suivi pour leur activité. Ils vont pouvoir faire des présentations du projet de la Nef, s'investir localement en son nom, et parfois accompagner des porteurs de projet.

## (2005-2010) La Nef perçoit « enfin » la possibilité de devenir banque, mais doit gérer la contradiction entre l'efficacité économique et le maintien de son projet initial

### Un développement rapide qui implique des changements d'échelle

*Une redéfinition de son activité financière*

L'activité financière de la Nef est en forte croissance, le nombre de prêts débloqués passe de 120 à plus de 320 entre 2005 et 2009. De la même manière le nombre de sociétaires augmente fortement, passant de 4800 en 2000 à 16 000 en 2005 pour un nombre dépassant 25000 début 2010. Cette hausse d'activité nécessite l'embauche de nouveaux salariés, tant pour des postes liés au crédit, que pour ceux liés à l'épargne ou la communication. Des services entièrement nouveaux apparaissent dédiés à l'accueil des sociétaires, la vie coopérative, les ressources humaines...

La structure salariée va passer de 16 en 2001 à 25 personnes en 2005, puis 54 en 2010. Cette hausse du nombre de salariés combinée au changement du mode de recrutement va modifier la transmission de la culture d'entreprise et de la part relative des militants en interne.

À la politique de ressources humaines des premiers temps, axée sur la cooptation, l'embauche suite aux stages ou les rencontres via les réseaux, on substitue un recrutement davantage tourné vers des personnes issues du milieu bancaire traditionnel, et ce, grâce à un cabinet de recrutement depuis 2008. À titre d'exemple dans le cadre du projet banque, il a paru nécessaire de se doter d'un directeur général chargé de l'opérationnel, le président s'occupant plutôt des relations avec l'extérieur. Ce nouveau venu a été recruté au sein d'un grand réseau bancaire, alors que les anciens directeurs étaient plutôt des anciens sociétaires actifs. Ce changement va aussi avoir des conséquences sur la direction de la coopérative dans le sens où l'entreprise professionnalise sa direction tout en gardant un conseil de surveillance (bénévole) identique. Le tiraillement s'étend au-delà de la base de la structure, il touche aussi les centres décisionnaires.

L'outil informatique a aussi connu des changements structurels. Jusqu'alors, il a été développé au fur et à mesure des besoins, de façon artisanale en interne. Les besoins de gestion devenant de plus en plus importants, il a paru nécessaire de se doter d'un système plus performant. Une société informatique externe a été sollicitée pour sa connaissance des systèmes informatiques bancaires traditionnels. Le traitement des données s'industrialise avec le besoin accru d'une bonne gestion des bases clients.

Des questions, notamment d'ordre organisationnel, se posent, comme l'indépendance de la structure sur son fonctionnement et son développement. Par ailleurs, pour la construction de l'outil, il a fallu prévoir les fonctionnalités nécessaires pour la banque, on a alors mis en évidence que dans le futur il était prévu de distinguer clients et sociétaires, ce qui n'a pas manqué de poser des questions aux sociétaires actifs.

La Nef a un plan d'affaires qui est basé idéalement sur une activité d'intermédiation pure, comme ont pu l'être les banques coopératives au moment de leur création. Cette activité d'intermédiation fonctionne tant que les taux du marché sont hauts, mais dans un contexte de taux bas, l'activité de la Nef en pâtit.

Cette conjoncture de taux bas existe depuis mi-2008 et a contraint la Nef à modifier sa stratégie. Dans ce contexte, deux indices d'adaptation ou de retournement sont à signaler car l'entreprise[5] a dû prendre les rênes pour la pérennité économique du projet.

Il a été introduit la notion d'objectifs annuels par salarié, en nombre de prêts, de dossiers d'épargne traités, ou encore la mise en place de statistiques sur les appels entrants. Toutefois, il faut bien noter que ces objectifs ne sont donnés

5. En tant que contre-pied du modèle associatif jusqu'ici dominant.

encore qu'à titre indicatif et ne constituent pas des objectifs rémunérés.

Pour la partie crédit, la concurrence avec les autres organismes bancaires se fait plus forte, car certains des secteurs financés par la Nef sont porteurs. On demande donc aux chargés de crédit d'activer les réseaux pour proposer les prêts à des structures les plus assises financièrement et on va aussi introduire la notion « d'offre commerciale » qui permet au porteur de projet de comparer les différentes offres bancaires sur des critères économiques et non plus « idéologiques ». La notion de service est aussi mise en avant. On va préférer faire moins de prêts, mais avec un service de qualité. Si la conjoncture de taux bas continue, cette logique pourrait tendre vers une stratégie consistant à ne favoriser que les projets les plus rentables, ce qui laisserait de côté les petits projets ou certains projets alternatifs plus difficiles à cerner, plus risqués. La structure se trouve alors dans le questionnement entre sa pérennité économique et son projet d'utilité sociale.

Nous pouvons par ailleurs noter que le montant moyen des prêts est passé de 51 300 € à 78 700 € entre 2005 et 2010.

Pour pouvoir faire son activité et respecter les ratios bancaires, la Nef se doit d'avoir un capital minimum. Pour pouvoir donner l'ensemble des informations aux sociétaires (le rapport annuel, les invitations aux événements, le journal interne etc.), soit un coût actuel de 30 €, la part est trop faible pour couvrir les dépenses. Il est donc prévu, lors de la création de la Banque éthique européenne, d'augmenter le prix des parts.

Cette augmentation suit deux logiques, le besoin d'augmenter le capital pour la future banque, mais aussi d'augmenter la quantité de capital détenue, par sociétaire. Néanmoins, l'augmentation du prix des parts finit de poser la question du tiraillement entre les modèles entreprise/association avec des questions sur l'exclusion des personnes les plus modestes, une moindre incitation à devenir sociétaire et une logique de distinction entre sociétaires et clients (personnes n'ayant pas pris de parts).

*Des changements dans le sociétariat*

Le sociétariat se diversifie et pose la question du devenir des bénévoles actifs dans la nouvelle structure.

Les correspondants vont continuer leur activité de manière cadrée, ils vont bénéficier de formations, d'outils de communication, de séminaires. Cependant, entre 2005 et 2009, on assiste à un certain nombre de départs de correspondants, pour diverses raisons. Une des raisons exprimées est le ressenti des changements qui s'opèrent à la Nef, et qui font qu'elle ne correspond plus avec leur engagement initial.

La Nef n'arrive pas à trouver le ton juste pour l'encadrement de ses bénévoles, l'activité des bénévoles doit être clairement encadrée pour la partie métier bancaire extrêmement réglementée, mais les sociétaires doivent continuer à se sentir libres de s'exprimer sur le projet social, éthique de la coopérative.

Pourtant, la Nef a l'avantage d'avoir un cercle de bénévoles mus par le projet même de la coopérative et très actifs sur le terrain. Ces sociétaires sont vigilants, et quand le projet est mis en danger, les réactions sont immédiates. Comme le disait le directeur de la Nef, Jacky Blanc, « la Nef est un projet politique » c'est donc bien une adhésion que l'on demande.

À partir de 2008, la stratégie envers les bénévoles va changer, avec une proposition de créer des groupes locaux de sociétaires. Les instances salariées vont proposer aux correspondants actuels et aux bénévoles actifs identifiés de se constituer en groupes sur un territoire. Ces groupes permettent d'avoir une réflexion en commun et de ne pas avoir une « catégorie » de sociétaires ayant un accès privilégié à l'information, que sont devenus les correspondants. Cette décision a fait réagir certains correspondants qui se sont sentis désinvestis de leur « mission » et a donné lieu aux derniers départs. Pour les personnes qui ont rejoint la Nef plus récemment, les concepts des groupes locaux ont par contre été très bien accueillis. On note d'ailleurs que le sociétariat actif sous forme de groupes locaux crée une dynamique large et mobilisatrice.

La question de la création d'une distinction clients-sociétaires est un des points les plus révélateurs du risque de retournement. Il est expliqué en interne aux salariés par les raisons économiques évoquées ci-dessus et le fait de laisser la volonté aux personnes d'adhérer au projet si elles le veulent vraiment. Cependant, elle soulève le point concernant la viabilité du projet sur du moyen terme, dans le sens où l'on risque de se retrouver avec des usagers qui ne seront pas propriétaires de parts et donc n'accepteront plus les contraintes liées au fonctionnement particulier de la structure. La Nef risque de se retrouver avec des clients qui vont exiger d'elle qu'elle réponde à leurs besoins comme les autres structures bancaires, alors qu'elle n'a pas la capacité de le faire, compte tenu de son mode de fonctionnement. Les clients ne vont peut-être pas connaître suffisamment la structure et son fonctionnement pour accepter ses contraintes, il peut donc y avoir une pression sur les services. Notamment sur le client, nous donnons là aussi un peu d'espace au retournement vers le modèle entreprise, car à partir de là, il faut répondre à ces attentes et donc engager des démarches de rationalisation de l'activité, ce qui peut entraîner la perte de sens du projet. La rémunération inférieure de l'épargne ou le coût plus élevé du crédit sont aujourd'hui expliqués et acceptés par les sociétaires, qui adhèrent au projet et ont la double qualité de coopérative d'usager et de propriétaire. Ils dépassent leur intérêt personnel pour le bien collectif, contrairement au client qui utilise le bien collectif pour son intérêt personnel. C'est donc aussi une des responsabilités de la Nef d'avoir un rôle pédagogique pour ne pas perdre de vue son projet initial.

## Le projet de banque l'oblige à se redéfinir

### *Création de nouveaux produits adaptés*

Avec la stabilisation financière, la Nef va pouvoir se lancer dans des projets innovants qui répondent aux besoins de la société civile. Cette nouvelle étape permet de continuer le projet initial en expérimentant d'autres façons de créer du lien avec l'argent.

La foncière Terre de liens répond à des problématiques liées au foncier agricole. Les agriculteurs se trouvent confrontés à une hausse des prix du foncier agricole et ont des difficultés à financer leur accession à la terre, leur principal outil de travail. La Nef avec d'autres personnes proches de la structure a mis en place la foncière Terre de liens, qui collecte du capital auprès de la société civile, puis achète des terres qui sont mises en fermage aux agriculteurs en agriculture biologique ou biodynamique. Cette idée découle de l'expérience d'un des fondateurs dans le milieu de la coopération agricole et était un des projets imaginés par la Nef à ses débuts.

Le problème de la production de l'énergie et de sa propriété est aussi une question qui va devenir cruciale dans le futur. Pour cela, le projet Énergies partagées a été mis en place par la Nef avec d'autres structures de l'économie sociale qui travaillent sur les énergies renouvelables. L'idée est de collecter du capital auprès du public pour financer des installations énergétiques de type éolien, photovoltaïque, hydraulique et autres énergies renouvelables.

Les montages juridiques et financiers de ces deux structures atypiques ont permis à la Nef d'apprendre de manière pratique à créer des nouveaux projets, innover dans leur mode de financement et dans leur fonctionnement. Ces deux structures ont des montages qui ont pour point commun l'un des axes de recherche actuels de la Nef qui est la réappropriation par la société civile de divers pans économiques de la société. Elle se retrouve aujourd'hui sollicitée par d'autres structures pour aider à conduire des projets innovants dans d'autres domaines.

À la suite de rencontres avec des partenaires comme le réseau des AMAP[6], la Nef est en cours de création d'un fonds de garantie pour les agriculteurs utilisant un mode de distribution de type AMAP. La Nef a repéré une difficulté pour les agriculteurs à avoir des garanties d'une part, et la stabilité économique des structures distribuant leur

6. Association pour le maintien d'une agriculture paysanne.

production en AMAP d'autre part. Le contact a été pris avec le réseau des AMAPs pour constituer avec France Active un fonds de garantie pour les agriculteurs.

Ce nouvel outil répond à un besoin de garantie qui n'existe pas et au soutien de modes de commercialisation sans intermédiaires. Elle joue donc un double rôle d'innovation et d'aide au changement social.

Enfin, suite à la demande des sociétaires d'expérimenter de manière plus pratique les liens directs à travers l'argent, la Nef travaille sur la possibilité de faire du crédit direct entre les sociétaires et les porteurs de projets. Ce serait possible grâce aux nouvelles technologies, notamment informatiques. Aux États-Unis, cela existe depuis quelques années et le site Internet Friendsclear en est l'exemple français.

Cette idée n'est pas encore mise en place, car la consultation des sociétaires n'est pas finie, mais elle est sérieusement envisagée. L'objectif est de permettre aux sociétaires ou à des porteurs de projets de promouvoir un projet directement au travers d'un site internet dédié.

Les sociétaires choisissent un ou des projets qu'ils souhaitent financer sur le site, ils déposent une somme d'argent sur un compte bloqué et nanti, une fois que la somme demandée par l'entrepreneur est réunie, l'argent est versé. Ce projet permettrait de revenir aux fondamentaux de la Nef : le lien direct et la transparence de l'utilisation de l'argent. C'est aussi dans une certaine mesure répondre à la demande des bénévoles qui souhaitaient créer des sortes de banques locales.

*Une gouvernance plus participative*

La Nef a mis en place des fonctionnements qui permettent une participation des sociétaires plus importante.

Pour pallier le manque de participation des sociétaires lors des assemblées générales (AG), la Nef a mis en place à partir de 2006 les assemblées régionales consultatives (ARC). Ce sont des réunions préalables à l'AG qui permettent aux sociétaires de toutes les régions d'avoir un même niveau d'information. Lors de ces réunions une partie de l'équipe de la Nef se déplace. Il est à noter qu'il y a toujours un membre des instances, ainsi que les correspondants et groupes locaux qui profitent de l'occasion pour se présenter et informer sur les activités du groupe local. L'on présente toutes les informations permettant aux sociétaires de voter lors de l'AG en quelques heures. Ils peuvent poser toutes leurs questions aux salariés et instances afin de pouvoir faire leur vote en toute compréhension. C'est aussi un moment où les salariés de la Nef récupèrent les procurations ou les votes pour l'AG.

Cette initiative a permis de réduire le nombre de votes confiés au président du conseil de surveillance, passé de 71 % pour l'AG de 2005 à 25,5 % en 2010, et a permis d'augmenter la part de votants qui était de 4 215 votants en 2006 à 4 947 en 2009, même si la part en pourcentage des votants totaux diminue de 28,6 % à 18 % du nombre de sociétaires sur la même période.

En 2009 a été ajoutée la possibilité de voter par internet (mais cela n'a pas eu le succès escompté).

En parallèle à la mise en place des ARCs, les groupes locaux ont demandé à avoir la possibilité de pouvoir faire remonter des questions au préalable pour le vote en AG.

C'est là où le partenariat pour la création de la nouvelle banque a permis à la Nef de bénéficier des expériences de ses partenaires. Il a donc été décidé en 2009 que les groupes locaux, un salarié et un membre des instances, pourraient se réunir régulièrement pour faire remonter des questions identifiées sur le terrain par les acteurs locaux au conseil de surveillance, afin d'avoir un système plus participatif. Ce mode de fonctionnement déjà en vigueur chez Banca Etica (la banque italienne avec qui la Nef travaille en vue de créer la Banque éthique européenne) fonctionne et a permis d'essaimer des pratiques, des idées et parfois d'innover.

Le partenaire italien a aussi donné l'idée de la création de banquiers itinérants, qui permettraient aux sociétaires d'une région d'avoir un interlocuteur sur place qui les aide dans leurs démarches auprès de la future banque et entretient les réseaux locaux. Une expérimentation est déjà en place dans le sud de la France.

Pour le projet banque imaginé en 2005, il était très important pour la Nef, Banca Etica et Fiare de se mettre d'accord sur les bases culturelles sur lesquelles allait s'asseoir le projet. Il a donc été décidé dès 2006 de consulter tous les sociétaires sur les fondements de ce nouveau projet.

Il y a eu une consultation dans les trois pays – France, Italie, Espagne – sur les termes de l'accord du projet. Suite à de très nombreuses réunions, à un grand travail de collecte d'information et de synthétisation où chaque mot a été pesé, les trois structures ont écrit en 2007 le « Manifeste pour une banque éthique européenne ». Le texte final a été validé par un vote en AG dans les trois pays. Ce manifeste est important à deux titres, il a permis aux sociétaires de s'approprier le projet et de le modeler selon leur désir, et d'accepter les changements de la structure dont ils sont sociétaires. Le projet culturel étant validé, la Nef travaille aujourd'hui sur la concrétisation du projet banque dans son fonctionnement, en incluant d'autres partenaires allemands, belges et hollandais.

Le travail sur le manifeste a aussi donné aux salariés l'occasion de participer et de s'approprier la définition du futur projet. La Nef a ainsi pris la mesure des changements dans la transmission du projet culturel en interne. La charge de travail importante conjuguée à l'augmentation rapide de la masse salariale n'a pas aidé à la transmission des valeurs, de l'histoire et du militantisme comme cela a pu être le cas auparavant. La Nef a alors mis en place un travail sur les fondements de la Nef, son histoire, les valeurs coopératives, etc. sous forme de fiches, accompagnées d'une présentation/formation pour tous les nouveaux salariés. La mise en place de ce travail devrait être effective à l'été 2011, permettre de donner plus de sens au travail des salariés et d'asseoir une culture d'entreprise.

## Conclusion

La Nef a eu une longue phase de maturation qui lui a permis de poser des bases solides pour son développement. La structure a connu une croissance très importante sur les cinq dernières années et elle doit continuer à la gérer sans perdre ses valeurs. Après avoir tenté plusieurs fois de devenir banque, la Nef semble avoir trouvé des partenaires qui vont lui permettre d'accomplir son destin dans des conditions favorables.

Ce pari est pourtant difficile, car elle doit se professionnaliser et optimiser son activité économique tout en répondant à la volonté des sociétaires et sans dénaturer le projet initial.

À travers les partenariats pour créer la nouvelle banque, certaines décisions font l'objet de concessions. Les structures sont invitées à faire des choix et des propositions pour la construction commune, choix qui ont des conséquences bien différentes en fonction du contexte.

Ce risque de retournement reste latent, cependant certaines décisions montrent que ce risque est surveillé. Les nouvelles orientations de la vie coopérative, par exemple, pourraient avoir un effet suffisamment mobilisateur pour être un contre-poids sur du moyen terme.

Pour son évolution, la Nef a choisi de mener de front plusieurs projets, qui vont lui permettre de se positionner comme un acteur innovant dans le paysage de l'économie sociale et solidaire et sur des thématiques spécifiques telles que le foncier agricole, les énergies renouvelables et surtout la finance éthique.

À travers ses projets, la structure est force de propositions en termes d'alternatives pour la société civile, ce sera à la société civile de valider les choix de la Nef et ses partenaires en se saisissant de ces nouvelles opportunités.

Le projet de Banque éthique européenne est, depuis l'AG 2010, porté par la CFE (Coopérative pour une finance éthique) qui est une entreprise extérieure à la Nef.

La CFE portera le projet de BEE au niveau international pour les différentes structures dont la Nef.

La Nef continue donc son activité et rejoindra la CFE et ses partenaires le moment venu.

# La gouvernance d'une banque coopérative

## Peut-on parler d'une différence ?

ANDRÉ ROUSSEAU
Chercheur associé,
université européenne de Bretagne (UBO, Brest)

YANN REGNARD
Maître de conférences,
université européenne de Bretagne (UBO, Brest)

Dans le débat sur la banque coopérative comme alternative à la banque capitaliste, nous allons avancer la thèse que l'on ne peut raisonner en tout ou rien. Il faut hiérarchiser les composantes des deux éléments de l'alternative et indiquer lesquelles sont déterminantes pour permettre de dire s'il existe ou non une différence. La notion d'isomorphisme institutionnel (les activités, acteurs et organisations économiques s'uniformisent sous la pression des normes dominantes)[1] n'est peut-être pas suffisante ; les pratiques peuvent s'aligner, mais la pierre de touche demeure double : que fait-on du profit et le contrôle demeure-t-il dans les mains des sociétaires ? Sans nier les difficultés que soulève notamment le second aspect, nous ne sommes pas loin de penser que la notion d'isomorphisme pouvait passer pour plausible avant la crise, mais que celle-ci remet à l'ordre du jour la pertinence du « modèle » coopératif. Telle est l'idée proclamée par Étienne Pflimlin, président du Crédit Mutuel, quand il affirme lors de l'assemblée générale de cette banque coopérative que « le temps des crises (est)

1. Nous reprenons la notion empruntée par B. Enjolras (1996) à des auteurs américains, et appliquée par lui à l'économie sociale.

l'heure du mutualisme[2] ». Telle est l'idée que nous contribuons à mettre à l'épreuve.

Certains affirment même que l'économie sociale (qui regroupe mutuelles, coopératives et associations) serait une alternative au capitalisme (T. Jeantet, 2008). Cette thèse oblige à considérer deux dimensions de l'entreprise coopérative : d'une part son efficience et de l'autre sa différence. Sur le premier point, la littérature qui s'inscrit dans le cadre théorique de la théorie de l'agence conclut en théorie à l'inefficience du modèle coopératif par rapport à l'entreprise actionnariale classique (M.-C. Jensen et W.-H. Meckling, 1979 ; E.-F. Fama et M.-C. Jensen, 1983 ; H. Hansmann, 1996). Les banques coopératives n'auraient ainsi qu'à imiter plus fidèlement le modèle ! Inversement, les succès remportés par certains groupes bancaires coopératifs proviendraient davantage de l'adoption de méthodes visant à maximiser la rentabilité, par isomorphisme institutionnel (E. Bidet, 2003), que de leurs caractéristiques propres. Si bien que la réalité de la différence serait singulièrement évanescente, depuis une trentaine d'années au moins, à cause de l'adoption d'un management standard (F. Marc, 1984), la constitution de filiales commerciales et, plus récemment, l'introduction de « véhicules cotés » sur le marché boursier. Les dirigeants des entreprises mutualistes et coopératives (G. Andreck, 2004 ; E. Pflimlin, 2006 ; Groupement national de la coopération, 2006) ou des universitaires (O. Pastré, 2003 ; D. Malherbe, 2008) réaffirment aujourd'hui la place centrale d'un fonctionnement original, même si c'est pour avouer en ignorer la nature ; à l'instar d'Olivier Pastré qui déclare : *« Tant que l'on ne saura pas ce qui spécifie le mutualisme, tout effort pour prescrire à celui-ci une stratégie de développement sera voué à l'échec. »* Cette

2. Rappelons qu'en France l'appellation « banques mutualistes » désigne en réalité des banques ayant le statut de coopératives de consommateurs. Le mutualisme au sens précis du terme de mise en commun de moyens ne s'applique que très partiellement aux banques, mais plutôt aux mutuelles d'assurance, aux sociétés d'assurance mutuelle et aux mutuelles de santé (Y. Regnard et H. Gouil, 2005 ; Y. Regnard et A. Rousseau, 2007 ; D. Malherbe, 2008).

contribution tente de lever un coin du voile. Nous y traiterons de questions qui sont communes à toutes les (entreprises) « coopératives », mais en focalisant l'analyse sur le cas des banques organisées selon ces principes.

En comparant les formes organisationnelles, plusieurs auteurs ont cherché à identifier lesquelles étaient les plus performantes ou à établir les conditions de cette supériorité (pour un panorama complet : E.F. Fama et M.C. Jensen, 1983 ; pour une analyse spécifique aux banques coopératives : J.-N. Ory *et al.*, 2006a). D'autres auteurs ont essayé d'observer dans quelle mesure les coopératives s'éloignaient de leurs principes (D. Côté, 2001 ; D. Malherbe, 2008). Notre contribution ne vise pas à démontrer la supériorité ou les déficiences (voire les faux-semblants) de la gouvernance coopérative par rapport à la gouvernance actionnariale, mais plutôt d'identifier ce qui fonde ses spécificités en examinant ses pratiques, sans s'arrêter aux principes les plus officiels des institutions concernées. La grille d'analyse des mécanismes de contrôle proposée par G. Charreaux (1997) nous semble pertinente et adaptée pour appréhender la complexité à l'œuvre dans les banques coopératives. Cette complexité est, selon nous, à l'origine de pratiques de gouvernance qui laissent parfois douter certains observateurs de l'authenticité de leur différence [3].

C'est le cadre de la théorie de l'agence qui nous servira d'abord à mettre en lumière l'originalité de la gouvernance coopérative. Puis nous évoquerons le cas du Crédit Mutuel pour rendre compte des pratiques institutionnelles et de leurs aspects paradoxaux, au regard du modèle principal-agent. Si l'examen des statuts ne laisse aucun doute sur l'existence d'une différence entre les banques coopératives et les banques capitalistes, nous tenterons toutefois de comprendre comment une banque qui respecte les règles de propriété d'une coopérative en vient à fonctionner selon des principes qui s'écartent assez peu de ceux qu'appliquerait n'importe quelle entreprise confrontée à un marché.

3. Voir par exemple le jugement sans nuance de N. Bardos-Feltoronyi, 2004, p. 133, ou l'analyse critique et argumentée de P. Dubois et M. Abhervé, sd.

Les raisons tiennent-elles, comme l'affirme la thèse de l'isomorphisme, à la banalisation de l'activité bancaire et au marché de celle-ci, ou est-ce l'effet de la professionnalisation des banques coopératives et de la perte de légitimité des représentants des sociétaires, « dépassés » par la technicité ?

## Les normes et pratiques coopératives à l'aune du pouvoir de l'actionnaire : un contrôle différent

Pour une synthèse comparative entre sociétaire et actionnaire, nous renvoyons le lecteur au tableau établi par le Groupement européen des banques coopératives (GEBC, 2006). L'entreprise classique est appréhendée comme un nœud de contrats, en particulier en finance, où l'actionnaire joue un rôle incontournable tant dans le processus de décision que dans l'appropriation de la créance résiduelle. Sous cet angle, la rationalité du sociétaire est-elle comparable à celle de l'actionnaire ? La coopérative est-elle vraiment inefficiente par rapport à l'entreprise actionnariale comme prédit, ou parvient-elle à surmonter ses propres défauts ?

### Les relations d'agence dans une entreprise à gouvernance coopérative

*Un sociétaire au pouvoir de contrôle limité*

La clé de voûte du fonctionnement coopératif est le sociétaire (ou adhérent). Simultanément propriétaire et usager de la coopérative (mais parfois aussi simple « client » non porteur de parts sociales dans le cas des banques coopératives. L'association des caisses locales au sein d'une fédération donne lieu à la désignation d'un conseil fédéral qui élit un président ; celui-ci désigne et propose au conseil le directeur général salarié. Président et directeur sont deux fonctions traditionnellement incompatibles [4]. Le président

4. Le cas du groupe Crédit Mutuel Arkea dont nous parlerons plus loin est une exception notable. Le président actuel a été choisi et annoncé par son prédécesseur, alors qu'il n'était même pas sociétaire. L'adhésion des admi-

est un élu (parmi les sociétaires, puis parmi les administrateurs) qui ne peut être rémunéré mais peut être indemnisé, tandis que le directeur est désigné et salarié (C. Collette et B. Pigé, 2008). L'ensemble est généralement qualifié de « pyramide inversée » qui place les sociétaires dans une position d'où le reste découle.

En première approche, ce schéma postule un sociétaire nécessairement intéressé à la vie de la coopérative et capable de peser sur les décisions. De fait, le droit de vote est limité selon le principe « une personne, une voix », quel que soit le nombre de parts sociales détenues. Chaque sociétaire peut donc en principe exprimer son point de vue, mais celui-ci n'a de chance de se faire entendre que si, dans cet univers atomisé où domine la démocratie représentative, il dispose de moyens de peser avec d'autres sur l'élection de ses représentants. Les sociétaires ne peuvent se partager la créance résiduelle car les réserves sont impartageables, même en cas de dissolution (B. Amann, in G. Koenig, 1999). Les principes d'« impartageabilité » des réserves et d'unicité du droit de vote connaissent quelques assouplissements, notamment avec la loi de 1992 (J.-N. Ory *et al.* 2006a), mais qui ne remettent pas en cause l'essentiel. Toutefois, les droits individuels formels ne rendent pas facile pour autant un contrôle effectif des dirigeants par les sociétaires ; ces dirigeants salariés disposent ainsi d'une (trop ?) grande liberté avec un risque élevé de comportements opportunistes (F. Huntzinger et A. Moysan-Louazel, 1999 ; C. Cadiou *et al.*, 2006). Seule une crise sérieuse des résultats économiques semble pouvoir entraîner un désaveu par les représentants des sociétaires ; les responsables réels (au sens de « sujets de l'action ») sont bien les professionnels.

nistrateurs du groupe à ce choix s'est faite sur deux critères explicites : la carte de visite de l'intéressé (énarque et banquier) et ses professions de foi dans les valeurs mutualistes. Ce président est actuellement salarié, alors que son prédécesseur disposait d'indemnités lui permettant de se faire remplacer dans son activité de profession libérale.

### *La démocratie représentative se substitue à la démocratie participative*

La faiblesse de la participation des sociétaires aux assemblées générales des caisses locales n'est pas un phénomène si récent. Sous les effets conjugués de la taille, de la complexité, et enfin de l'autonomie prise par la structure salariée, tout « tourne » sans la mobilisation des sociétaires qui ne voient pas clairement ce qu'on leur demande dans ces rassemblements rituels. La démocratie représentative – même très modeste puisque la participation aux votes dépasse rarement 5 % – mange en quelque sorte la démocratie participative. L'affaire n'est pas nouvelle puisqu'un observateur comme Albert Meister signalait dès 1962 que les structures coopératives mobilisent relativement bien dans leurs phases de naissance et de conquête pour laisser les représentants (parfois difficiles à trouver) devant un vide relatif dans les phases de banalisation.

Outre des aspects sociologiques et culturels sur lesquels nous reviendrons, le faible taux de participation des sociétaires aux assemblées générales peut s'expliquer par la faiblesse de leur capacité à peser sur les décisions prises et le peu d'impact immédiat sur la situation de chacun. Plus profondément, cette assemblée devrait être un lieu d'expression collective, mais en réalité les participants « subissent » le déroulement de procédures juridiquement obligatoires et, quand vient l'heure des décisions (notamment la désignation des nouveaux administrateurs ou délégués), l'absence d'enjeu ou d'alternative transforme l'assemblée générale en chambre d'enregistrement de décisions déjà prises par les administrateurs en place (quand ce n'est pas par les cadres salariés).

Le nombre de candidats au poste d'administrateur est faible et dans un tel contexte cela n'est pas surprenant ; mais l'on voit bien qu'ainsi la porte est ouverte à un double risque : un verrouillage tacite du conseil par la technostructure salariée et une cooptation à peine implicite des candidatures.

La constitution d'un groupe coopératif par création de filiales sous forme parfois actionnariale se fait au nom des sociétaires, mais la préservation de leurs intérêts n'est pas toujours démontrée ; toutefois, soulignons qu'une bonne partie des résultats ainsi générés alimente des réserves impartageables même si la compréhension du montage juridico-financier échappe à un grand nombre. Si juridiquement et officiellement une tête de groupe à forme coopérative reste pilote de ses filiales, le contrôle effectif par les sociétaires est fragile (E. Gurtner, M. Jaeger et J.-N. Ory, 2009) et beaucoup plus flou (S. Koulytchizky et R. Mauget in D. Côté, 2001).

Nadine Richez-Battesti, Patrick Gianfaldoni et leurs collaborateurs ont identifié dans leurs travaux (2006) les sources de conflits que la complexité des « groupes bancaires coopératifs » peut générer. Le modèle coopératif est-il capable d'y faire face ? En fait la pression de l'isomorphisme semble telle en première approche, que les modes classiques de régulation observés dans une entreprise s'acclimatent assez bien dans les groupes coopératifs, sans les dénaturer totalement.

## Les modes de résolution des conflits dans une coopérative

Tout comme dans l'entreprise actionnariale (G. Charreaux, 1987), il existe pour l'entreprise coopérative une discipline imposée par le marché (sous la triple forme du marché des biens et services, du marché du travail et du marché financier) ; agissent également des systèmes internes de contrôle (hiérarchie, droit de vote des sociétaires, rémunération et intéressement, conseil d'administration). On ne saurait trop insister sur la référence au « marché », qui donne aux banques coopératives (mais pas seulement à elles) cette mentalité de compétiteurs, voire de « survivants » dans laquelle se moulent avec aisance les nouvelles générations de salariés dont la formation gestionnaire n'a quasiment jamais la possibilité de se confronter à d'autres conceptions de l'entreprise que le modèle standard.

*Des mécanismes externes de contrôle*

La discipline par le marché des biens et services est non seulement guidée par le bon sens économique propre à toute entreprise, mais également formulée en toutes lettres dans la loi de 1947 sur les coopératives. Celles-ci doivent apporter des prestations à leurs membres « à des conditions au moins aussi avantageuses que celles du marché ». Dans les faits comme dans le droit, c'est la pression concurrentielle qui modère la tarification des coopératives. Le phénomène est renforcé par le fait qu'elles n'ont pas à rémunérer à un niveau élevé leurs apporteurs de capitaux. Les intérêts des parts sociales sont inexistants ou faibles (M. Jaeger, 2000). Le sociétaire mécontent s'exprime sur le registre du comportement de client (C. Cadiou *et al.* 2006). Son pouvoir « économique » est celui d'un consommateur et dépend bien sûr du volume d'affaires réalisé avec l'entreprise : *« Une coopérative ne peut pas ignorer les adhérents qui représentent son chiffre d'affaires principal, alors même qu'ils ne disposent que d'une seule voix chacun »* (C. Collette et B. Pigé, 2008).

La discipline par le marché du travail apparaît peu spécifique aux coopératives : comme toute entreprise, elles doivent maintenir un capital humain pour assurer leur pérennité. Tout au plus peut-on citer une volonté affichée plus qu'ailleurs de vouloir fidéliser les salariés, dans l'intérêt bien compris de faciliter la relation avec le sociétaire et de donner corps à la valeur de proximité.

La discipline par le marché financier est inexistante, si l'on considère strictement le statut de coopérative et tant qu'il n'existe pas de cotation boursière. *« Les dirigeants ne peuvent être évalués à travers l'évolution de la valeur des titres et n'encourent pas de risque de prise de contrôle hostile en cas de baisse des cours »* (E. Gurtner *et al.* 2003 ; J.-N. Ory *et al.*, 2006a). Toutefois, la menace de fusion entre groupes coopératifs ou le risque d'absorption des entités défaillantes au sein d'un même réseau coopératif obligent le dirigeant de chaque coopérative à être vigilant sur la rentabilité et la solvabilité. Enfin, c'est avec l'hybridation juridique des groupes coopératifs qu'apparaît un contrôle des actionnaires. S'ensuivent des exigences renforcées de rentabilité, surtout lorsque certaines entités SA du groupe sont cotées en Bourse, comme ceci est le cas des Caisses d'Épargne, du Crédit Agricole et des Banques Populaires. Loin de résoudre le conflit d'agence entre sociétaires et dirigeants salariés, la situation complique le partage du pouvoir et de la valeur créée en faisant intervenir l'actionnaire (J.-N. Ory *et al.*, 2006b). Si théoriquement le sociétaire conserve le pouvoir légal d'infléchir les décisions prises au sein du groupe coopératif, le dirigeant est souvent amené dans les faits à composer avec des exigences contradictoires (S. Koulytchizky et R. Mauget, 2001 ; M. Roux, 2003).

Les marchés disciplinent donc bien le comportement des dirigeants selon des intensités variables, mais le contrôle externe est opéré également par le territoire. Notion d'apparence assez floue, qui ne se limite pas seulement à une conception physique et géographique de la zone d'exercice de la coopérative, cette relation territoire/coopérative ne repose pas uniquement sur de simples déclarations d'intention. Le territoire apparaît souvent en toutes lettres dans les statuts juridiques ou les « chartes » de la coopérative. La solidarité à l'égard des adhérents peut s'étendre à la communauté qui l'environne (C. Collette et B. Pigé, 2008) et reconquérir la confiance par la référence réaffirmée à un intérêt général (A. Mendez, 2001). Mais des ambiguïtés apparaissent si la rentabilité se dégage au moyen de délocalisations.

À cette dimension sociale et économique du territoire, dans un cadre souvent local, s'ajoute une dimension institutionnelle et juridique dans un cadre national et supranational où l'État et l'Union européenne sont parties prenantes (J. Munoz *et al.* 2008). Organisations de droit privé, les coopératives appartiennent collectivement à leurs membres. Elles ne subissent pas un contrôle direct par les pouvoirs publics [5], mais les évolutions juridiques constituent

5. La nomination en 2009 d'un proche du président de la République à la direction de l'ensemble fusionné [Caisses d'Épargne – Banques Populaires] met à mal ce principe. L'épisode ne s'explique pas uniquement par l'urgence

des mécanismes fortement incitatifs où les dirigeants doivent respecter un cadre légal. Les institutions européennes participent au contrôle externe du comportement du dirigeant, ce dernier devant pouvoir prouver, « pour faire bonne figure », que le sociétaire n'est pas un simple figurant ou un alibi pratique, qu'il tient toute sa place et que les parts sociales ne sont pas un prêt fait à la banque.

*Des mécanismes internes de contrôle*

Pour contraindre les dirigeants à agir dans l'intérêt des sociétaires, il existe aussi des systèmes internes de contrôle. La hiérarchie d'une coopérative, telle qu'évoquée plus haut, distingue clairement deux pyramides. La pyramide inversée (base en haut) est la hiérarchie « politique », où les sociétaires participent à l'élection de leurs représentants, les administrateurs, qui eux-mêmes élisent un président. La pyramide classique (base en bas) est la hiérarchie « opérationnelle » où le directeur conduit la structure salariée et organise les activités nécessaires pour réaliser les orientations fixées par la structure politique. La pyramide salariée est subordonnée à la pyramide politique dans la mesure où le président désigne son directeur et peut en changer. *« Se succèdent ainsi cinq couples principal/agent, à savoir sociétaires/élus, élus locaux/élus centraux, élus centraux/direction, direction/cadres, cadres/non-cadres »* (D. Malherbe, 2008). Même si la menace est faible compte tenu du principe d'unicité du droit de vote attaché au sociétaire ; le sociétaire conserve théoriquement le droit de changer l'équipe dirigeante.

L'absence de participation au capital de la coopérative pour le dirigeant salarié laisse craindre un manque d'incitation à agir dans le sens des intérêts des sociétaires. Le risque de divergence d'intérêts est en fait réduit par d'autres mécanismes. Le dirigeant peut ainsi bénéficier de

mais bel et bien par l'intérêt de placer quelqu'un de sûr à la tête du nouvel ensemble sans considération aucune pour ces instances de contrôle. Il est à noter que la presse économique n'a vu à l'œuvre que la raison d'État (parfois pour le reprocher) mais jamais un oubli des principes coopératifs.

primes liées aux performances annuelles ou pluriannuelles. Les conditions d'attribution ne dépendent pas des marchés financiers, mais d'objectifs quantifiés fixés au nom des sociétaires *ou* par le conseil d'administration et fonction de l'activité économique propre de la coopérative (C. Collette et B. Pigé, 2008). Toutefois, la valeur résiduelle peut être captée par les salariés : les profits peuvent en effet être récupérés de manière détournée via des rémunérations alignées sur celles des sociétés actionnariales (A. Couret, 1987).

Le conseil d'administration d'une coopérative est l'organe de contrôle des dirigeants. Il dispose d'un pouvoir renforcé par rapport aux entreprises actionnariales, car la sélection des administrateurs n'est pas laissée à la liberté du président. Ce dernier tire au contraire sa légitimité de l'élection par le conseil d'administration. Cette légitimité peut être fragile lorsque l'équipe dirigeante peine à trouver des candidats aux postes d'administrateurs. La cooptation n'est pas toujours le fruit de manœuvres politiques, mais aussi le résultat du désintérêt d'un grand nombre de sociétaires. Les administrateurs sont bénévoles. Ils n'ont droit à aucune rémunération, mais des indemnités peuvent être mises en place. Pour éviter de « subir » des administrateurs guidés uniquement par des intérêts personnels ou une perspective de carrière (C. Collette et B. Pigé, 2008), les recommandations n° 9 et n° 24 du rapport établi par l'Institut français des administrateurs, sous la direction d'Étienne Pflimlin (2006) visent à mieux identifier et sélectionner les candidats sur plusieurs dimensions : déontologie, compétence, représentativité du sociétariat.

À la lumière des normes et pratiques coopératives, nous formulons les hypothèses suivantes à l'égard de la gouvernance coopérative :

- une entreprise coopérative qui emprunte des pratiques à une forme organisationnelle de type actionnarial faisant figure de « modèle », cela ne signifie pas qu'elle adopte complètement son mode de fonctionnement ;
- des principes coopératifs apparemment malmenés peuvent très bien coexister avec une culture coopérative ;

- en effet, la spécificité coopérative ne s'observe pas nécessairement dans le respect intégral de ces normes mais dans leurs accommodements.

Même en l'absence de perception claire d'une différence par le grand public, la différence coopérative présente un intérêt stratégique, tant que les piliers du mode de gouvernance restent en place.

Les trois premiers points peuvent paraître des entorses sérieuses aux principes et donner plutôt des arguments au postulat d'inefficacité des coopératives formulé par la théorie de l'agence. Ils constituent pour nous un repère et non un résultat définitif indiquant que la coopérative s'efforce de poursuivre son chemin en composant avec les circonstances plutôt que de s'enfermer dans des dogmes. Qu'une coopérative assume des écarts, et même en délibère dans la transparence, illustre ce que nous appelons la coexistence d'une culture ou de valeurs coopératives avec des normes partiellement contradictoires.

Sur le dernier point, il est toutefois troublant de constater que les coopératives demeurent si discrètes. Il est facile de nous opposer que si on n'en parle pas, c'est que la différence n'existe pas ou qu'elle n'est pas suffisamment discriminante, même aux yeux des sociétaires. À titre d'exemple, on peut s'interroger sur ce qui a amené la Banque Populaire à retirer d'un spot publicitaire, diffusé en 2008 à la télévision, le slogan de conclusion qui insistait sur la dimension « coopérative » de cette banque. Nous serions là en présence d'une volonté de mettre entre parenthèses des références trop manifestement contredites par les pratiques.

## Le Crédit Mutuel : un contrôle spécifique par accommodement avec les principes de la gouvernance coopérative

### Les sources de notre réflexion

Conformément à l'intention de ce colloque, nous articulerons la réflexion sur les principes de la gouvernance coopérative à l'expérience que nous avons de celle-ci. L'un des auteurs de cette communication a en effet été cadre dans une banque coopérative (de 1980 à 2005) et y a exercé des responsabilités importantes, notamment dans le marketing puis l'animation de la « vie coopérative », et donc de la mission des administrateurs bénévoles. L'autre, responsable depuis près de 10 ans d'un master (auparavant DESS) dédié aux mutuelles et coopératives, est régulièrement interpellé sur ces questions par les étudiants dont la majorité effectue des stages dans des banques coopératives. Organisée en alternance, la formation confronte les étudiants lors de ces stages, à des écarts importants entre principes, ou discours officiels et pratiques réelles.

Les sources d'information fournies par ces deux expériences donnent accès aux processus de décisions, au fonctionnement quotidien de la vie coopérative où se croisent salariés et administrateurs; les discours officiels des assemblées générales et les rapports annuels complètent ce premier ensemble (Y. Regnard et H. Gouil, 2005) ; mais nous nous servirons également de ce que la vie dans une banque coopérative permet de comprendre tant des convictions exprimées par les représentants des sociétaires, administrateurs bénévoles des caisses locales, que de l'image que sociétaires et clients ont du « mutualisme », dont la banque parle parfois abondamment. Ces sources et ces observations de terrain manifestent de façon frappante un décalage entre l'enthousiasme ou le lyrisme des uns et l'indifférence ou le scepticisme des autres. Sans entrer dans le détail du « bilan sociétal » réalisé par le Crédit Mutuel de Bretagne évoqué plus loin et qui révèle la fragilité des connaissances des sociétaires sur leurs propres prérogatives, les commentaires de salariés et de sociétaires entendus de façon informelle au sein des agences locales laissent planer un doute sur la réalité des pratiques coopératives. Une étude menée en 2005 auprès des administrateurs de plusieurs fédérations du Crédit Mutuel montre au contraire un certain degré de conviction et d'engagement (C. Cadiou *et al.* 2008).

La longue durée sur laquelle ont été recueillis les éléments qui servent de base à cette analyse a l'avantage de fournir une vision des évolutions. Le début de carrière au Crédit Mutuel correspond à une longue phase où l'identité coopérative est progressivement installée, tenue comme secondaire ou vague par les « nouveaux entrants » et exaltée avec nostalgie par l'ancienne génération de sociétaires et de salariés. Les années plus proches de la fin de carrière coïncident avec une période où les discours mutualistes sont remis au goût du jour, dans une visée affichée de marketing et visent à raviver la flamme, mais peinent à se faire entendre et à convaincre auprès des nouvelles générations.

### Une organisation paradoxale

Nous commencerons par décrire certains aspects de l'organisation du Crédit Mutuel.

Les 18 fédérations qui composent le Crédit Mutuel sont en principe des entités économiques, distinctes mais regroupées, selon une logique très contingente, en quelques ensembles ou « groupes » dont il est rare qu'ils correspondent à des territoires homogènes. Ces composantes ont des dimensions économiques contrastées et leur coordination doit beaucoup plus au marché et aux instances de contrôle externes qu'au développement coordonné d'un projet « industriel » global auquel contribuerait chaque entité.

Le Crédit Mutuel forme avec le CIC un ensemble bancaire qui pèse près de 13 % des dépôts et 17,3 % des crédits bancaires en France. L'acquisition du CIC en 1998 a presque doublé le poids global du Crédit Mutuel dans le marché de l'époque. Les comptes et bilans agrégés qui sont publiés ne doivent pas laisser dans l'ombre que c'est l'une des 18 fédérations qui s'est rendue propriétaire du CIC : la fédération d'Alsace Lorraine et Franche-Comté, qui regroupe, depuis lors, cinq fédérations (Centre Est Europe, Sud Est, Savoie Mont Blanc, Île-de-France, Midi Atlantique » et le réseau Crédit Industriel et Commercial « CIC ») sous la même Caisse fédérale, (et il faut ajouter que son informatique en traite 15).

La simplicité apparente de ce fonctionnement repose sur le principe dit de subsidiarité, ancré dans les entreprises coopératives et l'esprit fédéraliste de la mutualité. Ce principe oblige un échelon supérieur, ici la coordination nationale, à limiter ses missions à ce que ne peuvent faire seuls les échelons inférieurs. Dans chaque fédération, les caisses locales, coopératives d'épargne et de crédit, sont loin d'être autosuffisantes et elles n'existent pas en dehors des fédérations auxquelles elles adhèrent. Mais la confédération nationale, quoiqu'elle publie un rapport annuel qui est l'addition des données régionales, se limite à être un lieu de rapports d'influence évidents[6], d'échanges d'informations, et de formulation d'avis sur les affaires de l'entité Crédit Mutuel. Le projet commun consiste à « développer » l'institution sur chacun des territoires confiés à une fédération de caisses locales, en pérennisant son activité (par la solidarité) et ses valeurs. Les résultats sont consolidés et rendus publics, mais chaque entité interprète localement ses propres résultats, les soumet à la délibération des décisionnaires locaux et les utilise comme il l'entend pour rémunérer les parts sociales, abonder ses fonds propres et investir.

Nous avons donc, avec le niveau national du Crédit Mutuel, un cas de figure où les initiatives de l'État, tellement déterminantes pour l'activité bancaire, les évolutions du marché et les accords entre entités de l'enseigne tiennent lieu de « principal » dans une relation qui ne ressemble que de très loin au modèle standard principal/agent. Mais en l'occurrence, l'État a fourni un cadre à des initiatives locales de type coopératif, en leur imposant/facilitant une organisation qui les intègre à l'univers bancaire.

6. La presse financière ne se prive pas de rapporter régulièrement les tensions vives entre l'influence du groupe de Strasbourg et le souci d'autonomie de la fédération bretonne (Groupe Crédit Mutuel Arkea) ; les thèmes de la complémentarité, de la synergie ne seraient pas aussi omniprésents dans les discours d'assemblées générales s'ils avaient une autre fonction que de souligner un manque et une absence de passage à l'acte.

## Des différences fragiles mais potentiellement structurantes

### *L'association fragile des usagers au contrôle de l'entreprise*

Les caisses de Crédit Mutuel, à juste titre appelées « locales », se sont historiquement développées à l'échelle de bourgs, ou de quartiers urbains et pratiquaient le crédit dans une relation forte d'interconnaissance entre administrateurs, sociétaires et salariés. Or, dans un « bilan sociétal » effectué en 2008 au sein du Groupe Arkea (assemblée générale 2008 du Crédit Mutuel de Bretagne), un volet consistait à mesurer la perception par les sociétaires de la « différence mutualiste » ; il y apparaît que 33 % seulement des sociétaires ont une perception claire du statut coopératif. La participation aux assemblées générales atteint 6 % au plan national, selon le rapport RSE 2008 du groupe CM/CIC, mais il est fréquent qu'elle n'atteigne pas 4 %. Plusieurs causes peuvent être invoquées pour expliquer ce résultat assez médiocre. En premier lieu, compte tenu d'une mobilité généralisée (sociale, géographique et professionnelle) des sociétaires, des administrateurs et des salariés, le marché supplante les vertus de la fidélité locale. En second lieu, la relation avec des conseillers de moins en moins stables, est profondément modifiée par leur transformation en vendeurs. C'est pourquoi tout discours sur le mutualisme apparaît comme un rituel un peu abstrait dont les preuves sont difficilement perceptibles.

Nous avons déjà indiqué que la crédibilité des assemblées générales au niveau local est loin d'être acquise, ainsi que la difficulté de l'exercice du rôle des administrateurs comme représentants des sociétaires. Mais allons plus loin, culturellement cette forme d'organisation est-elle susceptible non seulement d'intéresser, mais de paraître plausible ? Tous les consultants qui découvrent le Crédit Mutuel proclament bien vite que ses structures sont la solution au problème de la coupure avec les consommateurs, et la base même de la « responsabilité sociale de l'entreprise ».

La réalité montre que c'est cette solution qui fait précisément problème, car elle postule que les consommateurs ont envie de participer, et que les entreprises sont effectivement jugées sur ce qu'elles apportent au bien-être de leurs territoires. Le premier point n'est pas du tout certain, et le second qui l'est beaucoup plus, est malheureusement dissociable du premier. Il n'est pas nécessaire d'être une coopérative pour apparaître solidaire d'un territoire. L'entreprise doit être utile, surtout si elle est une banque, mais c'est à elle de le faire.

### *La mission des administrateurs et leur rôle d'enracinement dans un territoire*

Être administrateur est devenu, pour beaucoup de ceux qui exercent ce rôle, une activité assez peu impliquante. L'autonomie du management salarié est très grande, car il est seul capable de maîtriser l'environnement financier et bancaire. Notons toutefois que l'obstacle n'est pas que culturel, puisque les 24 000 administrateurs des caisses locales du Crédit Mutuel comptent 22 % de retraités, mais 37 % de cadres ou professions intermédiaires, pour 7 % d'ouvriers[7]. Ce qui ne veut pas dire qu'à la marge, dans l'appréciation des risques notamment, les avis des conseils locaux ne jouent pas un rôle fréquent dans l'apport d'une ressource de connaissances personnelles. Les élus ne dorment donc que d'un œil ; ils ne sont pas sans s'interroger sur certains choix commerciaux notamment, mais manquent de légitimité pour s'exprimer en espérant être entendus. En vertu de quelle autorité m'adresser, moi administrateur ordinaire, à une entreprise performante, alors qu'on m'assimile davantage à l'accompagnement du management qu'au rôle de représentant des sociétaires (A. Rousseau et Y. Regnard, 2008) ? La représentation est aussi malmenée lorsque, devant la difficulté de trouver en interne un président apte à conduire les destinées d'une fédération, la « solution » est trouvée en cherchant la personne compétente à l'extérieur

7. Source : Rapport RSE 2008 du Groupe Crédit Mutuel CIC.

du Crédit Mutuel. L'esprit d'une coopérative menée par ses membres s'étiole, même si les étapes formelles du processus de décision semblent scrupuleusement respectées. Paradoxalement, la pierre de touche de la spécificité coopérative ne réside peut-être pas dans les convictions ou valeurs, mais dans ce que les structures de propriété interdisent de faire. D'où, selon nous, l'enjeu essentiel de les rendre plus lisibles.

On peut certes – et les administrateurs ne s'en privent pas – invoquer à tout propos la dimension humaniste, le fait qu'en l'incarnant ils empêchent la banque coopérative de se borner à l'horizon financier. Mais ces valeurs ne se traduisent en normes évaluables que si l'horizon pratique de tels idéaux est concret. La dimension de service rendu à un territoire, qui fonde l'impartageabilité des réserves, fournit à ce titre la source et le sens du contrôle que les administrateurs exercent sur l'entreprise. Les voies qui consistent à utiliser une part des profits à des fins de solidarité, de microcrédit, de mécénat philanthropique, etc. ne sont pas vaines, tant s'en faut. Mais elles ne doivent pas seulement donner le change. Certes, comme nous l'avons montré, le contrôle de la banque par les administrateurs au nom des sociétaires ne retrouvera pas la simplicité dont il a jadis bénéficié. Mais la raison d'être des administrateurs, dans les situations de création comme dans les situations de « croisière », n'est-elle pas de contrôler, au nom d'une population et d'une région, afin de constituer un patrimoine transmissible et utile aux générations futures d'un même territoire ?

## Conclusion

Des contraintes semblables de gestion pourraient amener les banques coopératives à adopter les mêmes réponses que d'autres. Une observation plus approfondie, montre qu'emprunter au modèle principal/agent ne signifie pas le copier servilement.

Les observations développées sur le cas du Crédit Mutuel ne sont pas généralisables à toutes les banques coopératives, mais les difficultés auxquelles elles sont confrontées trouvent nécessairement un écho dans la réflexion menée. En particulier, les accommodements des normes coopératives par le Crédit Mutuel nous amènent à mentionner ce que dit André Gueslin à propos des coopératives : « *Dès avant 1914, ces institutions eurent, et comment s'en étonner, les plus grosses difficultés à concilier l'idéal et le quotidien.* » Sa réflexion montre que les difficultés de conciliation ne datent pas d'aujourd'hui. Elles étaient présentes dès la naissance des coopératives, c'est-à-dire à leur « réputé » âge d'or.

La rationalité d'une coopérative n'est pas aussi lisse que la seule rationalité financière d'une entreprise actionnariale. L'affirmation d'un isomorphisme total nous semble aussi irréaliste que la revendication sans nuance d'une différence. La gouvernance d'une coopérative ne résulte donc pas d'une alternative dogmatique mais dans la combinaison, le dosage, le choix du bon « alliage » pour qu'il soit utile au sociétaire et au territoire. Une telle conception intègre l'économique et le social sans les opposer :

Le statut de sociétaire rompt avec l'isolement du consommateur pour recréer une appartenance et un lien avec les producteurs,

Dans la vogue du « socialement responsable », ces entreprises régionales utilisent comme d'autres une part de leurs bénéfices pour recréer du lien social là où c'est utile, mais créent une différence par leur ancrage local et des réserves allouées de fait aux générations futures.

La forme coopérative constitue un de ces « corps intermédiaires » qui permettent une participation locale à la décision économique, alors que sont vivement critiqués l'éloignement de l'entreprise capitaliste et les mobiles « intéressés » de ses dirigeants.

Enfin, le modèle économique et la conception du profit font des salariés tout autre chose qu'un coût (ou une variable d'ajustement).

L'ambiguïté de certaines pratiques (délocalisations, filialisation actionnariale) et les dysfonctionnements constatés (passivité des sociétaires, administrateurs peu impliqués) ne traduisent pas forcément l'échec du modèle. Ils apportent plutôt les nuances nécessaires à sa compréhension. Ce ne sont pas des modes « parasites » et périphériques au fonctionnement des coopératives, mais des caractéristiques de la gouvernance coopérative. Qu'une caractéristique soit parfois subie et à connotation négative plutôt que choisie et valorisante n'en constitue pas moins une différence observable, avantageuse dans bien des cas.

## Bibliographie

Andreck Gérard (dir.), « La démocratie, principe de gouvernement des mutuelles », rapport du GEMA, 2004, 67 p.

Amman Bruno, « La théorie des droits de propriété », in Koenig Gérard, *De nouvelles théories pour gérer l'entreprise du 21e siècle*, Paris, Economica, 1999.

Bardos-Feltoronyi Nicolas, *L'économie sociale et solidaire*, Lyon, Chronique sociale, 2004.

Bidet Éric, « L'insoutenable grand écart de l'économie sociale : isomorphisme institutionnel et économie solidaire », *Revue du Mauss*, Paris, La Découverte, 2003, n° 21, p. 162-178.

Cadiou Christian, Morvan Jérémy, Regnard Yann, Rousseau André, « Le gouvernement de l'entreprise mutualiste : essai de positionnement à partir d'un modèle intégré », 15e conférence internationale de management stratégique, AIMS, Annecy, 14-16 juin 2006.

Cadiou Christian, Regnard Yann, Rousseau André et Morvan Jérémy, « Légitimité du gouvernement coopératif », in Jorge Munoz *et al.* (dir.), *La gouvernance des entreprises coopératives*, Rennes, Presses universitaires de Rennes, 2008, p. 35-56.

Charreaux Gérard, « La théorie positive de l'agence », in *De nouvelles théories pour gérer l'entreprise*, Paris, Economica, 1987, p. 23-55.

Charreaux Gérard, *Le gouvernement des entreprises*, Paris, Economica, 1997.

Collette Christine et Pigé Benoît, *Économie sociale et solidaire : gouvernance et contrôle*, Paris, Dunod, 2008.

Côté Daniel, *Les holdings coopératifs : évolution ou transformation définitive* ? Bruxelles, De Boeck Université, 2001.

Côté Daniel, « Les fondements d'un nouveau paradigme coopératif », *RECMA, Revue internationale de l'économie sociale*, n°305, juillet 2007, p. 72-91.

Couret André, « La théorie des droits de propriété », in Charreaux *et al. De nouvelles théories pour gérer l'entreprise*, Paris, Economica, 1987, p. 57-78.

Dubois Pierre et Abhervé Michel, « Les banques coopératives. Du pire au meilleur pour le développement de l'économie sociale », Licence professionnelle management des organisations de l'économie sociale, Lille, http://www.univ.mlv.fr/ecosoc.

Enjolras Bernard, « Association et isomorphisme institutionnel », *RECMA, Revue internationale de l'économie sociale*, n° 261, 1996.

Fama Eugène Francis et Jensen Michael, « Agency Problems And Residual Claims », *Journal of Law and Economics*, vol. 26, juin 1983.

Fama Eugene Francis et Jensen Michael, « Separation Of Ownership And Control », *Journal of Law and Economics*, vol. 26, juin 1983, p. 301-326.

GEBC (2006), *60 millions de sociétaires des banques coopératives : Quels enseignements ?*

Groupement national de la coopération, Mutualité française et GEMA (2006), *Coopératives et mutuelles : gouvernement d'entreprise et démocratie d'entreprise*, Paris, actes du colloque du 26 octobre 2006.

Gianfaldoni P. et Richez-Battesti N. (dir.), *La gouvernance partenariale des banques coopératives françaises*, rapport de recherche, DIIESES, mars 2008, 223 p.

Gueslin André, *L'invention de l'économie sociale*, Paris, Economica, 1998.

Gurtner Emmanuelle, Jaeger Mireille et Ory Jean-Noël, « Le statut de coopérative est-il source d'efficacité dans le secteur bancaire ? », *Revue d'économie financière*, 2003, n° 67, p. 133-163.

Hansmann Henry, *The ownership of Enterprise*, Harvard University Press, 1996.

Gurtner Emmanuelle, Jaeger Mireille et Ory Jean-Noël, « Les innovations organisationnelles dans les groupes coopératifs bancaires, Soumission ou résistance à la norme de la valeur actionnariale ? », *Revue française de gestion*, 2009, n° 190, p. 15-30.

Harbour Michelle, « L'altruisme et le modèle coopératif », *La Revue des sciences de gestion, Direction et Gestion* n° 239-240, 2009, p. 87-96. DOI : 10.1051/larsg/2009046

Huntzinger France et Moysan-Louazel Anne, « Apports et limites des théories contractualistes de la firme appliquées à la carrière des dirigeants de coopératives », *Revue internationale P.M.E*, 1999, vol. 12, n° 4, p. 77-100.

Jaeger Mireille, « Vente à perte dans le secteur bancaire et avantage concurrentiel des banques mutuelles et coopératives », *Revue d'économie financière*, 2000, n° 56, p. 195-216.

Jeantet Thierry, *L'économie sociale, une alternative au capitalisme*, Paris, Economica, 2008.

Jensen Michael et Meckling William, « Rights And Production Functions: An Application To Labor-Managed Firms And Codetermination », *Journal of Business*, 1979, v. 52, n° 4, p. 469-506.

Koulytchizky Serge et Mauget René, « Mutations et valeurs dans les groupes coopératifs », in Côté D., *Les holdings coopératifs*, Bruxelles, De Boeck, 2001, p. 77-102.

Malherbe Denis, « L'éthique dans le management des entreprises mutualistes : question de gouvernance et de légitimité », *Management et Avenir*, 2008, n° 20.

Marc François, « La gestion des banques mutualistes ou comment vivre la différence », *Revue française de gestion*, janvier-février, 1984, p. 111-119.

Meister Albert, « Quelques aspects méthodologique de la recherche sociologique dans les associations volontaires et les groupes coopératifs », *Bureau d'études coopératives et communautaires*, Paris, 1962, ronéo.

Mendez Ariel, « Les mécanismes de la confiance : le cas d'une banque mutualiste », *Revue française de gestion*, n° 135, septembre, 2001, p. 18-27.

Munoz Jorge, Radrigan Rubio Mario et Regnard Yann, (dir.) *La gouvernance des entreprises coopératives*, Rennes, Presses universitaires de Rennes, 2008.

Naszályi Philippe, « La place des banques coopératives dans le développement des pays d'Europe centrale et orientale. Éléments de réflexion », *Galileu, Revista de Economia e Direito*, UAL, Lisbonne, septembre 2001.

Naszályi Philippe, « Crédit coopératif, histoire et actualité ; l'héritage de Raiffeisen (1818-1888) et Schultze-Delitzsch (1808-1885) » in *Économie sociale et solidaire, Nouvelles trajectoires d'innovations*, L'Harmattan, coll. « Marché et Organisation », 2010, 236 p.

Ory Jean-Noël, Jaeger Mireille et Gurtner Emmanuelle, « La banque à forme coopérative peut-elle soutenir durablement la compétition avec la banque SA ? », *Finance Contrôle Stratégie*, 2006a, vol. 9, n° 2, juin, p. 121-157.

Ory Jean-Noël, Gurtner Emmanuelle et Jaeger Mireille, « Les enjeux des mutations récentes des groupes bancaires coopératifs français », *RECMA, Revue internationale de l'économie sociale*, 2006b, n° 301, p. 8-25.

Pastré Olivier, « L'économie bancaire : un nécessaire renouveau conceptuel », *Revue d'économie financière*, 2003, n° 70, p. 235-252.

Périlleux Anaïs., « Les coopératives d'épargne et de crédit en microfinance face aux problématiques de gouvernance et de croissance », papier de recherche, Centre de recherche Warocqué, université de Mons, Belgique, 2008, 32 p.

Pflimlin Étienne (dir.), *Coopératives et mutuelles : un gouvernement d'entreprise original*, Institut français des administrateurs, 2006, 50 p.

Regnard Yann, Gouil Hervé, « Les temporalités du mutualisme », *La Revue des Sciences de Gestion*, 2005, n° 49, p. 89-115.

Richez-Battesti Nadine et Gianfaldoni Patrick (dir.), *Les banques coopératives en France. Le défi de la performance et de la solidarité*, Paris, L'Harmattan, 2006.

Rousseau André, « La banque mutualiste : d'un héritage embarrassant à une identité commerciale différente », in Gloukoviezoff G. (dir.), *Exclusion et liens financiers, Rapport du centre Walrass 2004*, Paris, Economica, 2005, p. 302-326.

Regnard Yann et Rousseau André, *Gouvernance responsable et mutualité : quelle légitimité pour les mutuelles de santé ?*, 7es Rencontres internationales du réseau interuniversitaire de l'économie sociale et solidaire, Rennes, 24-25 mai 2007, 13 pages.

Rousseau André et Regnard Yann, « Bénévolat, citoyenneté, professionnalisation : les administrateurs du Crédit Mutuel », in Draperi Jean-François (coord.), *Défis coopératifs*, Paris, L'Harmattan, 2008, p. 295-312.

Roux Michel, « Services limités ou responsabilités limitées ? Le mutualisme de la sphère financière française en proie à la banalisation », *Revue d'économie financière*, 2003, n° 67, p. 211-229.

# Le cas des coopératives d'épargne et de crédit en Afrique de l'Ouest

ANAÏS PÉRILLEUX
Aspirante FRS-FNRS, université de Mons (Belgique), Faculté Warocqué d'économie et de gestion, Centre européen de recherche en microfinance (CERMi : http://www.cermi.eu)

Une récente enquête a pointé la gouvernance des institutions de microfinance (IMF) comme un enjeu majeur (CSFI, 2008). De plus en plus d'auteurs, convaincus de son importance pour le secteur, étudient la gouvernance des IMF en général (R. Mersland, 2009 ; A. Ashta et M. Hudon, 2009; V. Hartarska, 2005 ; M. Labie, 2001), et des coopératives d'épargne et de crédit (coopec) en particulier (M. Hirschland *et al.*, 2008 ; C.E. Cuevas et K.P. Fischer, 2006 ; B. Branch et C. Baker, 2000). Le fonctionnement démocratique des coopec représente un atout mais complexifie la gouvernance, de sorte qu'une forte croissance de l'organisation peut engendrer une crise [1]. S'inspirant de l'expérience ouest-africaine, où les coopératives dominent le secteur de la microfinance, cet article analyse la gouvernance des coopec en phase de croissance et en dresse les implications pour les politiques publiques et les stratégies de coopération.

En Afrique de l'Ouest, les coopec, promues par une législation favorable, constituent non seulement un acteur incontournable du secteur de la microfinance (B. Armendariz et J. Morduch, 2005 ; J. Magill, 1994), mais également un des plus anciens. Nées au XIXe siècle en Europe et en Amérique du Nord, les coopec ont ensuite essaimé, notamment vers le Sud, à partir des années 1950-1960 (P. Develtere *et*

1. Voir, par exemple, la crise traversée par les Fececam au Bénin (Doligez, 2001).

*al.*, 2008). Elles précédaient donc la création de la Grameen Bank (1983) et des ONG en microfinance (1980-1990).

En décembre 2008, selon les estimations de la Banque Centrale des États d'Afrique de l'Ouest (BCEAO) pour le secteur de la microfinance de sa région, 5 328 points de services servaient 9 320 382 membres. Le total de l'épargne collectée par les coopec s'élevait à 459 215 millions de FCFA et le total des crédits octroyés à 441 803 millions de FCFA (statistiques BCEAO)[2]. Cette région connaît de nombreuses dynamiques de mise en réseau de coopec, fortement favorisées par les États et les bailleurs de fonds. Des réseaux se développent même à un niveau transnational. Par exemple, la CIF (Confédération des institutions financières) regroupe six réseaux coopératifs financiers localisés dans cinq pays : RCPB (Burkina Faso), Pamecas (Sénégal), Fucec (Togo), Fececam (Bénin), et Kafo Jiginew et Nyesigiso (Mali). En 2004, l'ensemble ces réseaux servaient 38 % des clients ouest-africains de la microfinance, collectaient 42 % de l'épargne et fournissaient 32 % du crédit.

L'Afrique de l'Ouest bénéficie de politiques publiques nationales et d'une relative implication de la coopération au développement via des ONG occidentales. Le soutien aux coopec prend trois formes principales : la régulation et la supervision du secteur (fonctions régulatrices de l'État), l'appui technique (conseil et formation), et l'aide financière directe. Dans la mesure où toute politique publique vise à garantir une allocation optimale des ressources et à permettre aux organisations soutenues de poursuivre efficacement leur mission, il appartient aux États locaux et aux donateurs de s'assurer de la bonne utilisation de leurs capacités. Dès lors, en tant que risque majeur auquel font face les coopec, la gouvernance mérite un examen attentif. Cependant, la complexité du système coopératif, couplée aux enjeux financiers, mobilise des problématiques très spécifiques. C'est en s'appuyant sur le cas des coopec ouest-africaines que cet article tente de les cerner.

2. Selon le taux de change du 30 septembre 2009 : 1 € équivaut à 656 FCFA.

Notre analyse s'appuie simultanément sur la littérature, les législations en vigueur et notre expérience propre. Des études de terrain ont été menées au Burkina Faso en novembre 2008 et au Sénégal en février-mars 2007, en juin 2009 et en janvier 2010. Nous nous sommes penchés sur le système de gouvernance de trois petites coopec mises sur pied par des organisations paysannes membres de la Fédération des organisations non gouvernementales du Sénégal (FONGS) : la coopec Koyli Wirnde à Podor, la CREC (Caisse rurale d'épargne et de crédit) à Méckhé et la MecSapp à Pekesse. Nous avons également étudié l'UM-Pamecas, réseau sénégalais regroupant 36 coopec, très professionnel et fortement soutenu à son démarrage par Développement international Desjardins (DID).

Le reste de l'article est structuré comme tel : la première partie expose les grands problèmes de gouvernance des coopec et leur complexification avec la croissance. La deuxième et la troisième partie étudient les mécanismes permettant aux coopec ouest-africaines d'affronter les problèmes de gouvernance. Elles abordent respectivement le rôle des organes de gouvernance et la diversité des autres mécanismes. La quatrième partie analyse l'évolution des systèmes de gouvernance avec la croissance. Les conclusions portent sur les politiques publiques et les stratégies de coopération.

## Les problèmes de gouvernance

La gouvernance peut être comprise comme l'ensemble des mécanismes qui assurent qu'une organisation poursuit la mission qu'elle s'est donnée (M. Labie, 2005). Ces mécanismes veillent à l'équilibre interne de l'organisation et à une prise de décision conforme à la mission. L'identification des acteurs de l'institution, ou *stakeholders*, met en lumière les conflits d'intérêts qui peuvent surgir. Un premier conflit, propre aux coopératives financières, existe entre « membres emprunteurs nets » et « membres épargnants nets » (B. Branch et C. Baker,

2000). Les premiers poussent plutôt la coopérative vers des politiques risquées, telles qu'une pression à la baisse des taux d'intérêt (CGAP, 2005). Les seconds sont plus attentifs à la solvabilité et aux liquidités de la coopérative dont dépend leur épargne. La séparation entre la propriété et la gestion quotidienne entraîne un second type de conflits potentiels, du type « principal-agent » (M. Jensen et W. Meckling, 1976). Dans le cas des coopec, ce conflit est accentué par le sociétariat extrêmement diffus en raison du fonctionnement démocratique « un membre – une voix », qui favorise les comportements de « passager clandestin » (*free-riding*) (CGAP, 2005). De plus, les élus n'ont pas toujours les compétences requises pour assurer un véritable contrôle de l'organisation (B. Branch et C. Baker, 2000).

La croissance de la coopec entraîne de nouveaux défis de gouvernance. Premièrement, elle peut rendre le sociétariat plus hétérogène et entraîner une modification de la mission de la coopérative définie par ses membres (Y. Fournier et A. Ouédraogo, 1996). Deuxièmement, la croissance du sociétariat intensifie la diffusion du pouvoir des membres et peut engendrer un renforcement des phénomènes de « passager clandestin » (M. Desrochers *et al.*, 2003). Troisièmement, la complexification des produits peut déstabiliser l'organisation par manque de compétences techniques des membres pour assurer un contrôle efficace (B. Branch et C. Baker, 2000). Quatrièmement, l'embauche de personnel plus qualifié, ne partageant pas forcément la vision du personnel historique et des élus, peut compromettre l'équilibre interne de l'organisation (Cerise, Iram, 2005).

Pour faire face à ces problèmes de gouvernance, plusieurs mécanismes de gouvernance coexistent et évoluent avec le développement de la coopec. S'appuyant sur le contexte ouest-africain, les sections suivantes analysent ces mécanismes et leur dynamique.

## Les organes de gouvernance, éléments clés du système de gouvernance

La gouvernance est souvent associée au conseil d'administration (CA). Dans le contexte ouest-africain, la loi Parmec (BCEAO, Parmec 1993), qui régit le secteur de la microfinance, impose aux coopec la création d'un conseil d'administration (CA), d'un comité de crédit (CC) et d'un conseil de surveillance (CS). C. Cornforth (2004) discute la légitimité démocratique, la représentativité et l'efficacité des organes des coopec. Nous examinons ces trois dimensions dans le contexte ouest-africain.

Premièrement, la légitimité démocratique renvoie au processus électoral, au taux de participation aux assemblées générales (AG) et à la rotation des élus. En Afrique de l'Ouest, le processus électoral est fortement influencé par la « culture du consensus ». Selon nos observations, les membres évitent d'avoir recours au vote car ils estiment que «le vote divise ». Les élus sont donc choisis au terme d'intenses discussions qui présentent l'avantage de ne pas compromettre la paix sociale, mais dont le caractère démocratique est difficilement appréciable : la parole de chaque membre a-t-elle un poids identique [3] ? La présence aux AG est variable et dépend du système de représentation [4]. Bien

3. Selon A. Ouédraogo et D. Gentil (2008, p. 270), « La coopec est insérée dans son milieu et reproduit les rapports sociaux ainsi que les pratiques et les normes en usage. On retrouve donc naturellement le poids des notables, des chefferies anciennes ou des petits fonctionnaires ainsi que le poids différent de la parole des membres en assemblée générale ». D'autres estiment que chaque membre a la possibilité de s'exprimer, et que la parole de tous est prise en compte, la discussion permet ainsi d'aboutir à un résultat à l'amiable et donc renforcé (propos recueillis au sein des coopec de la FONGS, juin 2009).

4. Les AG des coopec de la FONGS sont souvent composées de représentants par villages ou par associations villageoises (ces derniers étant mandatés par leur village, ils s'efforcent d'être présents à l'AG). Les assemblées sont également ouvertes à tout membre qui le désire, dont la présence est très variable (recherche de terrain, juin 2009). Le taux de présence aux AG des coopec du Pamecas est généralement faible et a tendance à diminuer lorsque la coopec grossit. Le Pamecas a été contraint de revoir le quorum de présence aux AG de ces coopec à un nombre absolu de 100 membres, car les règles de présence

que la loi recommande la règle de « un tiers sortant par an », visant à assurer une rotation régulière et à préserver le processus démocratique, en pratique les membres des organes changent peu (aucune des coopec que nous avons étudiées ne suit réellement cette règle). Cependant, cette stabilité des organes de décision peut favoriser l'accumulation des connaissances et l'expertise des élus (T. Guinnane, 2003).

Deuxièmement, la règle « un membre – une voix » peut réduire la représentativité des organes, en conduisant à des comités composés de membres détenant une faible proportion de la valeur de la coopérative en raison, notamment, de la distinction entre membres emprunteurs nets et membres épargnants nets (B. Branch et C. Baker, 2000). Troisièmement, les élus, souvent issus du monde rural et analphabètes, n'ont pas toujours les compétences adéquates pour exercer leurs fonctions (R. Rock *et al.*, 1998), particulièrement en Afrique de l'Ouest où le taux d'alphabétisation est extrêmement faible (P. Pearce, 2009)[5]. Ce problème, souvent soulevé par nos interlocuteurs, est particulièrement prononcé pour le CS dont les membres devraient posséder des notions en comptabilité pour contrôler les activités du gérant et du caissier de la coopec.

## Une diversité de mécanismes de gouvernance

Limiter la gouvernance au CA et autres organes de décision est réducteur. Les crises traversées par le secteur financier démontrent l'intérêt d'une approche plus large (C. Lapenu, 2002). Ainsi, une multitude de mécanismes œuvrent au maintien de la bonne gouvernance des coopec. Nous les abordons ici à l'aide d'un cadre d'analyse issu d'une adaptation personnelle de la grille de G. Charreaux (1997), qui concernait initialement les entreprises privées.

de type « deux tiers », ou même « un tiers », du sociétariat étaient devenues inatteignables (recherche de terrain, janvier 2010).

5. Sept des dix pays ayant le plus faible taux d'alphabétisation au monde se trouvent en Afrique de l'Ouest (C. Pearce, 2009).

L'originalité de la théorie de G. Charreaux (1997) repose sur une classification des mécanismes de gouvernance en quatre grandes catégories, selon qu'ils sont intentionnellement mis sur pied ou qu'ils agissent spontanément sur le plan de la gouvernance, et selon qu'ils sont spécifiques à une organisation ou non spécifiques, s'appliquant alors à toutes les organisations d'un secteur. Le tableau 1 présente notre adaptation de cette grille au cas des coopec. Dans ce qui suit, nous présentons séquentiellement les quatre types de mécanismes de gouvernance.

**Tableau 1 : adaptation de la grille de G. Charreaux au contexte des coopec**

| | Spécifique | Non spécifique |
|---|---|---|
| Intentionnel | Organes : conseil d'administration, conseil de surveillance, comité de crédit<br><br>Schémas incitatifs<br><br>Structure organisationnelle : fédérations et caractéristiques de la structure du réseau | Réglementation<br><br>Supervision par l'État<br><br>Politiques publiques<br><br>Politiques de coopération internationale |
| Spontané | Contrôle par les pairs<br>Rôle du capital social<br>Rôle des normes et règles de la communauté<br><br>Implication de l'épargne<br><br>Surveillance mutuelle des dirigeants et du personnel. | Faible présence des mécanismes par les marchés<br><br>Marché du crédit (dans une faible mesure) |

Adaptation personnelle de la grille de G. Charreaux (1997).

### Mécanismes intentionnels spécifiques

Les mécanismes intentionnels spécifiques sont élaborés en interne par chaque organisation. Ils regroupent les organes de gouvernance précédemment présentés ainsi que les schémas incitatifs classiques (primes salariales et *stock-options*). Dans le cas des coopératives, ces schémas sont difficiles à mettre en place étant donné leur mission sociale peu quantifiable. Outre les difficultés pratiques, en Afrique de l'Ouest, les systèmes de rémunération incitatifs ne peuvent pas être utilisés pour motiver les élus, car la loi impose le caractère bénévole de cette fonction (BCEAO, Parmec 1993). La règle du bénévolat vise à éviter les abus, mais elle peut aussi entraîner une démotivation des élus, et dans certains cas, conduire même à des effets pervers tels que l'octroi de privilèges compensatoires ou de primes cachées (A. Ouédraogo et D. Gentil, 2008). Les personnes que nous avons interrogées ne considéraient pas négativement le bénévolat, estimé inévitable au vu des capacités limitées des coopec. Les élus tiraient leur gratification de leur réputation et de la reconnaissance de leurs pairs.

Des statuts clairs participent également à une bonne gouvernance : ils définissent les règles de fonctionnement de l'organisation et réglementent les conflits d'intérêts potentiels (M. Hirschand *et al.*, 2008). En outre, dans la législation ouest-africaine, les statuts délimitent les sphères de décision des dirigeants et des élus et visent à assurer l'existence de contre-pouvoirs (BCEAO, Condensé n° 11, 1995). Cependant, en pratique, les confusions de tâches sont fréquentes et les pratiques d'ingérence compromettent la bonne gouvernance, comme le montre le cas des Fececam au Bénin (F. Doligez, 2001). Autre outil de contrôle, le système informatique permet de superviser l'ensemble des processus et de détecter les erreurs dans la comptabilité, ainsi que les écarts dans les procédures d'octroi de crédits.

Enfin, la structure en réseau de la coopérative constitue également un mécanisme de gouvernance intentionnel spécifique. Les caractéristiques de ces réseaux peuvent avoir de sérieuses conséquences pour la gouvernance (voir *infra*).

### Les mécanismes spontanés spécifiques

La nature des coopec favorise les mécanismes spontanés spécifiques. Au sein de ces organisations, la présence de capital social réduit l'asymétrie d'information et encourage le contrôle par les pairs. Un réseau social relativement homogène permet l'émergence de normes consensuelles et ainsi un contrôle mutuel du respect de ces normes (J. Coleman, 1991). Lorsque les coopec sont petites, les membres détiennent beaucoup d'informations les uns sur les autres. Ils peuvent facilement apprécier leurs capacités mutuelles à gérer un crédit et, en cas de non-remboursement, exercer des sanctions sociales ou économiques peu coûteuses et efficaces (T. Guinnane, 2001). Dans les coopec de la FONGS que nous avons étudiées, le personnel technique et les élus connaissent chaque membre et son activité : l'analyse des demandes de crédit se base davantage sur la valeur morale de l'emprunteur et l'historique de sa relation avec la coopec que sur un dossier détaillant la viabilité du projet à financer.

La dimension culturelle est un élément capital (P. Hugon, 1996). Les relations entre individus s'inspirent de logiques de solidarité, réciprocité et communautarisme au sein desquelles s'inscrivent les relations financières, ce qui pousse au respect des engagements. Notre étude de terrain souligne que les mécanismes liés à la réputation et l'honneur sont fort présents en Afrique de l'Ouest.

Enfin, le contrôle par les pairs est favorisé par l'épargne. L'octroi de crédits grâce à l'épargne des membres incite ceux-ci à surveiller le remboursement des crédits (A. Banerjee *et al.*, 1994 ; B. Armendariz et J. Morduch, 2005). Ainsi, la collecte de l'épargne engendre des effets vertueux sur la gouvernance. J. Krahnen et R. Schmidt (1999) préconisent de limiter le recours au financement externe, qui tend à réduire le sentiment des membres « d'emprunter l'argent de leurs voisins », l'argent au sein des coopec risquant alors d'être davantage perçu comme de « l'argent froid » que comme de « l'argent chaud » (J.-M. Servet, 1996)[6]. Les

6. Selon la définition de Servet (1996, p. 49) : « si un débiteur est vis-à-vis de son créancier non seulement dans une situation d'obligation à rembourser,

coopec ouest-africaines se financent largement par l'épargne qui, en 2005, représentait, en moyenne, 74 % du total de leur passif (statistiques BCEAO, monographie 2005). L'épargne à court terme domine (77 %) l'épargne à long terme (11 %) et l'épargne obligatoire (12 %).

## Les mécanismes de gouvernance intentionnels non spécifiques

Les principaux mécanismes de gouvernance intentionnels non spécifiques pour les coopec sont la réglementation et la supervision par l'État. Une régulation spécifique, distincte du code bancaire, est souhaitable pour les coopec (C. Cuevas et K. Fischer, 2006). La loi Parmec s'inscrit dans cette logique et a fixé des ratios prudentiels différents de ceux appliqués dans le secteur bancaire classique (BCEAO, Parmec 1993). Idéalement, la supervision est assurée par une instance autonome et compétente. Malheureusement, les institutions de supervision des pays d'Afrique de l'Ouest manquent cruellement de moyens et ne bénéficient pas de ressources à la hauteur de leurs objectifs. À titre d'exemple, le secteur sénégalais de la microfinance recensait 507 coopec en 2007. Or, selon nos informations, la Direction de la microfinance, en charge de la supervision, est capable d'assurer en moyenne 40 inspections par an.[7]

La puissance publique peut être active au-delà de la fonction régulatrice de l'État, surtout lorsqu'il s'agit de soutenir l'agriculture (F. Doligez et B. Wampfler, 2009). Dans tel cas, les politiques publiques agissent comme des mécanismes de gouvernance intentionnels non spécifiques. La promotion des coopec par l'État encourage le développement de ces organisations. Cependant, dans certains cas, les coopératives peuvent être instrumentalisées par les pouvoirs publics (P. Develtere *et al.*, 2008), entraînant un désinvestis-

mais de plus intériorise cette obligation, l'argent sera dit chaud ; il sera dit froid dans le cas contraire ».

7. Information issue d'un entretien avec un employé au département supervision de la Direction de la microfinance au Sénégal, juin 2009.

sement des membres dans le fonctionnement et le contrôle de l'organisation.

Enfin, les stratégies de coopération influencent également le secteur de la microfinance ouest-africain. De nombreuses organisations de coopération internationale, dont plusieurs à caractère coopératif, comme le Crédit Mutuel (France), le Crédit Coopératif (France), DID (Canada) ou WOCCU (USA), sont présentes dans la région. DID a fortement contribué à la mise en place de la loi Parmec (BCEAO, 2003). La plupart des grands réseaux coopératifs financiers ont reçu de conséquents appuis techniques et financiers des ONG du Nord. Dans certains cas, ils sont nés de projets initiés par ces organisations de coopération et parfois, tel que le réseau malien Kafo Jiginew, ils ont même été initialement dirigés par des expatriés occidentaux.

### Les mécanismes de gouvernance spontanés non spécifiques

Ces mécanismes de gouvernance, fortement basés sur les marchés, jouent un rôle plus marginal dans le cas des coopératives. En effet, le marché secondaire des actions et les risques d'OPA pour les entreprises cotées n'ont pas d'équivalent pour les coopératives. Cependant, lorsque les coopec prospèrent et accèdent à des prêts bancaires, le marché du crédit peut agir comme mécanisme spontané poussant à la bonne gouvernance.

## L'évolution du système de gouvernance avec la croissance

Les mécanismes de gouvernance évoluent avec la croissance. Même si les quatre catégories envisagées par G. Charreaux restent présentes tout au long du développement des coopec, leur importance relative se transforme en fonction du stade de croissance. Les mécanismes spontanés spécifiques ont tendance à s'estomper lorsque la coopec grandit. La plus grande hétérogénéité et la dilution du sociétariat réduisent les mécanismes liés à la connaissance mutuelle des membres. Les pressions sociales et les mécanismes de réputation et d'honneur, très présents en Afrique de l'Ouest, deviennent moins efficaces, surtout en milieu urbain (A. Ouédraogo et D. Gentil, 2008). La complexification des produits et méthodologies rend également le contrôle par les élus plus difficile, en raison de leurs compétences souvent limitées.

Pour combler ce vide, de nouveaux mécanismes intentionnels spécifiques et intentionnels non spécifiques sont développés. Les premiers se déploient essentiellement à travers la structure en réseau des coopec. En effet, lorsqu'elles se développent, ces organisations ont tendance à se constituer en réseau. Actuellement, les dynamiques de réseautage se multiplient dans la sous-région, notamment sous la pression des autorités de régulation/supervision qui souhaitent davantage structurer le secteur. Tout d'abord, le réseau apporte un contrôle direct additionnel assuré par une équipe d'inspecteurs détachée de la structure centrale (BCEAO, Condensé n° 17, 1995). Ce contrôle opéré par des techniciens qualifiés ne peut se substituer au contrôle démocratique des élus, mais il constitue un complément nécessaire, étant donné les compétences limitées des conseils de surveillance. En outre, la croissance bouscule et fait évoluer le rapport entre techniciens et élus. Un nouvel équilibre doit être trouvé afin de conserver des mécanismes de contre-pouvoir essentiels à la bonne gouvernance.

Le développement en réseau pose également la question des rapports de force entre les différents niveaux et de leurs responsabilités respectives en termes de gouvernance. Les caractéristiques des réseaux (le nombre de niveaux, la décentralisation de la prise de décision, l'importance des ressources mises en commun, etc.) peuvent influencer la gouvernance. Un élément-clé semble être le degré d'intégration des réseaux, mais les avis divergent au sujet de ses bienfaits. À titre d'exemple, A. Gaboury et M. Quirion (2006) insistent sur l'effet positif en termes de gouvernance d'un niveau élevé d'intégration et de standardisation d'un réseau. M. Desrochers et K. Ficher (2005) partagent cet avis, mais précisent que ces avantages seront d'autant plus significatifs en présence d'un risque élevé d'aléa d'appropriation. D'autres auteurs sont par contre plus sceptiques : R. Chao-Béroff *et al.* (2000), par exemple, pensent qu'il faut plutôt privilégier des structures décentralisées. Y. Fournier et A. Ouédraogo (1996) soulignent, quant à eux, le risque que les logiques de construction et de complexification des réseaux ne soient pas comprises par les membres, ces derniers ne maîtrisant alors plus le processus de développement de leur outil financier.

Les grands réseaux ouest-africains sont généralement fortement harmonisés et intégrés. Le principe de subsidiarité réglemente les rapports entre les différents niveaux, cependant le degré élevé d'interdépendance des caisses locales a poussé certains de ces réseaux à instaurer un second principe : le « rapatriement de pouvoir » (A. Ouédraogo, 1997). Ce mécanisme de gestion de crise permet à la structure centrale de prendre le contrôle d'une caisse locale si cette dernière connaît des troubles allant jusqu'à menacer sa viabilité. Enfin, l'informatisation du système de gestion, qui accompagne souvent la mise en réseau, agit comme un mécanisme de contrôle intentionnel spécifique supplémentaire.

La nécessité de mécanismes intentionnels non spécifiques, ou contrôle externe, s'accroît lorsque les coopec prospèrent. En effet, les gros réseaux collectent un volume significatif d'épargne et leur faillite peut avoir des conséquences désastreuses, voire systémiques. De manière cohérente, notre étude a révélé que les instances de supervision, limitées dans leurs moyens, privilégient l'inspection des gros réseaux.

Le développement de réseaux est ardu sans une aide technique et financière externe. La coopération internationale, comme les États, joue un rôle de soutien en faveur des dynamiques de réseautage (les grands réseaux ouest-africains ont généralement bénéficié d'un soutien externe non négligeable à leur constitution). Les coopec de base peuvent difficilement soutenir seules la mise en place des structures de second niveau. Sans aide technique et financière, la création d'un réseau peut s'effectuer au détriment des bonnes pratiques de gouvernance[8]. Une participation des caisses de base au financement du réseau assure leur implication dans le projet, mais cette participation doit rester soutenable et progressive.

Ainsi, le système de gouvernance regroupe plusieurs mécanismes qui évoluent avec la croissance. Les pouvoirs publics et les bailleurs de fonds doivent être attentifs à cette vision systémique lorsqu'ils définissent leurs politiques d'intervention et la nature de leur soutien. À défaut, ils risquent de compromettre l'infrastructure existante et de déstabiliser les structures établies.

## Conclusion

Les coopec participent activement au dynamisme du secteur de la microfinance, particulièrement en Afrique de l'Ouest où le statut coopératif est bien implanté. L'implication des membres dans le fonctionnement de ces organisations permet leur présence dans des zones rurales reculées. Toutefois, la gouvernance des coopec est multidimensionnelle et fragile. Soutenu par les mécanismes de bonne gouvernance, le fonctionnement démocratique garantit la prise en compte des intérêts de tous les membres. Cet équilibre délicat est cependant constamment menacé par les conflits d'intérêts. Une pluralité de mécanismes permet néanmoins d'affronter les problèmes de gouvernance. La nature coopérative favorise les mécanismes informels de gouvernance tels que la sensibilité à la réputation et à l'honneur,

8. Les dirigeants (élus et techniciens) de la FONGS sont très favorables à la mise en réseau des coopec créées par leurs OP. Cependant, ils souhaitent se lancer dans cette dynamique avec le soutien d'un partenaire externe. Pour assurer la bonne gouvernance du futur réseau, il faut, par exemple, organiser suffisamment de rencontres entre les présidents des coopec afin qu'appuyés et aiguillés par les techniciens, ils s'impliquent dans la réalisation du réseau et définissent ses orientations. Ce processus engendre des dépenses conséquentes, notamment en termes de logistique, qui ne peuvent être supportées entièrement par les coopec de base (recherche de terrain, juin 2009).

le contrôle par les pairs et la surveillance mutuelle des dirigeants. Ces mécanismes, qualifiés de spontanés spécifiques selon la grille de G. Charreaux, sont prépondérants au sein des petites coopec qui favorisent le rôle du capital social grâce à de puissants liens entre les parties prenantes.

Par la suite, la croissance des coopec diminue la connaissance mutuelle des parties prenantes et engendre de nouveaux défis pour la gouvernance. Certains mécanismes spontanés spécifiques s'essoufflent, tandis que de nouveaux mécanismes intentionnels spécifiques (au sein de l'organisation) et intentionnels non spécifiques (contrôle externe) gagnent du terrain. En conséquence, un plus grand recours à des mécanismes formels se justifie tout en visant à assurer le maintien de l'ancrage social et l'investissement des membres dans le développement de leur organisation, éléments fondateurs essentiels.

Pour soutenir adéquatement les coopec, les politiques publiques et les stratégies de coopération internationale doivent dès lors prendre en compte la diversité des mécanismes de gouvernance et leur dynamique. Dans cette logique, nous soulignons trois types d'intervention possibles. Premièrement, l'État et les organisations de coopération (ONG occidentales et bailleurs de fonds) peuvent apporter un soutien aux coopec en croissance dans le processus d'adaptation et de transformation de leurs mécanismes de gouvernance. Ils peuvent notamment fournir un appui en formations nécessaires pour outiller l'équipe technique de contrôle interne d'un jeune réseau. Ce dernier peut également être accompagné dans la mise en place d'un système d'information et de gestion efficace et efficient. Plus largement, le processus de regroupement en réseau requiert, vraisemblablement, un soutien externe (tant technique que financier) pour être mené à bien. Il est cependant indispensable que ce soutien s'inscrive dans le respect de l'autodétermination du jeune réseau et dans l'appui à la logique démocratique. Deuxièmement, les stratégies de coopération peuvent aider les coopec en croissance à se préparer aux nouveaux contrôles externes dont elles seront plus susceptibles de faire l'objet, et à assurer un suivi régulier de leurs ratios prudentiels. Troisièmement, le développement de larges réseaux coopératifs financiers rend la supervision par l'État d'autant plus nécessaire. Suivant les « bonnes pratiques » édictées par le secteur : « il faut réguler ce qu'on est capable de superviser et superviser ce que l'on a régulé ». Les instances publiques de supervision en Afrique de l'Ouest manquant cruellement de moyens humains et financiers pour assurer leur mission, l'orientation des stratégies de coopération en vue d'améliorer leurs capacités semble particulièrement cohérente.

En conclusion, hormis ces quelques exemples, une approche systémique de la gouvernance garantira que l'État et les bailleurs de fonds respectent l'environnement dans lequel s'inscrivent leurs interventions. La croissance représentant un risque majeur pour les coopec, seule une compréhension profonde de leur gouvernance évolutive permettra d'orienter efficacement le développement de ces institutions, dont le rôle social dans les pays parmi les plus pauvres de la planète est remarquablement durable.

## Bibliographie


Armendariz Beatriz, Morduch Jonathan, (2005) *The Economics of microfinance*, Cambridge, MIT Press.

Ashta Arvind, Hudon Marek, (2009) *To whom should we be fair? Ethical issues in Balancing Stakeholder Interests from Banco Compartamos Case Study*, CEB Working Paper n° 09-036, Brussels.

Banerjee Abhijit, Besley Timothy, Guinnane Timothy, (1994) Thy Neighbor's Keeper the Design of a Credit Cooperative with Theory and Test, *Quarterly Journal of Economics*, vol. 109, n° 2, p. 491-515.

BCEAO, (2005) *Monographie des systèmes financiers décentralisés : UEMOA-2005*, Ouagadougou.

BCEAO, (2003) « Le secteur de la microfinance dans l'UMOA depuis 1992 », Document de la BCEAO. Site : http://www.bceao.int.

BCEAO/DCCSB, (1995) « Réglementation sur les mutuelles d'épargne et de crédit – UMOA- Condensés », Projet d'appui a la réglementation sur les mutuelles d'épargne et de crédit, Dakar.

BCEAO, (1993) Projet de loi portant réglementation des systèmes financiers décentralisés – Parmec, Dakar.

Branch Brian, Baker Christopher, (2000) *Overcoming Credit Union Governance Problems* dans Westley Glenn, Branch Brian (ed) *Safe Money: Building Effective Credit Union in Latin America*, Washington, Inter American Development Bank, p. 203-226.

Cerise, IRAM, (2005) *Guide opérationnel d'analyse de la gouvernance d'une institution de microfinance*, Document collectif, réseaux Cerise, Paris.

CGAP, (2005) « Travailler avec les coopératives d'épargne et de crédit », Note sur la microfinance n° 25.

Chao-Béroff Renée, Cao Thi Hanh Houmard, Vandenbroucke Jean Pierre, Musinga Muli, Tiaro Edith, Mutesasira Leonard, (2000) *A Comparative Analysis of Member-Based microfinance Institutions In East And West Africa*, Nairobi, Microsave.

Chassagne Philippe, Roudier Françoise, (2002) « La négociation d'affaire en Afrique : Une approche culturelle et relationnelle », *La Revue des Sciences de Gestion, Direction et Gestion* n° 193, p. 63-76.DOI : 10.1051/larsg : 2002005

Charreaux Gérard, (ed) (1997) *Le gouvernement des entreprises, Corporate Governance, théories et faits*, Paris, Economica.

Coleman James, (1991) *Constructed Organization: First Principles, Journal of Law*, Economics and Organization, vol. 7, p. 7-23.

Cornforth Chris, (2004) *The Governance of Cooperatives and Mutual Associations: a paradox perspective*, Annals of Public and Cooperative Economics, vol. 75, n° 1, p. 11-32.

CSFI (2008) *microfinance Banana Skins – Risks in a Booming Industry*, Centre for the Study of Financial Innovation, London.

Cuevas Carlos, Fischer Klaus, (2006) *Cooperative Financial Institutions – Issues in Governance, Regulation, and Supervision*, World Bank Working Paper, n° 82.

Desrochers Martin, Fischer Klaus, (2005) *The Power of Networks: Integration and Financial Cooperative Performance*, CIRPÉE Working Paper n° 05-14.

Desrochers Martin, Fischer Klaus, Gueyie Jean-Pierre, (2003) *Theory and test on the corporate governance of financial cooperative systems*, CIRPÉE Working Paper n° 03-34.

Develtere Patrick, Pollet Ignace, Wanyama Fredrick, (2008) *Cooperating out of poverty – The renaissance of the African cooperative movement*, Genève, International Labour Office.

Doligez François, (2001) « Le financement de l'agriculture dans un contexte de libéralisation : quelle contribution de la microfinance ? – Le cas du Bénin », Document ATP – Cirad 41/97 – Cerise.

Doligez François, Wampfler Betty, (2009) *Politiques publiques de microfinance et financement de l'agriculture, enjeux et débats*, Exclusion et liens financiers : microfinance pour l'agriculture des pays du Sud, Rapport 2008-2009, Paris, Economica, p. 383-412.

Elidrissi Djamila, Elidrissi Ali, (2010) « Contribution des systèmes d'information à la performance des organisations : le cas des banques », *La Revue des Sciences de Gestion, Direction et Gestion* n° 241, p. 55-62. DOI : 10.1051/larsg/2010006

Fournier Yves, Ouedraogo Alpha, (1996) « Les coopératives d'épargne et crédit en Afrique : histoire et évolutions récentes », Revue *Tiers Monde*, vol. 37, n° 145, p. 67-83.

Gaboury Anne, Quirion Marisol, (2006) *Why we can no longer afford to ignore financial cooperatives in the effort to increase access to financial services*, Développement international Desjardins, Québec, Canada.

Guinnane Timothy, (2001) Cooperatives as Information Machines: German Rural Credit Cooperatives, 1883-1914, *Journal of Economic History*, vol. 61, n° 2, p. 366-389.

Guinnane Timothy, (2003) *A Friend and Advisor: External Auditing and Confidence in Germany's Credit Cooperatives, 1889-1914*, Business History Review, vol. 77, n° 2, p. 235-264.

Hartarska Valentina, (2005) *Governance and Performance of microfinance Institutions in Central and Eastern Europe and the Newly Independent States*, World Development, vol. 33, p. 1627-1643.

Hirschland Madeline, Jazayeri Ahmad, Lee Nanci, (2008) *Reaching the Hard to Reach: Comparative Study of Member-Owned Financial Institutions in Remote Rural Areas – Literature Review*, Coady International Institute, Canada.

Hugon Philippe, (1996) *Incertitude, précarité et financement local : le cas des économies africaines*, Revue *Tiers Monde*, vol. 37, n° 145, p. 13-40.

Jensen Michael, Meckling William, (1976) Theory of the Firm: Managerial Behavior, Agency Costs, and Ownership Structure, *Journal of Financial Economics*, vol. 3, n° 4, p. 305-360.

Krahnen Jan, Schmidt Reinhard, (1999) *On the theory of credit unions*, dans Balkenhol Bernd (ed), *Credit Unions and the*

*Poverty Challenge: Extending outreach, enhancing sustainability*, Genève, International Labour Office, p. 17-24.

Labie Marc, (2001) *Corporate Governance in Micro-Finance Organizations: A Long and Winding Road*, Management Decision, vol. 39, n° 4, p. 296-301.

Labie Marc, (2005) *Économie sociale, non-profit, tiers secteur : à la recherche d'un cadre de gouvernance adéquat*, dans Depret Marc-Hubert, Finet Alain, Hamdouch Abdelillah, Labie Marc, Missonier-Piera Franck, Piot Charles, (ed), *Gouvernement d'entreprise, Enjeux managériaux, comptables et financiers*, Bruxelles, De Boeck Université, p. 101-124.

Lapenu Cécile, (2002) *La gouvernance en microfinance: grille d'analyse et perspectives de recherche*, Revue *Tiers-Monde*, vol. 43, n° 172, p. 847-865.

Magill John, (1994) *Credit unions: a formal-sector alternative for financing microentreprise Development*, dans Otero Maria, Rhyne Elisabeth, (ed), *The New World of Microenterprise Finance, building healthy financial institutions for the Poor*, Connecticut, Kumarian Press, p. 140-155.

Mersland Roy, (2009) *The cost of ownership in microfinance organizations*, World Development, vol. 37, p. 469-478.

Naszályi Philippe, (2011) *La nouvelle mutualité », utopie ou refondation, Essai d'analyse de la gouvernance de la Fnim*, Éditions universitaires européennes, 540 p.

Ouédraogo Alpha, (1997) *Partage des pouvoirs entre les constituantes d'un réseau*, ADA Dialogue, n° 3.

Ouédraogo Alpha, Gentil Dominique, (2008) *La microfinance en Afrique de l'Ouest, Histoire et innovations*, Confédération des institutions financières, Paris, Karthala.

Pearce Caroline, (2009) *From Closed books to open doors – West Africa's literacy Challenge*, Paper of African Platform for Adult Education, Oxfam International, ActionAid.

Rock Rachel, Otero Maria, Saltzman Sonia, (1998) *Principles and Practices of microfinance Governance*, ACCION International, Microentreprise Best Practices, Development Alternatives Inc.

Servet Jean-Michel, (1996) « Risque, incertitude et financement de proximité en Afrique. Une approche socioéconomique », Revue *Tiers Monde*, vol. 37, n° 145, p. 41-57.

## Conclusion

# Pour un « autre » avenir !

DANIEL BACHET ET PHILIPPE NASZÁLYI

« L'autre finance » qui s'inscrit dans l'économie sociale et solidaire fait chaque jour la démonstration que le progrès humain réside davantage dans l'association que dans la compétition. L'esprit de compétition, l'obsession de la réussite personnelle, le culte narcissique de la performance individuelle sont des valeurs portées par le capitalisme et qui contribuent à le renforcer. Or, c'est la qualité et la diversité des liens sociaux qui fondent le progrès humain, et non la lutte permanente et la concurrence de tous contre tous. Cette concurrence qui produit simultanément des gagnants et des perdants renforce les avantages de ceux qui sont déjà les mieux dotés en termes de capital social, économique et culturel, comme ont pu le dévoiler les travaux de Pierre Bourdieu. Replacer l'homme au cœur de l'économie signifie clairement que la liberté individuelle ne peut être le point de départ pour construire une société solidaire et humaine. Aucun individu ne fixe à partir de lui seul ses normes de pensée et ses comportements sociaux, car aucun être humain n'est entièrement autodéterminé.

Cette liberté individuelle ne peut constituer que le résultat et la visée de tout projet collectif (Généreux, 2011). L'idéal d'autonomie des êtres humains est l'objectif à atteindre dans le cadre d'une construction sociale et politique. La liberté et la responsabilité ne sont pas des données de la nature humaine ; elles sont un projet et un effet de la société.

La question pertinente est donc celle des règles et des conditions qui permettent à chaque individu de rechercher un intérêt qui soit convergent avec l'intérêt d'autrui et de favoriser les mobiles qui associent souci de soi et souci d'autrui.

Autrement dit, l'enjeu est de mettre en place les règles et le contexte qui favorisent un arbitrage en faveur de la coopération et de la solidarité plutôt que de la compétition et de la concurrence.

De même, dans la sphère économique, la concurrence n'est pas le meilleur moyen de créer des richesses et de les répartir. Celle-ci conduit rapidement à la constitution de groupes sociaux dominants ou d'oligarchies qui utilisent la prédation et la captation des richesses à leur seul avantage. Si l'économie ne correspond plus aux attentes de l'humanité, c'est l'économie qu'il faut changer (et non l'humanité) sur la base d'une démocratisation de toutes les institutions.

En effet, la crise commencée en 2007 clôture le cycle de la mondialisation libre-échangiste triomphante des « *Chicago boys* ». C'est une économie de la dette qui en est l'aboutissement. Nous savons que depuis des millénaires, dette et avenir sont étroitement liés dans une acception sacrée, religieuse ou philosophique, puisque la dette, par nature même, est un engagement sur ce que l'homme ne possède pas.

À l'orgueilleuse interpellation :

« *L'avenir, l'avenir, l'avenir est à moi!* »

Tel un chœur antique, Victor Hugo répond à la démesure impériale :

« *Non l'avenir, n'est à personne !*
*Sire, l'avenir est à Dieu !* [1] »

Les choses ont peu changé et la finance qui se croyait invinciblement triomphante, y compris en proclamant la fin de l'Histoire, incarne bien cette nouvelle « *ubris* » ou « *hybris* » , cette folie orgueilleuse des hommes qu'Eschyle fait fille de Dyssebia ou l'Impiété [2] !

L'avenir, c'est de nos jours, en Europe ou en Amérique du Nord, le spectre de la dette, telle la « *Déroute, à la face effarée* » criant, comme le vieil Hugo, à propos de Waterloo [3] :

1. « *Napoléon II* », *Les chants du crépuscule.*

2. *Les Euménides*, v. 532.

3. *Waterloo, l'expiation.*

« *Sauve qui peut !* » « Sauve qui peut ! » chez les gouvernants et les banquiers au moindre bruissement d'une agence de notation dont on ne saisit toujours pas la légitimité, ni la compétence ! Décidément « les maîtres ont encore une âme de valet ! 4»

La tradition hébraïque, appelée en mémoire, en 1994[5] par le pape Jean-Paul II, pour le jubilé millénaire de 2000, rappelle que l'homme n'a la possession de la terre que de manière temporaire et que la propriété n'est pas sienne. Cette tradition est fondatrice de la *Doctrine sociale*. En effet, tous les 50 ans – un jubilé –, comme le prévoit le *Lévitique* (25, 10.11), les dettes doivent être remises et les patrimoines redistribués : « *Vous déclarerez sainte cette cinquantième année et proclamerez l'affranchissement de tous les habitants du pays... chacun de vous rentrera dans son patrimoine, chacun de vous retournera dans son clan.* »

Cette idée jubilaire, est une idée neuve qui inspire déjà certains économistes. Paul H. Dembinski et J.-M. Bonvin[6] dès 2000, pensaient que « *pour nous qui sommes assis sur le volcan de la finance mondialisée dont plus personne ni plus aucune institution n'est capable d'appréhender les tenants et les aboutissants, le paradigme jubilaire est séduisant à plus d'un égard* ».

Janpier Dutrieux va plus loin et rappelle que Clément Juglar avait démontré qu'à l'origine de chaque crise financière et sa cascade de faillites, se trouve la révélation d'un écart entre la valeur réelle d'une créance (ou d'une promesse de payer) et sa valeur marchande, déclenchant des ajustements imprévisibles[7]. À partir de ce fait économique avéré, et du jubilé qui repose sur le principe de la simultanéité

4. Jean Ferrat, *Un air de liberté*.

5. Jean-Paul II, *Tertio Millennio Adveniente*, 1994, n° 13.

6. Paul H. Dembinski et Jean-Michel Bonvin, *Le Jubilé : une idée pour imposer un rythme à l'économie*, Observatoire de la Finance, Genève 2000 et www.obsfin.ch

7. Clément Juglar, *Des crises commerciales et de leur retour périodique en France, en Angleterre, et aux États-Unis*, Paris, Guillaumin, 1862, 258 pages.

des extinctions des dettes et des créances dans une durée connue, il avance l'idée d'annuler la monnaie ayant pour contrepartie des titres d'endettement temporaires dans un ou plusieurs cycles, courts et de moyen terme, évidemment renouvelables[8].

Si l'on n'en est pas là et si l'on ne remet plus la dette comme jadis dans la tradition biblique, la faillite personnelle et le « ré-échelonnement » pour les États ne sont-ils déjà les prémices de ce qui va devoir être ?

En tout état de cause, comme le remarque Hervé Juvin, « *l'économie d'endettement a réussi l'exploit de liquider l'avenir puisqu'elle repose sur la colonisation du futur et son asservissement au profit du présent*[9]».

La question n'est donc plus seulement économique, mais profondément sociétale et politique, puisqu'elle obère le principe même de la libre administration, donc de la démocratie, pour les générations qui viennent.

*A contrario* de ces excès démesurés, l'autre finance et plus largement l'économie sociale et solidaire, lorsqu'elle se rattache à ses sources, semble permettre de créer des cadres culturels et institutionnels dans lesquels chacun peut trouver sa manière d'être lui-même avec les autres et non en compétition, en rivalité ou en situation de domination. Si les théories permettent de dégager des points de rapprochement quant au fonctionnement, le prisme du droit qui n'est pas neutre, de la propriété qui est induite ou de la finalité qui se dessine, constitue non pas une barrière, mais bien une différence entre ces différentes formes de production de biens et de services. C'est d'ailleurs parce qu'il y a des différences que de nombreux auteurs ont considéré que certaines structures de l'économie sociale n'ont gardé que la forme et pas les postulats fondateurs.

Les théories fondatrices des socialismes utopiques ou encore les cadres de pensée du christianisme social et du

8. Une idée neuve : la remise jubilaire des dettes et des créances, Lettre associative d'Alternative personnaliste, nov. déc. 2001, n° 52, IPNS.

9. Herve Juvin, « Partageons le combat des indigènes contre les colons », entretien avec Nicolas Bousquet, *Le spectacle du monde*, juillet 2011, p. 16-19.

socialisme chrétien sont porteurs de valeurs de solidarité, de justice, de dignité et de plus grande égalité entre les êtres humains.

Autrement dit les représentations sociales et les formes de pensée ne flottent pas au-dessus des rapports sociaux, puisqu'elles contribuent à les faire émerger, à les orienter et à les consolider. C'est la part idéelle du réel qui est ici en jeu et qui constitue la condition de la naissance de tout rapport social nouveau et son armature interne (Godelier, 1984).

Les contributeurs de ce livre n'ont pas présenté les structures de l'autre finance comme un modèle achevé et sans défaut. Les finalités de ces structures sont parfois détournées et des formes de bureaucratisation émergent qui les éloignent des intentions premières et des valeurs de solidarité et d'entraide. Les modes de financement des banques et associations solidaires sont perfectibles si « l'esprit » des pionniers de ce secteur est conservé et s'il parvient à s'incarner dans les structures et dans les orientations des institutions qui le portent.

Ainsi a-t-il fallu que soient réunies un certain nombre de conditions socio-historiques (et idéelles) pour que naissent et se développent les innovations de l'autre finance.

Quelles conclusions provisoires peut-on tirer de la portée de ces innovations qui tentent de répondre aux besoins sociaux et entrepreneuriaux des agents et des populations sur le mode de la coopération et de la solidarité ?

Les alternatives à la manière de financer propre au néolibéralisme se construisent dans la mise en place de banques sociales et solidaires plus démocratiques qui obéissent à des finalités moins orientées par le profit et dans l'impossibilité des uns de s'enrichir au détriment des autres.

Mais elles sont potentiellement en œuvre également dans la remise en cause des finalités de la banque capitaliste, instrument privilégié du capitalisme financier. C'est cette banque qui, avec ses énormes capacités financières orientées vers les actionnaires et les dirigeants, structure les rapports sociaux et économiques, c'est-à-dire les déterminants du travail et de l'emploi. C'est donc au cœur de ce système qu'il faut construire d'autres finalités institutionnelles pour les banques, d'autres critères de pilotage et une autre organisation des pouvoirs.

Avec la socialisation du crédit et la transformation de la banque capitaliste en banque partenariale alternative, il serait possible d'introduire dans les organes de gouvernement le principe coopératif et démocratique (une personne = une voix) à côté du principe plus classique et non démocratique (une action = une voix).

À défaut de toucher ce centre névralgique, les rapports sociaux propres au capitalisme se reconstitueront en permanence dans tous les autres espaces de la vie économique et politique et parasiteront toute tentative de « produire et de consommer autrement ».

On peut penser également que les rapports sociaux, économiques et politiques qui ont produit la banque capitaliste ne laisseront pas se développer pleinement les formes alternatives qui seraient susceptibles de s'épanouir avec la finance solidaire.

L'autre finance ne doit donc pas rester un domaine alternatif et marginal. Il faut s'inspirer des valeurs et des règles qu'il porte pour construire l'économie sur d'autres fondements, au service des hommes et non plus à leur détriment. Pierre-Yves Gomes et Harry Korine s'inscrivent dans cette logique, lorsqu'ils écrivent que « *c'est ce que chaque citoyen doit désormais comprendre s'il désire que sa citoyenneté ne devienne pas une fiction*[10] », car « *la bonne gouvernance ce sont d'abord les hommes qui la font*[11] ».

Ce premier ouvrage ne peut donc être exhaustif et s'est voulu plus conceptuel. Il est appelé à être suivi d'un autre qui présentera des réalisations alternatives à la fois dans la forme et dans l'espace géographique des économies pluriel-

10. Pierre-Yves Gomez, Harry Korine, *L'entreprise dans la démocratie, une théorie politique du gouvernement des entreprises*, Bruxelles, De Boeck université, 2009, p. 312.

11. Jean Azéma, directeur général de Groupama et président de la Fédération française des sociétés d'assurance mutuelle (FFSAM), « La gouvernance des mutuelles », Plénières, Décid'assur, 25 mars 2009, p. 3.

les que la mondialisation n'efface pas. En effet, contrairement à la conviction de Margaret Thatcher qui s'exclamait que la « société, ça n'existe pas ! » et que seuls l'individu et son intérêt comptent, nous pensons que « *les peuples ont intérêt à travailler ensemble dans le respect de leur irréductible différence* [12]». Car telle est la richesse et tel est l'avenir alternatif !

## Bibliographie

Généreux Jacques, *La grande régression*, Paris, Seuil, 2011.
Godelier Maurice, *L'idéel et le matériel, pensées, économies, sociétés*, Paris, Fayard, 1984.
Gomes Pierre-Yves et Korine Harry, *L'entreprise dans la démocratie, Une théorie du gouvernement des entreprises*, Bruxelles, De Boek université, 2009.

12. Hervé Juvin, *ibid.*

# Table des matières

## Seconde partie
## Les financements alternatifs : des organisations innovantes ?

Achevé d'imprimer en septembre 2011
sur les presses de la Nouvelle Imprimerie Laballery
58500 Clamecy
Dépôt légal : septembre 2011
N° d'impression : 109202

*Imprimé en France*

La Nouvelle Imprimerie Laballery est titulaire de la marque Imprim'Vert®